2022年度儿童发展障碍康复行业蓝皮书

主　编　贾美香　王　磊

北京大学医学出版社

2022 NIANDU ERTONG FAZHAN ZHANG'AI KANGFU HANGYE LANPISHU

图书在版编目（CIP）数据

2022年度儿童发展障碍康复行业蓝皮书/贾美香，王磊主编．—北京：北京大学医学出版社，2023.12
 ISBN 978-7-5659-3010-2

Ⅰ．①2… Ⅱ．①贾… ②王… Ⅲ．①儿童教育－特殊教育－教育康复－研究报告－中国－2022 Ⅳ．① G760

中国国家版本馆 CIP 数据核字（2023）第 192913 号

2022年度儿童发展障碍康复行业蓝皮书

主　　编：	贾美香　王　磊
出版发行：	北京大学医学出版社
地　　址：	（100191）北京市海淀区学院路 38 号　北京大学医学部院内
电　　话：	发行部 010-82802230；图书邮购 010-82802495
网　　址：	http://www.pumpress.com.cn
E-mail：	booksale@bjmu.edu.cn
印　　刷：	北京信彩瑞禾印刷厂
经　　销：	新华书店
责任编辑：刘云涛	责任校对：靳新强　责任印制：李　啸
开　　本：	850 mm×1168 mm　1/16　印张：15　字数：330 千字
版　　次：	2023 年 12 月第 1 版　2023 年 12 月第 1 次印刷
书　　号：	ISBN 978-7-5659-3010-2
定　　价：	98.00 元

版权所有，违者必究

（凡属质量问题请与本社发行部联系退换）

编者名单

主　编　贾美香　北京大学第六医院主任医师
　　　　　王　磊　北大医疗脑健康行为发展教研院院长

副主编（按姓氏笔画排序）
　　　　　王晓莉　北京大学公共卫生学院教授
　　　　　刘晓明　北京联合大学特殊教育学院副教授
　　　　　孙　颖　北京教育科学研究院特殊教育研究指导中心主任
　　　　　李智文　北京大学生育健康研究所教授
　　　　　张　通　中国康复研究中心主任医师
　　　　　贺荟中　北京师范大学教育学部教授
　　　　　黄悦勤　北京大学第六医院教授、中国残疾人联合会副主席

秘　书　吴美琦

编 者（按姓氏笔画排序）

于 强	星光营互助会	吴丹丹	北大医疗脑健康
于 春	北大医疗脑健康	吴美琦	北大医疗脑健康
王 惠	丰台区妇幼保健院	余树懋	北大医疗脑健康
王 磊	北大医疗脑健康	沈瑞云	北京儿童医院
王建红	首都儿科研究所	张 乐	北京大学生育健康研究所
王昱丹	北大医疗脑健康	张 通	中国康复研究中心
王晓莉	北京大学公共卫生学院	张 雁	中国康复研究中心
韦 臻	深圳市妇幼保健院	张 燕	山东省聊城市妇幼保健院
木叶沙·斯来曼	北大医疗脑健康	张亚黎	北京大学生育健康研究所
方 海	北京大学公共卫生学院	张庆苏	中国康复研究中心
吉 宁	北大医疗脑健康	张誉元	北大医疗脑健康
吉 莹	北大医疗脑健康	罗丽莎	北京师范大学教育学部
吕智海	深圳市龙岗区妇幼保健院	周雅文	北大医疗脑健康
任 航	北大医疗脑健康	周潇怡	北京星光童心
刘 萍	苏州市立医院	赵志群	北京师范大学教育学部
刘 婷	北大医疗脑健康	胡颖姬	北京星光童心
刘晓明	北京联合大学特殊教育学院	郜熠珂	北大医疗脑健康
关春荣	山东省济宁市任城区妇幼保健院	饶颖婷	北京大学生育健康研究所
祁梦真	北大医疗脑健康	洪 琴	江苏省南京市妇幼保健院
许 琪	首都儿科研究所	贺荟中	北京师范大学教育学部
孙 颖	北京教育科学研究院特殊教育研究指导中心	贾美香	北京大学第六医院
杜俐佼	北大医疗脑健康	夏玉雯	北京大学公共卫生学院
李 芳	北大医疗脑健康	柴夏梦	北大医疗脑健康
李 燕	山东省妇幼保健院	殷玉芳	山东省安丘市妇幼保健院
李成成	北大医疗脑健康	黄 逸	北大医疗脑健康
李朝阳	北大医疗脑健康	黄悦勤	北京大学第六医院
李智文	北京大学生育健康研究所	曹爱华	山东大学齐鲁医院
李鲁萍	北大医疗脑健康	程 霞	北大医疗脑健康
杨斌让	深圳市儿童医院		

前　言

2022年是儿童发展障碍康复行业蓝皮书持续撰写的第3年。3年来，我们一直关心儿童发展障碍人群及其照顾者和专业服务者的现状和需求，共开展了2296次家长调查、2435次康复从业者调查、219次医生调查以及274次医疗康复机构调查，为全社会更广泛了解中国儿童发展障碍的现状提供了数据支持，为政府制定相关政策提供了参考。同时，我们也关注儿童发展障碍康复行业的发展，从数字疗法到多学科诊疗（MDT），洞察行业的最新变化趋势，不断推动行业向更高效率、更优质服务、更佳治疗效果迈进。

美国疾病预防控制中心公布了最新孤独症患病率的筛查数据。根据美国孤独症和发育障碍监测网络的11个社区统计数据分析，每36名8岁儿童中就有1名患有孤独症，占比约2.8%，而在一年多前，还是每44名8岁儿童就有1例孤独症。近20年来，美国孤独症儿童患病率急剧上升，今天孤独症患病率是20年前的4倍多。这样的增长趋势是让全世界惊讶的，它提示我们要提高对孤独症等儿童发展障碍的社区意识以及公共卫生响应能力，更启示我们持续开展儿童发展障碍康复行业调查的必要性。本书是当前国内为数不多的，可以帮助我们了解我国孤独症等发展障碍儿童和家庭以及整体行业现状的文本资料。

《2022年度儿童发展障碍康复行业蓝皮书》分为焦点报告、行业报告、调查报告、研究报告、案例报告5章。第一章"焦点报告"聚焦儿童发展障碍康复行业多学科诊疗（MDT）的趋势，阐述了儿童发展障碍MDT精准康复的价值、模式和案例。第二章"行业报告"聚焦行业新政策、新技术，洞察了行业发展趋势，并描述了孤独症康复、言语语言治疗、儿童早期干预的新进展。第三章"调查报告"面向家长、医生、康复师以及医疗和康复机构开展了调查，发现了不少有价值的数据。第四章"研究报告"从全球的视角，综述了孤独症、多动症等儿童发展障碍的研究进展。第五章"案例报告"呈现了儿童发展障碍家庭的生活图景以及行业的新服务、新产品。阅读本书，可以对2022年度儿童发展障碍康复行业的新政策、新技术以及研究进展等有所了解，并进一步了解儿童发展障碍相关群体的生存现状和需求。

《2022年度儿童发展障碍康复行业蓝皮书》的形成离不开多学科专家团队的支持，在此，我们向所有参与蓝皮书编撰和调研的专家学者、医生、康复师以及家长群体表示衷心的感谢。

蓝皮书课题组
2023年3月27日

目录 CONTENTS

第一章 焦点报告 ……………………………… 1

第一节 认识MDT：一个多学科协作的连续统一体 ………… 3
一、多学科、跨学科和学科融合 …………………………… 3
二、选择适合组织的MDT模式 ……………………………… 4
三、警惕MDT的误区：多学科"大杂烩" …………………… 5

第二节 MDT在儿童发展障碍康复领域具有巨大的潜力 ………… 7
一、降本增效：MDT在肿瘤治疗领域取得了卓越成绩 ………… 7
二、学科共治：MDT在儿童发展障碍康复领域的应用值得期待 ………… 7

第三节 儿童康复组织实施MDT的策略 …………………… 13
一、MDT组织层面的策略 …………………………………… 13
二、MDT团队成员层面的策略 ……………………………… 15
三、康复机构开展MDT的案例 ……………………………… 17
四、促进儿童发展障碍MDT的政策建议 …………………… 19

第二章 行业报告 ……………………………… 23

第一节 儿童发展障碍康复行业趋势洞察——潜能释放，需求升级 ………… 25
一、背景概述 ………………………………………………… 25
二、趋势洞察 ………………………………………………… 26
三、发展机遇与实践路径 …………………………………… 27

第二节 新职教法背景下的儿童康复职业教育新发展 ………… 29
一、培养康养技术技能人才具有重要意义 ………………… 29
二、儿童康复职业人才培养目标的新内涵 ………………… 29

三、中国特色学徒制助力儿童康复职业人才培养……………………30

第三节 孤独症儿童康复新风向——自然发展行为干预……………32
一、自然发展行为干预简介……………………………………………32
二、自然发展行为干预的发展背景……………………………………33
三、自然发展行为干预的共同要素……………………………………33
四、自然发展行为干预举例……………………………………………34
五、自然发展行为干预的应用…………………………………………34

第四节 我国儿童言语语言治疗的进展………………………………38
一、语言评估进展………………………………………………………38
二、言语评估进展………………………………………………………39
三、语言治疗进展………………………………………………………40
四、言语治疗进展………………………………………………………41
五、小结…………………………………………………………………42

第五节 儿童发展障碍干预趋势——儿童早期干预及多学科协作…………………………………………………………44
一、早期干预的定义及目标领域………………………………………44
二、早期干预的重要性及效果…………………………………………44
三、早期干预团队成员之间的协作……………………………………45
四、早期干预的流程……………………………………………………48
五、小结…………………………………………………………………50

第三章 调查报告……………………………………………………51

第一节 家长调查——多元的诊疗康复需求与疾病负担……………53
一、调查背景……………………………………………………………53
二、发展障碍儿童的诊疗需求：呼唤多学科诊疗……………………60

三、儿童发展障碍的康复需求：回归社会 …………………………………… 64
四、家庭照护负担 …………………………………………………………… 68
五、家庭经济负担 …………………………………………………………… 69

第二节　医生调查——多学科协作：儿童发展障碍的诊疗趋势 …… 73
一、调查对象 ………………………………………………………………… 73
二、儿童发展障碍诊疗状况 ………………………………………………… 75
三、多学科协作：儿童发展障碍的诊疗趋势 ……………………………… 79

第三节　儿童康复师调查——社会支持的重要力量 ……………………… 82
一、儿童康复师分类 ………………………………………………………… 82
二、ABA应用行为分析师调查：迈向规范化培养 ………………………… 84
三、言语语言治疗师调查：市场需求广阔 ………………………………… 95
四、儿童作业治疗师调查：未来大有可为 ………………………………… 103
五、儿童青少年心理健康工作者调查：学校教育是不可或缺的
　　部分 ……………………………………………………………………… 110
六、2020—2022年：儿童康复师职业发展趋势比较 …………………… 118

第四节　医疗机构调查——数字技术将与医疗深度结合 ………………… 123
一、调查对象 ………………………………………………………………… 123
二、调查科室 ………………………………………………………………… 124
三、疾病谱变化趋势 ………………………………………………………… 125
四、儿童康复异军突起 ……………………………………………………… 127
五、数字化技术渗透行业 …………………………………………………… 128
六、政策支持 ………………………………………………………………… 130

第五节　儿童康复机构调查——降本增效，加快复苏 …………………… 131
一、调查对象 ………………………………………………………………… 131
二、机构规模情况 …………………………………………………………… 133

目录

　　三、服务内容布局 ……………………………………… 135
　　四、2022年度经营情况 …………………………………… 138
　　五、未来发展的趋势 ……………………………………… 140

第四章　研究报告 …………………………………………… 145

第一节　关于2022年度全球孤独症患病率的一项系统性综述研究 ……………………………………………… 147
　　一、背景介绍 ……………………………………………… 147
　　二、病例的定义和识别 …………………………………… 150
　　三、患病率估计和病因 …………………………………… 151
　　四、小结 …………………………………………………… 152

第二节　2022年度孤独症谱系障碍、注意缺陷多动障碍的研究进展 ……………………………………………… 154
　　一、2022年度孤独症谱系障碍的研究进展 …………… 154
　　二、2022年度注意缺陷多动障碍临床特征的研究进展 ……… 166

第三节　孤独症谱系障碍环境影响因素研究进展 ……………… 174
　　一、父母非遗传因素 ……………………………………… 174
　　二、围产期危险因素 ……………………………………… 175
　　三、环境污染物暴露 ……………………………………… 176
　　四、小结 …………………………………………………… 176

第四节　融合教育学校教师资源体系研究报告 ………………… 180
　　一、问题提出 ……………………………………………… 180
　　二、核心概念 ……………………………………………… 180
　　三、研究现状 ……………………………………………… 181
　　四、体系建设 ……………………………………………… 184

第五节　学龄前口吃儿童个案研究……………………………… 191
　一、口吃的概述…………………………………………………… 191
　二、口吃的评估与治疗方法……………………………………… 192
　三、口吃儿童个案分析…………………………………………… 193
　四、小结…………………………………………………………… 197

第五章　案例报告……………………………………………… 199

第一节　凝望与守护——家庭探访实录………………………… 201
　一、确诊后被邻居断交，孤独症孩子的家庭干预之路………… 201
　二、问题还是错觉？发育迟缓孩子一再错失的时间…………… 204
　三、不被理解的"小淘气"，多动症孩子困难重重的
　　　求学路………………………………………………………… 206

第二节　跨学科合作机制的形成——以小都的多学科干预
　　　　为例……………………………………………………… 210
　一、哭闹不止的小都……………………………………………… 210
　二、多学科干预的尝试…………………………………………… 211
　三、跨学科合作会议促进问题得到改善………………………… 211
　四、跨学科机制的形成…………………………………………… 212

第三节　数字疗法在儿童发展障碍干预中的应用……………… 213
　一、以专业为先、创新引领：数字疗法干预…………………… 213
　二、数字疗法在发展障碍儿童干预中的应用：
　　　理解性语言训练游戏………………………………………… 213
　三、数字疗法的临床应用：冉冉的故事………………………… 217

第四节　善良是底色，学习是本色——儿童康复师群像············ 220
　　一、30多岁高中老师探索新领域，让努力填满工作生活 ······ 220
　　二、从小白老师到机构负责人，让专业成为最大的底气········ 220
　　三、多学科综合学习，终身学习是儿童康复医生的
　　　　必备要求·· 221

致谢·· 223

第一章

焦点报告

第一节　认识 MDT：一个多学科协作的连续统一体

多学科诊疗（multidisciplinary team，MDT）模式被应用到更多诊疗以及健康照护领域时，呈现出了多种形态。在实施 MDT 之前，要了解 MDT 的现有模式以及特点，并结合自身组织的能力和资源、服务客户的特点，探索适合本组织的 MDT 模式。需要指出的是，无论是哪种 MDT 模式，最终都指向以客户为中心的治疗策略。

一、多学科、跨学科和学科融合

研究表明，当不同专业背景人员组成一个团队工作时，会表现出不同的合作程度（D'Amour et al.，2005）。例如，在某些合作关系中，专业人员可能不会定期相互交流，而在另一些合作关系中，专业人员可能会定期碰面，并制定统一治疗计划。D'Amour 等将这种协作的变化描述为相互依赖程度不同的专业自主性的连续统一体（图 1-1-1）。因此，从"多学科（multidisciplinary）"发展出了"跨学科（interdisciplinary）"和"学科融合（transdisciplinary）"。

图 1-1-1　多学科诊疗模式的三个发展阶段

多学科模式类似于沙拉，其中包括各种不同的成分，但每个成分是独立和分离的。贡献是相加性的，而不是综合性的（Choi & Pak，2006）。例如，团队成员之间可以交换信息以协调护理或报告进展，但频繁和持续的沟通是非必需的（Strunk et al.，2017），因为来自其他团队成员的建议不会改变个人专业人员的治疗计划（Choi & Pak，2006；D'Amour et al.，2005）。与单一学科方法相比，多学科模式为诊疗提供了更多的视角，但其缺点是表现为狭隘的、学科导向的观点，这一定程度地抑制了对影响客户的复杂因素的更广泛的理解，也可能造成治疗成果受限（Choi & Pak，2006）。

跨学科模式类似于炖汤，原料一起烹饪，从而产生独特的味道，但仍保持可区分性（Choi & Pak，2006）。跨学科模式试图通过协调不同专业背景人员的知识，为客户护理提供更全面和综合的方法（Cox，2012；D'Amour et al.，2005）。每个学科的不同角色被保留，而目标和责任是共享的（Choi & Pak，2006；D'Amour et al.，2005）。例如，团队成员可以进行独立的评估，然后合作建立目标（Choi & Pak，2006）。这种联合方式需要更频繁的互动。因此，团队成员经常将他们的临床视角扩展到自身学科所建立的界限之外（Choi & Pak，2006）。跨学科缺点表现为，专业人员独立工作以实现协同开发的目标，但无法实现完全协作。例如，对于孤独症谱系障碍，跨学科模式可能限制临床人员对多层面障碍更全面的看法（Gehlert et al.，2010）。

学科融合模式类似于做蛋糕，其中的成分不再彼此区分，它产生了一个完全不同的产品。学科融合模式通过模糊化原有的专业边界，并综合每个团队成员的学科专业知识来提供诊疗服务（Bernstein，2015）。团队成员扩展他们的个人角色，包括超出他们实践范围内承担的职责，即"角色扩展"，以及将他们个人的专业知识传授给其他团队成员，即"角色释放"。学科融合模式下，团队成员通过使用通用的词汇库进行频繁沟通，主动共享知识和信息，以促进清晰和统一（Choi & Pak，2006）。个别学科的世界观被同化为一个协同框架（Gehlert et al.，2010），治疗团队共享一个综合的视角，并为社会重大问题产生创新而务实的解决方案（Boger et al.，2017；Choi & Pak，2006）。因为专业人员被推出了他们的舒适区，学科融合模式要求团队成员之间相互信任、尊重，进入一个超越传统边界的视角。与前面提到的跨学科模式类似，治疗目标是共同制定的，同时，在学科融合模式中，临床技能和干预措施也是共享的。该模式具有混合学科的特质，利用每个专家的独特知识和技能，并将它们组合成一个连贯的整体（Collin，2009）。也就是说，最终的产品不同于其各个部分的总和，而是大于它们的总和。角色释放和扩展模糊了传统上划分每个学科的边界，其结果是一个广泛、全面和共享的视角。"学科融合"对解决变量相互交织的复杂问题是必要的（Boger，2017；Gehlert，2010）。同时，Bowman（2021）认为，由于孤独症谱系障碍的高共病性和复杂的症状学，学科融合的模式提供了最有效的评估和治疗手段。

二、选择适合组织的MDT模式

虽然研究认为学科融合的MDT模式为具有高共病性、复杂症状学的疾病提供了最有效的干预方式，但是也有不少研究指出，学科融合模式过于理想化，在临床实践中，具有较大的困难（Bernard，2006）。学科融合代表医疗健康组织要开展更密集的多学科协调工作，如多学科评估、多学科治疗决策会议、持续的多学科案例讨论、跨学科培训、多学科协调员管理制度等。考虑到组织实施的效率、组织资源以及专业人员的能力等因素，医疗保健组织可能确实无法一步做到学科融合的实践。

因此，有计划实践 MDT 的儿童发展障碍康复组织，可以结合组织自身的情况，从力所能及的范围出发，选择 MDT 的策略，形成适合组织当前阶段的 MDT 模式，并且以"更佳的治疗策略和方案"为目标，在实践的过程中不断提升人员能力和组织能力，迭代更新，最终达到学科融合的 MDT 模式。同时，积极开展 MDT 模式的临床研究，为有效的儿童发展障碍MDT 干预模式提供实证证据。

如图 1-1-2 所示，组织 MDT 实践的策略组合形成了 MDT 的模式，MDT 实践的内容越丰富，团队协作的程度越高，即理想的学科融合模式需要固定的、频繁的团队协作实践提供保障。因此，MDT 的模式不是单一的，儿童发展障碍康复组织可以根据自身的情况，形成组织层面的 MDT 机制建设，并始终以"更佳的治疗策略"为目标导向，开展、完善并验证 MDT 实践。

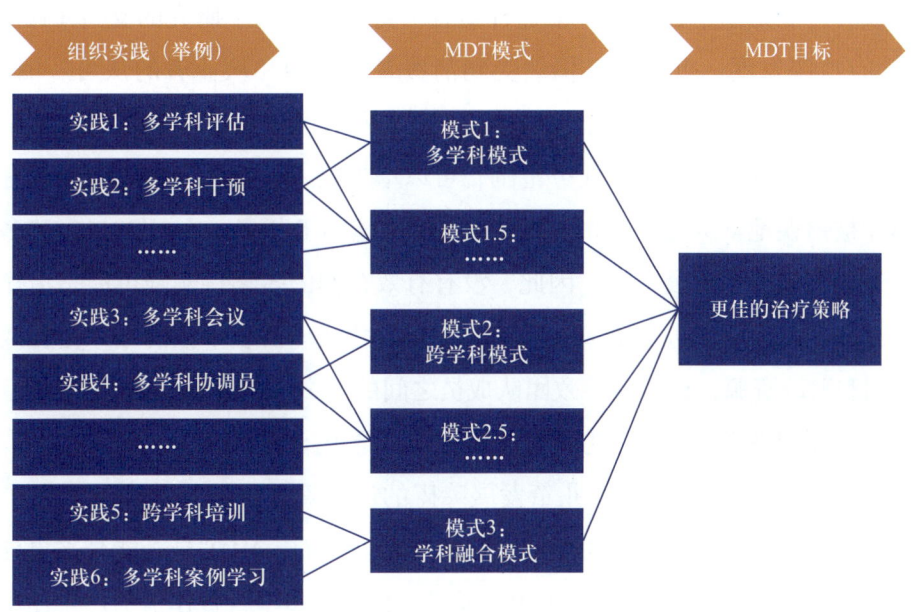

图 1-1-2　儿童康复组织实施 MDT 的实践 – 模式 – 目标

三、警惕 MDT 的误区：多学科"大杂烩"

（一）多学科不一定等于高效率、优效果

虽然 MDT 在肿瘤治疗领域的效果已有较多实证研究的支持，但在其他领域仍缺乏充足的实证研究证据（Bowman，2021）。在儿童发展障碍康复领域，国外临床工作者和研究者尝试了对孤独症儿童的综合干预，如，LEAP 项目、Walden 学前儿童计划项目、Douglass 项目等。研究结果表明，综合干预对孤独症儿童的孤独症症状、亲社会行为以及智力都有改善作用。国内也有研究报道，应用 ABA、TEACCH 及 RDI 相融合的综合干预措施，有效提高了孤独症儿童的社交能力、语言能力及生活适应能力（静进，2016）。但在儿童发展障碍康复领域，对于更广泛学科的合作，如儿科学、儿童精神医学、儿童康复医学、特殊教育、儿童心

理学、应用行为分析治疗、言语语言治疗等等，有哪些有效的协作模式以及有效的成果，目前的证据仍然不足，多学科合作实践需要更多的临床研究数据的证实。

当协作的概念被误解和使用不当时，团队很可能退回到纯粹的折衷主义，或"随意挑选和混合"以及"大杂烩"等（Dillenburger，2014）。多学科干预的折衷主义意味着临床工作者并不是以客户为中心、以最佳治疗效果为目标，提供个性化、精准化的治疗组合、治疗顺序、治疗频次、治疗强度等，而是认为每种治疗都是有专业价值的，每种治疗都给一些。Schreck 和 Mazur（2008）在描述孤独症儿童的治疗时，将这种折衷主义的治疗方法比喻为"自助餐方法"，其中客户可以获得各种治疗方案，例如，感觉统合、关键反应训练、促进交流、分泌素治疗、功能交流训练、无麸质饮食等，并接受"一点这个或一点那个"。现有的经验证据表明，这种折衷的治疗方案导致有限的治疗收益（Howard et al.，2005）。虽然这些干预的每个成分可能是基于证据的，但这种组合本身并没有科学研究的支持（Howard et al.，2005）。尽管有这些发现，折衷主义仍然受到消费者的追捧和从业者的认可。消费者认为，折衷的多学科方案提供了更广泛的干预措施，同时每种干预措施都能提供独特的获益。从业者认为，折衷的多学科方案拓展了业务范围，可以增加收入。然而，折衷主义具有伪科学的特征，即治疗被错误地认为是科学的，给人虚假的希望（Dillenburger，2011）。"多学科"这个术语可能美化和掩盖了折衷主义。因此，没有有效合作的多学科实践可能是治疗儿童发展障碍的危险方法，因为它促进了更多独立交付的折衷疗法。折衷干预的结果是无效的，将消耗更多的时间和财政资源，也可能导致团队成员之间的冲突（Dillenburger，2011）。

（二）最佳治疗策略有赖于高效的团队协作以及恰当的治疗组合

虽然 MDT 被各类指南推荐用于儿童发展障碍的诊疗管理，但是很少有研究告诉临床工作者，如何进行团队合作，以及如何促成专业的整合。然而，MDT 是否能带来更佳治疗方案的关键在于团队的组织和协作。Cox（2019）提出，只有当多学科合作努力产生比单学科更大的效果时，才能实现真正的利益。未能有效合作可能会导致不兼容的治疗组合，同时，会对客户产生不利甚至有害的结果。

第二节　MDT 在儿童发展障碍康复领域具有巨大的潜力

儿童发展障碍包括孤独症谱系障碍（Autism Spectrum Disorder，ASD）、注意缺陷多动障碍（Attention Deficit and Hyperactivity Disorder，ADHD）、言语语言障碍以及一般儿童发育迟缓等，已经成为儿童期较为普遍且影响深远的一种障碍类型。《2021年度儿童发展障碍康复行业蓝皮书》显示，我国0~18岁儿童发展障碍人群达3700万人。

儿童发展障碍常伴有共病，并表现为复杂的症状或复杂的情况。如，孤独症谱系障碍，其常伴有胃肠道并发症、睡眠障碍、癫痫、精神疾病以及其他问题等（Dillenburger，2011）。再如，注意缺陷多动障碍，2020年美国发育行为儿科学会发表了《儿童及青少年复杂注意缺陷多动障碍评估和治疗的临床实践指南》，提出"复杂注意缺陷多动障碍"以及"共存情况"的概念，强调要考虑不良的心理社会环境对ADHD儿童的影响。较多的共病、复杂的症状以及复杂的情况通常涉及一系列专业学科的治疗（Strunk et al.，2017）。因此，多学科诊疗成为儿童发展障碍康复领域一个值得关注的话题。

一、降本增效：MDT 在肿瘤治疗领域取得了卓越成绩

（一）多学科协作产生最佳肿瘤治疗策略

多学科诊疗（MDT）的概念最早由美国梅奥诊所提出并应用于肿瘤治疗领域。外科手术、放疗、化疗是肿瘤治疗的三大手段。外科手术对于早期局限于某一部位的肿瘤具有良好的治疗效果。放疗，特别是近年来的质子重离子放疗和立体定向放疗，是一种有效的肿瘤局部治疗手段，同时改善了肿瘤患者的生存和生活质量。化疗作用于患者全身，可遏制肿瘤的进一步发展。根据多个临床试验的结果，发现几乎对每种肿瘤，合理、有序地结合多种治疗手段，比单一一种手段治疗癌症更有效，不同学科专家的良好配合促成了最佳治疗策略的形成。

（二）多学科协作降低肿瘤治疗成本

众多研究表明参与MDT的患者治疗花费更少、住院时间更短、治疗效果更显著。国外临床研究数据显示，多学科诊疗（MDT）癌症在降低死亡风险、提高生存率、减少住院天数，以及节约住院费用等方面可有显著效果（图1-2-1和图1-2-2）。

二、学科共治：MDT 在儿童发展障碍康复领域的应用值得期待

随着MDT在肿瘤治疗领域取得突出成绩，MDT的概念和方法也被逐步应用到健康照护领域。如，英国国家医疗服务体系（National Health Service，NHS）2013年颁布的《整合照护和支持：我们共同的承诺》中强调了多学科诊疗在慢性病人群长期照护中的重要性。在儿童发展障碍康复领域，MDT因为以下原因具有实践的重要性和必要性。

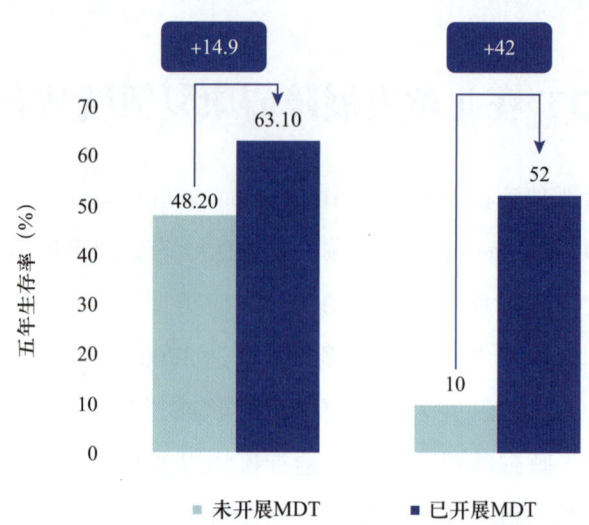

图 1-2-1　是否实施 MDT 对两种肿瘤患者生存率作用的比较

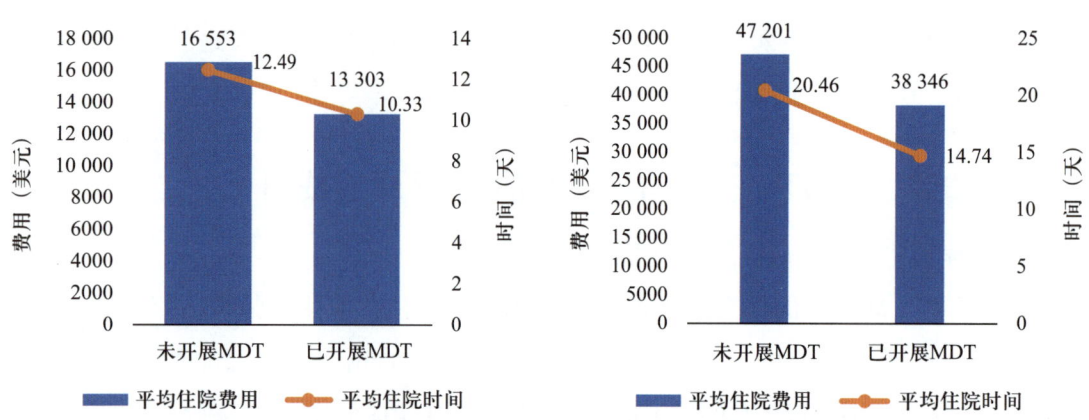

图 1-2-2　是否实施 MDT 对两种肿瘤患者费用和住院时间的比较

（一）疾病本身具有复杂性：儿童发展障碍是真实世界存在的复杂问题

生活本身是多学科的，然而，学科被人为分割。现实世界的问题很少局限于学科的人为边界。有些现实世界的问题和议题比任何单一学科都要广泛，需要在多个学科框架中才能进行富有成效的研究。当前，多学科研究不断发展，满足了许多社会、环境、科学和工程问题的需求。儿童发展障碍本身涉及儿童整体，包括认知、行为、语言、情绪等方面，也受限于家庭、社会环境系统，因此，需要在多学科的框架中进行回应和解决。

此外，随着对儿童发展障碍的进一步认识，我们更加清楚其复杂性。就如同随着技术的发展，汽车和轮船必须由来自不同学科的专家组成的团队来制造，而这些专家本身只能理解复杂问题的一小部分。当科学技术的发展速度和复杂性加速时，对多学科的需求也在增加。

（二）市场需求存在：行业调查显示家长认为儿童发展障碍需要多学科综合干预

2022年度儿童发展障碍康复行业调查显示，73%的家长认为发展障碍儿童需要多学科综合训练（图1-2-3）。其中，对于孤独症儿童，家长认为最需要言语训练（86%）、社交训练（86%）、认知训练（82%）；对于注意缺陷多动障碍儿童，家长认为最需要感觉统合训练（83%）、社交训练（83%）；对于言语语言障碍儿童，家长认为最需要言语训练（86%）、社交训练（57%）、认知训练（43%）；对于发育迟缓儿童，家长认为最需要日常生活能力训练（88%）、认知训练（82%）、言语训练（76%）。整体而言，家长认为儿童发展障碍最需要言语训练（80%）、社交训练（78%）、认知训练（72%）（图1-2-4～图1-2-8）。

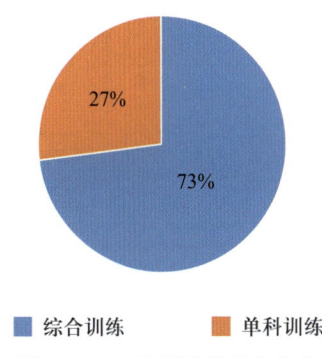

图1-2-3 发展障碍儿童综合训练与单科训练需求的比例

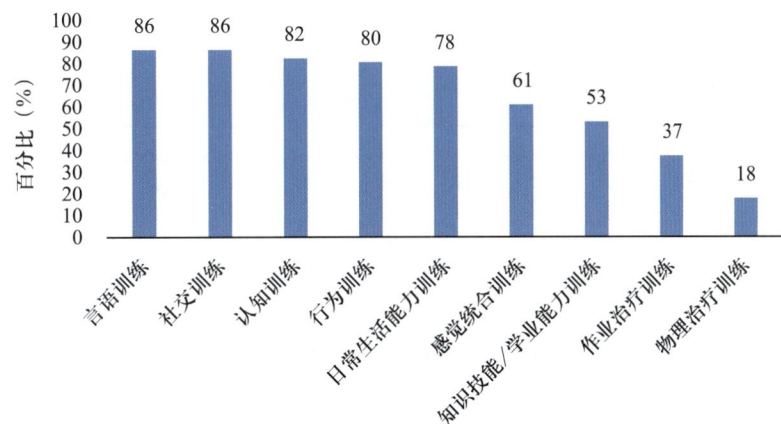

图1-2-4 孤独症儿童家长认为儿童需要的训练百分比

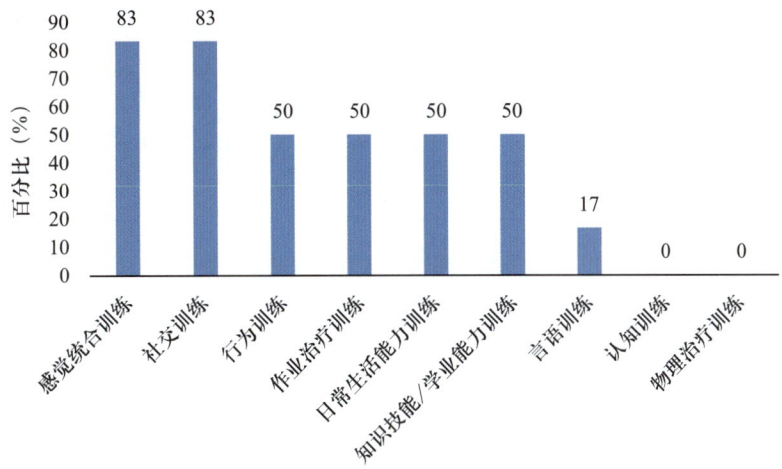

图1-2-5 注意缺陷多动障碍儿童家长认为儿童需要的训练百分比

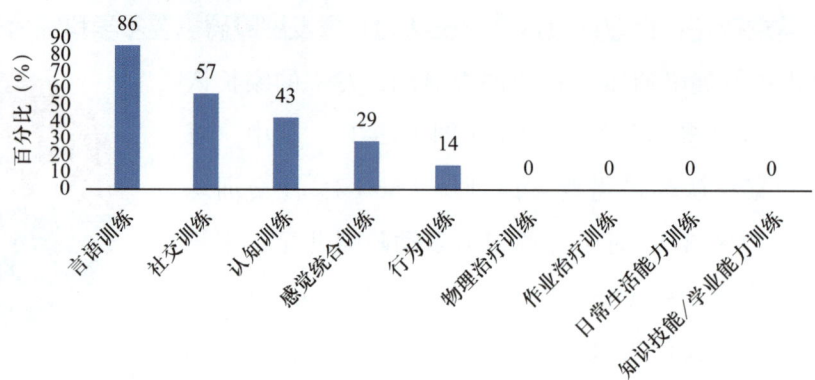

图 1-2-6 言语语言障碍儿童家长认为儿童需要的训练百分比

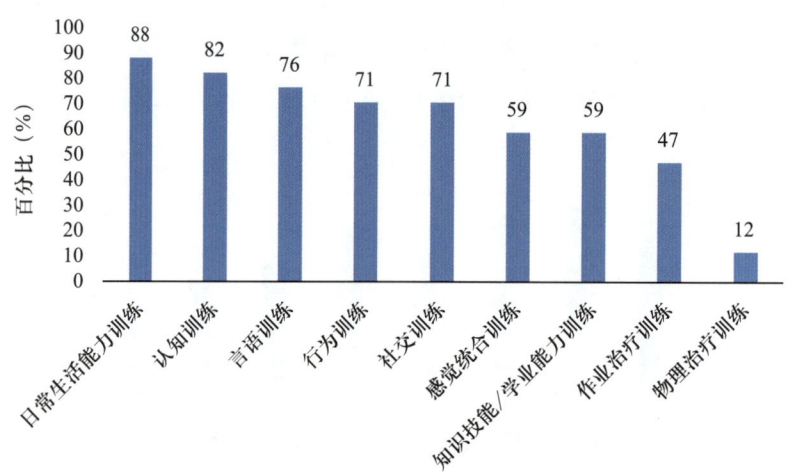

图 1-2-7 发育迟缓儿童家长认为儿童需要的训练百分比

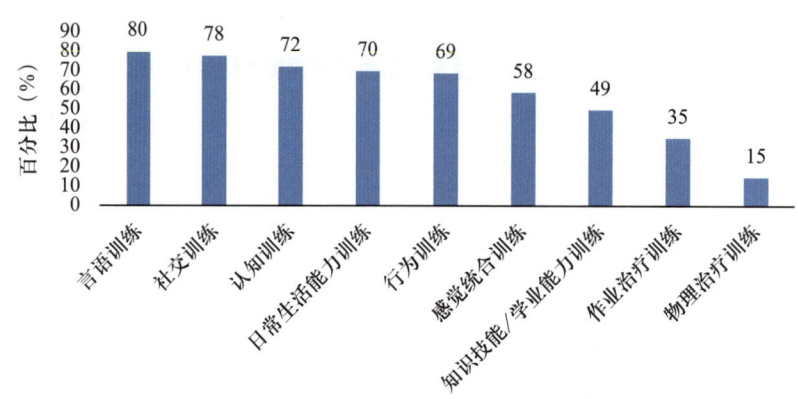

图 1-2-8 儿童发展障碍家长认为儿童需要的训练百分比

（三）服务供给不足：行业调查显示当前无论是医疗机构还是康复机构，都不能满足儿童发展障碍的多学科干预需求，家庭四处奔波，降低了干预效率

当问及诊疗过程中的困难时，63%的家长表示，医生"不能帮助解答更多的问题"（图 1-2-9）。这一方面可能由于一般医生问诊的时间较短，难以在短时间内回答家长更多的问题，另一方面也说明，当前医疗机构对于儿童发展障碍的服务供给是短缺的，需要多学科团队帮助家长。当问及康复机构能否满足孩子多方面干预需求时，79%的家长表示"不能满足"（图1-2-10）。因此，出现了家长四处奔波，寻找各类机构满足儿童治疗需求的情况，大大降低了儿童康复的效率。

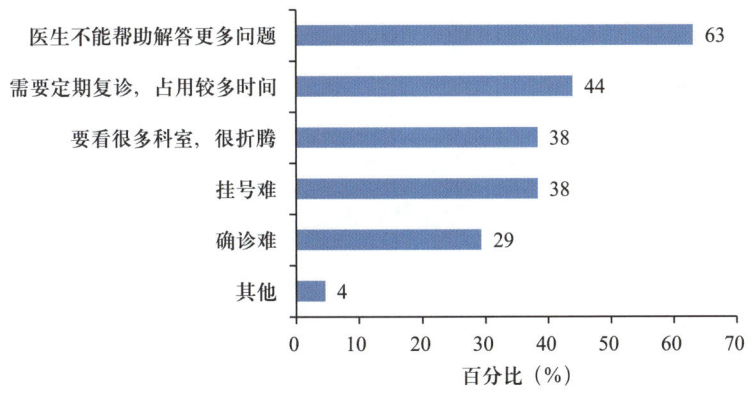

图1-2-9 儿童发展障碍家长认为的就诊过程中的困难百分比

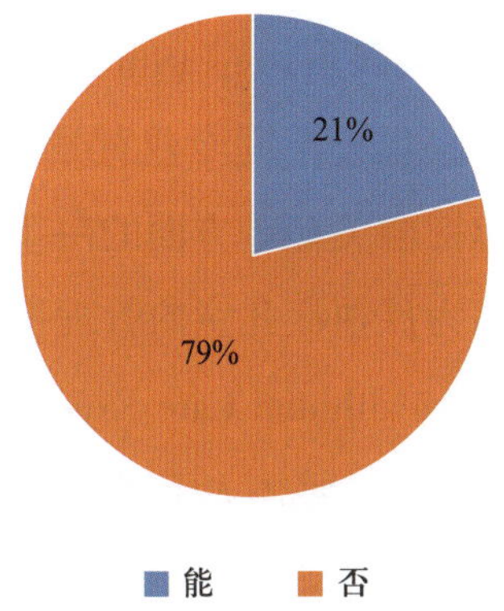

图1-2-10 当前康复机构能否满足多方面需求百分比

（四）行业发展趋势：随着单一学科建设的成熟，多学科成为发展趋势

随着单一学科建设和发展的成熟，医疗机构和康复机构也在探索新的治疗项目。其中，56%被调查机构表示已开展多学科协作以及多学科诊疗（图1-2-11）。在开展的具体多学科协作工作方面，32%的机构表示开展了多学科会诊，28%的机构表示开展了多学科联合治疗，27%的机构表示开展了多学科阶段性评估会议，26%的机构表示开展了多学科治疗决策会议，19%的机构表示配备了多学科会议协调员/管理员（图1-2-12）。

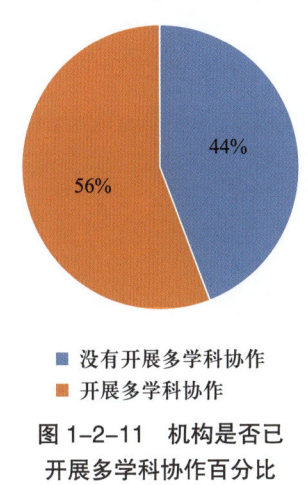

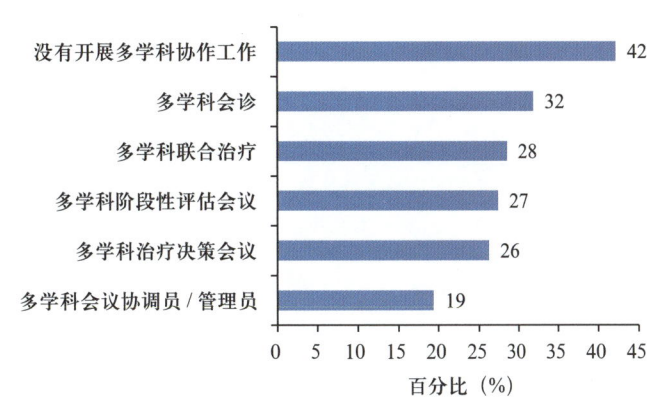

图1-2-11 机构是否已开展多学科协作百分比

图1-2-12 被调查机构开展了哪些多学科协作工作

多学科协作的发展不仅能满足发展障碍儿童多方面的康复需求，对于医疗保健组织而言也具有不少好处。第一，多学科协作为医疗保健组织带来更高的客户满意度（Hall，2005）。Kelly和Tincani（2013）指出，客户更喜欢多学科的协作，他们可以获得更具完整性的治疗。第二，多学科协作有利于学科的发展，有效的多学科协作，可以有机会传播自己学科的观点，理解其他学科的观点并建立信任，从而提高治疗服务的质量和伙伴关系（Brodhead，2015）。

（五）诊疗指南建议：儿童发展障碍 MDT 受到认可和推荐

1. 在孤独症（ASD）儿童诊疗和管理方面　联合国残疾人权利公约（Convention for the Rights of Persons with Disabilities，CRPD）于 2007 年提出多学科团队介入 ASD 干预的建议，主张集合不同专业背景的人员对孤独症儿童及其家庭提供帮助，对临床诊断、教育、健康和社会关怀等方面的决策制定提供支持。美国儿科学会（American Academy of Pediatrics）提倡为孤独症儿童的管理提供多学科支持。英国国家优化健康和保健研究所（National Institute for Health and Care Excellence，NICE）2013 年的指南也提出对孤独症儿童及青少年的管理建议——"整体大于部分的总和"（whole is greater than the sum of its parts）。

2. 在注意缺陷多动障碍儿童诊疗和管理方面　2020 年美国发育行为儿科学会发表《儿童及青少年复杂注意缺陷多动障碍的临床实践指南》，首次提出"复杂注意缺陷多动障碍"和"共存情况"的定义。ADHD 的多模式干预治疗需要儿童神经病学、儿童精神病学、心理学、发育行为、儿童保健、教育学等多专业人员参与，将教育学和发育行为儿科学最先进的研究成果与最有效的教育实践整合，构建更系统全面、更科学、更符合复杂 ADHD 儿童青少年发展规律的诊疗体系，结合多场景（学校、家庭、社会）及多模态（生理、生化、行为）进行数据采集并开展标准化评估，选择最优医学干预和教育干预方案，并从系统论出发，从生命历程的视角来评估复杂 ADHD 的管理效果。临床医生在 ADHD 诊治过程中，应密切关注儿童及青少年的生态系统，如家庭氛围、父母对诊疗的态度是否一致、对治疗方案有无分歧、与教师和同学的关系、个人教育所面对的挑战等（金星明，李廷玉等，2021）。

第三节 儿童康复组织实施 MDT 的策略

报告将列出一些策略参考,供儿童发展障碍康复机构进行思考,从而发展出自己的 MDT 策略和模式。报告将儿童发展障碍康复机构 MDT 的策略分为组织层面策略和团队成员层面策略(表 1-3-1 和表 1-3-2)。组织层面策略旨在启发管理者在组织层面需要坚持的原则、采取的实践及建立的机制,团队成员层面策略旨在启发不同专业背景的成员在参与 MDT 时需要遵循的原则。

表 1-3-1 MDT 组织层面策略

MDT 准备策略	MDT 实施策略	MDT 发展策略
(1)雇佣适合的多学科人才 (2)为多学科会议和互动留出时间和物理空间 (3)准备多学科协作干预的临床协议	(1)为客户组建一个固定且专业关系平等的团队 (2)指定个案协调员 (3)召开多学科治疗决策会议 (4)召开多学科进展报告会议	(1)提供跨专业教育的专业发展课程 (2)举办午餐会,促进专业间非正式交流 (3)召开冲突解决会议 (4)客户关怀

表 1-3-2 MDT 团队成员层面策略

MDT 准备策略	MDT 实施策略	MDT 发展策略
(1)共享伦理守则 (2)跨学科学习 (3)集体统筹的思想准备	(1)制定共同目标 (2)循证实践 (3)相互依赖的实践	(1)自我评估 (2)社会效度评估 (3)协作沟通

一、MDT 组织层面的策略

(一)MDT 准备策略

MDT 组织层面的准备策略指组织为开展 MDT 准备的人员、场地、制度安排等。

1. 雇佣适合的多学科人才　开展儿童发展障碍 MDT 精准康复的第一步是具备多学科人才团队,包括应用行为分析师、言语语言病理学家、职业治疗师、特殊教育工作者、临床心理学家和医生等等。被雇佣的人员需要积极参与到 MDT 的探索中,愿意践行 MDT 的原则,主动学习学科边界之外的知识,并愿意陪伴组织发展 MDT 模式——从"多学科模式"到"跨学科模式",再到"学科融合"模式。在这个过程中,合适的人才可以接受一定程度上牺牲个人的时间,牺牲专业的自主权,以及诊疗模式的不断演进。

2. 为多学科会议和互动留出时间和物理空间　这样的设置是为了保证多学科的正式沟通和持续沟通。多学科会议是一个正式的组织行为,它不是团队任意找一个休息或下班的时间进行简单的信息交换,或者利用上班时间穿插着互相了解。它需要组织为其留出固定的时间和空间，安排多学科团队成员，按固定时间和地点，参与多学科治疗决策会议和定期的进展报告会议。

3. 准备多学科协作干预的临床协议　多学科协作干预临床协议的目的是明确角色划分。团队成员可能具有特定学科的要求，从道德上（或法律上）与其他团队成员的角色相冲突。多学科协作干预临床协议是为了确保专业人员互相了解学科要求，以及当前的能力范围，也让客户了解组织正在实施的MDT干预的内容。每个成员的具体角色划分应在治疗计划中体现，并由治疗小组的每个成员一致签署。

（二）MDT实施策略

MDT组织层面的实施策略指组织为促进MDT的开展而进行的制度安排。

1. 为客户组建一个固定且专业关系平等的团队　在MDT治疗的模式下，组织需要为客户组建固定的团队。这个团队需要跟随客户从评估到治疗，再到方案调整，以及结束服务的始终。多学科的团队成员不能临时进入或随意退出，并且尽量参与每次会议和讨论。例如，组织临时邀请一个专家进行会诊，会诊后，专家不再参与后期干预，这种情况下，专家不能认为是团队成员。MDT治疗模式中，团队的每个成员都要为客户负责。

此外，在可能的情况下，组织应确保所有成员在公司内担任平等职位。这种平等将防止跨专业团队之间的多重关系，避免沟通和责任分担的不平等。如有必要，可以指派一名跨学科督导在任何跨学科问题上提供帮助并作为资源进行协调。如果团队中的某个专业角色的地位绝对高于其他专业角色，那将不利于平等的讨论，以及制定跨学科合作的治疗方案。

2. 指定个案协调员　组织应该为每位客户匹配一位专属的"协调员"。协调员将监督治疗计划，促进团队合作，必要时处理团队的冲突。个案协调员的角色可以根据专业能力、客户的核心缺陷的领域等适当情况进行分配。

3. 召开多学科治疗决策会议（MDT会议）　MDT会议与多学科会诊不同。MDT会议是由多学科专业人员在同一时间或同一时间段进行评估后，根据评估结果，一起制定干预目标和干预方案的会议。值得注意的是，任何学科的干预都是在共同目标制定后开展的，并旨在达成MDT会议目标。多学科会诊是由某个学科的专业人员开展了评估和干预后，在此过程中发现了新的问题，再拉入新的学科人员，增加评估，调整干预方案等。而MDT会议是从一开始就将客户可能涉及的学科人员组织起来，开展评估和多学科会议。例如，在肿瘤治疗中，多学科专家即使后续不提供治疗，也会在患者的治疗开始前参与治疗决策会议，给出各自视角的治疗建议。这样就从更广泛的视角为患者考虑到了多种治疗方案的可能性，从而使团队能评估出最佳治疗方案，为后续的治疗节省时间和经费，提高效率。

4. 召开多学科进展报告会议（MDT进展报告会）　多学科进展报告会议一方面是为了促

进持续的沟通，另一方面是为了保证 MDT 干预是朝着"有效的综合康复"的目标开展。MDT 进展报告会至少每月一次，在进展报告会开始前，多学科治疗团队需要对阶段性的干预效果进行评估，制定下一步干预方案。同时，治疗团队需要鼓励客户反馈，并尊重客户的反馈。一旦发现违背目标，应立即评估客户的整体利益是否受到损害。如果发现影响客户的整体福利，或以任何方式对客户造成伤害，应立即撤销造成伤害的干预或专业人员的服务，团队应努力确保客户的安全。

（三）MDT 发展策略

MDT 组织层面的发展策略指组织为促进 MDT 模式的更新迭代，以及促进更佳的治疗实践而开展的制度安排。

1. 提供跨专业教育的专业发展课程　组织可以设置内部的跨学科专业发展课程，鼓励团队人员全面学习，致力于促进以客户为中心的康复和专业间的合作。成员应阅读与其他团队成员的专业相关的期刊上发表的文章（例如，言语－语言病理学、应用行为分析、医学）。团队成员需要参加其他学科的专业会议，并鼓励在此类会议上进行跨学科演讲，进行多学科专业知识的吸收。

2. 举办午餐会，促进专业间非正式交流　组织需要为非正式的知识和信息沟通提供机会。轮流由每个团队成员发起分享和讨论，每个学科都有机会展示。安排午餐会议，以鼓励成员之间的友好互动，并允许团队对合作的成功和失败进行非正式的回顾；每个团队成员选择合适的期刊文章/文献进行分享，回顾各自领域的研究和进展，并开放讨论。

3. 召开冲突解决会议　任何冲突的产生都不应妨碍提供有效和高效的治疗。组织应通过有效的协作实践来避免冲突，并在分歧时表现出专业精神。具体而言，组织应允许个案协调员安排一次团队会议，提出冲突解决方案。有关各方必须在个案协调员的领导下巧妙地消除分歧。团队成员之间必须开诚布公地讨论冲突，了解所有成员的观点并合作确定解决方案。在整个客户互动过程中，组织应要求团队成员保持统一的形象。

4. 客户关怀　组织要提供"看得见的团队关怀"。让客户能够意识到在"幕后"发生的合作努力。协作实践将完全透明，以提高客户对有凝聚力的综合康复的认识。为此，可以邀请客户的父母/法定监护人参加团队会议，经常更新合作讨论，并让客户的家长参与审查治疗计划。

二、MDT 团队成员层面的策略

（一）MDT 准备策略

MDT 团队层面的准备策略指团队成员为开展高效的 MDT 联合治疗而提前做的伦理准备、知识准备、思想准备等。

1. 共享伦理守则　每个专业学科人员需要公开分享他们的伦理准则。虽然许多伦理准则是一致的，但团队成员应该相互参照准则，找出共同点和不同点，并采用最严格的准则，以保持团队内部的团结。

2. 跨学科学习　团队成员应主动阅读其他专业的相关文章，例如，言语－语言病理学、应用行为分析、医学等，主动参加其他学科的培训，积极参加其他学科的专业会议，并在此类会议上进行跨学科演讲，吸收多学科的专业知识。

3. 集体统筹的思想准备　在治疗开始前，团队成员必须意识到他们是作为一个团队去承担治疗任务的。所有客户干预的结构、程序、计划、任务、目标、数据和整体客户服务，需要由团队决定，团队成员需要讨论如何解决问题和冲突，如何问责，共享怎样的理念和价值观。

（二）MDT 实施策略

MDT 团队层面的实施策略指团队成员在进行多学科治疗决策会议、多学科进展报告会议、多学科评估、多学科联合干预等 MDT 过程中，应遵循的策略原则。

1. 制定共同目标　目标的统一是团队功能的核心，需要在任务声明中加以说明。跨学科团队的任务是利用多学科的专业知识，为患者带来可衡量的收益最大化的结果。为此，致力于作为一个团结协作的单位发挥作用，强调成员的优势，分享各自学科的证据，以提供更好的综合服务。

2. 循证实践　循证实践包括使用高质量研究提供的证据、团队成员提供的专业知识以及客户的价值观、需求和偏好为客户提供治疗。尽管个别学科可能遵循不同水平的科学证据，但团队作为一个整体必须遵循同一个证据标准。

团队成员必须推荐不会给客户带来任何危险的治疗方法，有实证支持、经济上合理、易于获取的方法，以及有效、合理且可行的方法。如果团队成员推荐的治疗方法不符合上述标准，则应召开团队会议，由合作成员根据指定的标准审查干预措施。

团队成员如果要使用经验支持较少但潜在有益的方法，应在查阅相应的立场陈述、审查现有研究或与团队成员和其他专家讨论的前提下使用该治疗方法。团队成员可以通过治疗背景下的单一被试研究设计来评估干预措施的有效性。团队成员的治疗方案应该永远从基础数据出发，在治疗过程中收集所有干预措施的数据，并经常分析数据以评估病人的表现，同时相应地修改治疗方案，从而提出建立在可信赖的数据基础之上的治疗方案。

3. 相互依赖的实践　团队成员应该放弃完全独立的实践，相互依赖，以促进合作互动和客户预后最优化；有效的客户关怀是通过合作实践获得的，当成员相互依赖以完成他们的角色和专业任务时，就能实现有效的客户关怀。所有团队成员都应在其能力范围内执业，当干预措施或建议的治疗方案超出个人能力范围时，应保持诚实。成员应该对自己的角色和他们给团队带来的价值充满信心，并了解其他成员的作用和他们的贡献。

(三) MDT 发展策略

MDT 团队层面的发展策略指团队成员不断完善团队 MDT 的相关努力。

1. 自我评估　团队成员需要评估他们个人的协作能力，接受客户和其他团队成员的反馈，并利用这些信息来改进他们的协作互动和实践。为了保持最高的实践标准，团队应该对协作进行自我评估；团队还将评估他们协作实践的程度，并确定他们在跨专业协作范围内的位置；团队 MDT 应该使用单独的评估项目了解实施程度，如跨专业合作检核表。

2. 社会效度评估　团队成员根据客户接受协作照料的经历以及协作团队提供协作照料的过程来收集社会效度的评估。当对每个客户进行社会效度评估时，应该在团队会议上对结果进行回顾和公开讨论，必要时应修正当前的协作实践，以确保社会效度。

3. 协作沟通　为了实施更佳的 MDT 实践，团队成员须开展公开的、频繁的以及彻底的沟通。成员们有效和有意识地分享信息、技能、专业知识、想法和资源；干预治疗措施的改变，及时互相传达；有关客户进度或相关设定事件的信息，及时互相传达。数据所有成员均可访问，并进行集体分析和解释。在沟通时，使用团队成员都能理解的语言。

以上 MDT 策略是对已有研究的综述和抛砖引玉，儿童发展障碍康复机构可以灵活掌握，发展出适合自身机构的多层次 MDT 策略。

三、康复机构开展 MDT 的案例

丹麦哥本哈根大学脑损伤康复中心 MDT 实践

欧洲第一家专门的脑损伤康复中心——丹麦哥本哈根大学脑损伤康复中心（Center for Rehabilitation of Brain Injury，CRBI）的 MDT 实践，对儿童发展障碍康复行业的 MDT 有一定借鉴作用。CRBI 是一家创办于 1978 年的康复中心，目前拥有 70 余位员工，包括神经心理治疗师、物理治疗师、言语治疗师、作业治疗师、特殊教师、社工等。经过 40 余年的实践，CRBI 已经形成了一套较为成熟的 MDT 治疗的运营模式，在 CRBI 的模式下，85% 的脑损伤患者成功回归了工作和生活。

（一）团队服务、多学科评估、主管治疗师

在 CRBI 的 MDT 运营模式中，CRBI 为服务的每位患者组建治疗师团队，主要包括神经心理治疗师、作业治疗师、物理治疗师以及言语治疗师等（表 1-3-3），并指定一位主管治疗师协调团队资源。因为 CRBI 服务的患者主要为脑损伤患者，其主管治疗师大部分由神经心理治疗师承担，同时，也有部分患者的主管治疗师为言语治疗师、物理治疗师等。多学科团队的全部成员将参与到每次的多学科会议中，并在整个治疗过程中协作交流，共享信息。

表 1-3-3　CBRI 的多学科团队和多学科评估

		多学科会议	作业治疗评估	物理治疗评估	言语治疗评估	神经心理治疗评估
患者1	时间	8月15日 10:00–11:00	8月15日 11:00–12:30	8月15日 13:30–15:00	8月16日 11:00–12:30	8月16日 13:00–15:00
	治疗师	EB, BM, CDB, MAN	MAN	CDB	BM	EB（主管治疗师）
患者2	时间	8月15日 11:00–12:00	8月16日 10:45–12:00	8月16日 9:00–10:30	8月15日 12:30–13:30	8月15日 13:30–15:30
	治疗师	KJ, SSC, MDA, IMS	SSC	MDA	IMS	KJ（主管治疗师）
患者3	时间	8月15日 11:00–12:00	8月16日 9:00–10:15	8月16日 10:30–12:00	8月15日 12:30–14:00	8月15日 14:30–16:00
	治疗师	LJ, AK, EG, HS	HS	AK	EG	LJ（主管治疗师）
患者4	时间	8月15日 10:00–11:00	8月16日 10:45–12:00	8月15日 14:00–15:30	8月15日 11:00–12:00	8月16日 13:00–14:30
	治疗师	MS, LJ, JJ, MAN	MAN	JJ	MS（主管治疗师）	LJ
患者5	时间	8月15日 14:00–15:00	8月15日 15:00–16:15	8月16日 9:00–10:30	8月17日 12:30–14:00	8月16日 10:30–12:00
	治疗师	LN, TTK, PZ, RK	RK	PZ	TTK	LN（主管治疗师）

CRBI 的多学科评估在首次多学科会议之后的 2 天内开展。各学科治疗师分别开展 1~1.5 h 的评估，随后，结合首次多学科会议制定的共同目标，制定具体康复方案。

（二）多学科会议、阶段性评估

在 CRBI 的 MDT 运营模式中，多学科会议以及评估是伴随始终的（图 1-3-1）。客户初次到访由神经心理治疗师进行接待并收集各方面信息。神经心理治疗师将整理好的信息共享

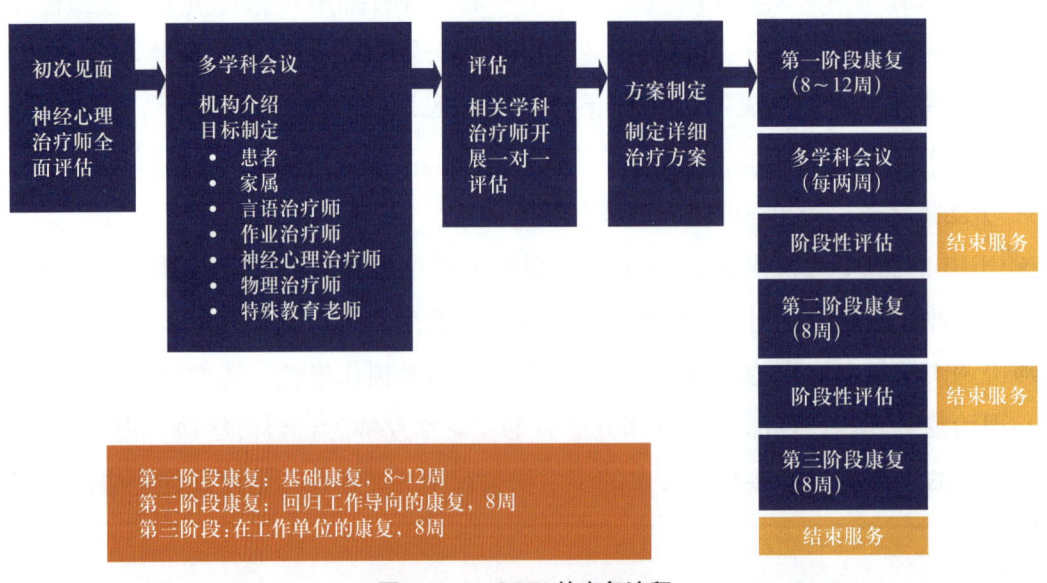

图 1-3-1　CRBI 的康复流程

给多学科团队成员，并邀约多学科治疗师参加首次多学科会议。在首次多学科会议上，治疗师与客户及其家属一起探讨客户康复的目标，共同制定目标。随后，各学科治疗师分别开展评估，最终根据多学科评估结果，制定详细的康复方案。

多学科团队每两周进行一次多学科会议，讨论客户的康复进展和目标的达成情况。如果多学科团队发现康复实施偏离了目标，或者目标制定不合适，会及时调整康复方案或目标，以确保多学科团队的工作是朝着适合客户的目标以及个性化的最佳治疗方案前进的。

CRBI 的康复服务以每两个月为一个周期，一个周期康复结束后，客户可能顺利结束康复，回归家庭和社会。在每个周期的康复服务结束前，多学科团队将开展阶段性评估，为客户回顾这一阶段的康复效果，当然，在这个过程中，临床数据是持续收集的。

（三）患者晨会、固定学习时间

在 CRBI 的 MDT 运营模式中，还安排了患者晨会和每周一天的内部提升时间（表 1-3-4）。每个客户早上 9 点到达康复中心，并在开始多学科治疗前，和主管治疗师进行 10 min 的交流，分享前一天的康复感受以及困难和需求。由主管治疗师响应需求和协调资源。晨会的设置体现了 CRBI 强烈的客户关怀。主管治疗师通过持续收集客户的反馈，了解其在各学科治疗中的情况，从而可以统筹了解客户康复的整体面貌。

表 1-3-4　CRBI 的患者课程表

	周一	周二	周三	周四	周五
9:00-9:10	晨会	晨会		晨会	晨会
9:15-10:00	神经心理治疗	交流团体		治疗团体	多学科会议
10:15-11:00	物理治疗	计算练习		认知团体	认知团体
11:15-12:00	物理治疗	言语治疗		认知团体	认知团体
12:00-13:00	午餐/休息	午餐/休息		午餐/休息	午餐/休息
13:00-13:45	认知团体	物理治疗		交流团体	物理治疗
14:00-14:45	言语治疗	物理治疗		神经心理治疗	物理治疗

四、促进儿童发展障碍 MDT 的政策建议

（一）出台儿童发展障碍 MDT 的临床指南或专家共识

虽然现有的儿童发展障碍相关诊疗指南都倡导了在儿童发展障碍相关诊疗康复中应用多学科诊疗（MDT），但尚没有指南说明如何开展儿童发展障碍的多学科团队治疗。因此，目

前行业尚缺乏儿童发展障碍多学科诊疗的标准。根据对已有研究的梳理，本文提出了一些儿童发展障碍康复行业开展 MDT 的策略建议，但尚需要实证数据的支持以及专家的共识。因此，建议政府或专业机构加强对儿童发展障碍康复 MDT 的研究，并集合专业力量，出台儿童发展障碍 MDT 的实践指南或专家共识。

（二）将儿童发展障碍康复多学科会议、多学科评估纳入医保或残联补贴

通过文献综述和案例分析，我们看到多学科会议以及多学科评估在推动 MDT 的过程中发挥着重要的作用。因为涉及多学科人员同时出席，围绕一个儿童，给予各方面的评估和建议，多学科会议将在一定程度上增加机构的运营成本。如此以"客户为中心"的治疗内容，需要受到医保或残联资金的支持。从卫生经济学的角度，多学科会议和多学科评估，也将大大提升儿童发展障碍康复的效率，减轻家庭长期照护负担，节省医疗资源和财政支出。

（三）大力培养"一专多能"的儿童发展障碍康复人才

儿童发展障碍 MDT 康复实施成功的关键还在于多学科人才。研究表明，"学科融合"的 MDT 模式有利于形成儿童发展障碍的最佳治疗策略。"学科融合"的基础是各学科的"角色释放"，专业人员在积极学习其他学科知识的同时，也要允许其他学科来补充本学科的治疗。因此，政府和专业机构应大力培养"一专多能"的儿童发展障碍康复人才，为更高效率的儿童发展障碍康复奠定基础，支持开发"一专多能"儿童发展障碍康复人才的培养课程，赋能行业儿童康复组织。

（吴美琦　吉　宁　王　磊　贾美香）

参考文献

［1］静进，王馨 . 孤独症谱系障碍的多学科合作研究与干预 . 中国实用儿科杂志［J］. 2019，34（8）：628-632.

［2］静进 . 孤独症谱系障碍儿童的康复教育现状及趋势 . 中国儿童保健杂志［J］. 2016，24（12）：1233-1236

［3］金星，李廷玉，陈立禹，等 . 美国发育行为儿科学会儿童及青少年复杂注意缺陷多动障碍评估和治疗的临床实践指南 . 中华儿科杂志，2021，59（11）：912-915.

［4］钱乐琼，杨娜，肖晓，等 . 孤独症谱系障碍儿童的早期干预方法综述 . 中国临床心理学杂志［J］. 2013，21（5）：856-862.

［5］Bernstein J H. Transdisciplinarity: A review of its origins, development, and current issues. Journal of Research Practice, 2015, 11(1): 1–20.

［6］Boger J, Jackson P, Mulvenna M, et al. Principles for fostering the transdisciplinary development of assistive technologies. Disability and Rehabilitation: Assistive Technology, 2017, 12(5): 480–490.

［7］Brodhead M T. Maintaining professional relationships in an interdisciplinary setting: Strategies for navigating nonbehavioral treatment recommendations for individuals with autism. Behavior Analysis in Practice, 2015, 8(1): 70–78.

[8] Choi B C K, Pak A W P. Multidisciplinarity, interdisciplinarity and transdisciplinarity in health research, services, education and policy: 1. Definitions, objectives, and evidence of effectiveness. Clinical and Investigative Medicine, 2006, 29(6): 351–364.

[9] D'Amour D, Ferrada-Videla M, San Martin Rodriguez L, et al. The conceptual basis for inter-professional collaboration: Core concepts and theoretical frameworks. Journal of Inter-professional Care, 2005, 19(Suppl. 1): 116–131.

[10] Dillenburger K, Röttgers H-R, Dounavi K, et al. Multidisciplinary teamwork in autism: Can one size fit all? The Australian Educational and Developmental Psychologist, 2014, 31(2): 97–112.

[11] Dillenburger K. The emperor's new clothes: Eclecticism in autism treatment. Research in Autism Spectrum Disorders, 2011, 5(3): 1119–1128.

[12] Hall P. Interprofessional teamwork: Professional cultures as barriers. Journal of Interprofessional Care, 2005, 19(Suppl. 1): 188–196.

[13] Howard J S, Sparkman C R, Cohen H G, et al. A comparison of intensive behavior analytic and eclectic treatments for young children with autism. Research in Developmental Disabilities, 2005, 26(4): 359–383.

[14] Schreck K, Mazur A. Behavior analyst use of and beliefs in treatments for people with autism. Behavioral Interventions, 2008, 23(3): 201–212.

[15] Strunk J, Leisen M, Schubert C. Using a multidisciplinary approach with children diagnosed with autism spectrum disorder. Journal of Interprofessional Education & Practice, 2017, 8: 60–68.

第二章

行业报告

第二章

第一节　儿童发展障碍康复行业趋势洞察——潜能释放，需求升级

一、背景概述

2022年是充满变化的一年，世界之变、时代之变、历史之变以前所未有的方式展开，中国依然保持了经济正向增长及社会有序发展。展望2023年，在党的领导下，作为"十四五"规划的关键之年，在政策潜能释放下儿童发展障碍康复领域也将继续深化发展。

首先是患者潜能，患者群体数量增多及需求压抑使得2023年存在需求反弹。其一，患儿检出绝对值增多。以孤独症为例，为规范0~6岁儿童孤独症筛查、诊断和干预服务，促进儿童健康，国家卫生健康委2022年9月23日印发《0~6岁儿童孤独症筛查干预服务规范（试行）》。该规范聚焦0~6岁的儿童，将服务内容划分为健康教育、筛查（初筛、复筛）、诊断、干预康复四大阶段，并明确要求结合国家基本公共卫生服务项目，为常住人口中0~6岁儿童提供孤独症筛查服务，从群体中尽早发现发育异常的个体。本规范一方面提高了孤独症患儿的筛查率从而增大了患儿检出绝对值，另一方面将四阶段服务责任单位明确至乡镇卫生院和社区卫生服务中心、县级妇幼保健机构、儿童孤独症诊断机构和干预康复机构，并提出相应软硬件要求，保障服务质量。其二，康复需求压抑。2022年因疫情原因，各地都有不同程度的居家情况。结束居家后，患儿回归正常康复干预行为需求迫切。

其次是技术潜能，数字医疗产品的涌现及政策红利具备放大效应。2021年11月国家卫生健康委发布的《健康儿童行动提升计划（2021—2025年）》提出，"智慧儿童健康服务提升行动"要大力推进儿童心理行为发育异常筛查和干预工作，可充分利用"互联网+"、大数据等新技术，通过具有自主知识产权和符合国情的儿童医疗保健技术，推动优质医疗资源扩容下沉和均衡分布。其一，数字医疗工具涌现。在政策支持下，据不完全统计2022年国家药品监督管理局批准注册27个软件类医疗器械，其中儿童康复领域16个，涵盖筛查诊断、评估、康复全链条，在全国不同省份推进临床试验及商业应用。其二，政策提供应用转化支持性保障。2022年10月海南省人民政府印发《海南省加快推进数字疗法产业发展的若干措施》，为数字疗法提供全国乃至全球首个全周期政策，涵盖临床试验、注册、应用、支付全方位保障。此外，浙江、河南、江苏各地都陆续出台相关政策，对前端临床及注册，对接产品上市后的支付场景、应用场景，都给予了诸多支持。

二、趋势洞察

（一）全面化的儿童康复体系

自20世纪末发展障碍康复在我国出现，历经40多年发展，行业已逐步走向顶层政策指导、学科专家规划、从业队伍不断扩充、海内外交流频繁的良性发展态势。患儿及其家庭也对儿童康复提出了更高要求，寻求全面化的儿童康复体系，一方面是康复目标的全面性，另一方面是专业体系的全面性。

在康复目标的全面性上，早期单纯康复视域下的康复目标已达成，现转向了医教康融合视域下对于"全人观"的发展目标。根据1921年日本学者小原国芳的定义，"全人"就是人的多方面的和谐发展，塑造身体、情绪、社会性、认知能力、创造能力全面发展的儿童。特殊儿童还要兼顾共性与个性的发展需求。

基于目标的全面性，专业体系也应具有全面性，多学科、多疗法、多场景的精准康复模式应运而生。以儿童为中心、整合为策略、回归生活为导向，个性化解决儿童康复问题，实现精准康复。

在接下来的时期，我们要基于临床医学、康复医学、教育多学科的深度融合，心理治疗、康复治疗、数字技术的综合施治，在家庭、学校、社区多场景的应用下，建设出具有中国特色的全面化的儿童康复体系，进一步加强多部门的协同，保障综合体系有效落地，使康复效能最大化。同时，鼓励各类获批准的儿童发展障碍康复数字医疗产品进行实际场景验证落地，通过数字技术提升康复渗透率；鼓励多部门、多学科、多场景的科研协作，协力推进行业问题探索。

（二）可持续的长期服务模式

发展障碍儿童，包括孤独症、注意缺陷多动障碍、言语发育障碍、学习障碍以及发育迟缓等的儿童，根据障碍类型及程度具有不同的医疗、康复、教育及其他服务需求。首先，我国儿童群体已被纳入医疗保障体系中，整体构筑了"基本医保＋大病保险＋医疗救助"三重基本保障；其次，经民政、残联等部门认定的困境儿童、残疾儿童等特殊群体叠加享受相应兜底保障待遇，再由相关慈善救助等形成多元补充。全体少年儿童都享有义务教育权利，针对特殊儿童，国家通过提高特殊教育学校招生能力、扩大普通学校残疾学生随班就读规模及送教上门等多种方式，最大限度地保障适龄残疾儿童少年接受义务教育的权利。

发展障碍儿童已经享有相对完备的医疗保障体系，但伴随社会经济文化的发展，在得到基础医疗、教育支持后，家长对于儿童全面发展及终身支持提出了更进一步的需求，如整体健康医疗保障、长期护理康复计划、社会性服务乃至养老托养服务。这类需求呼唤国家兜底保障外商业保险、特殊需要服务信托等多样化专业服务形成补充。我国现有儿童商业医疗保险存在险种匮乏、保障水平低下的问题，针对发展障碍儿童更有相关障碍类型不在理赔范围内的困境。下一步要大力发展适合儿童特点的商业健康保险，调动商业保险公司、慈善机构、互联网医疗互助等社会力量，与政府部门主导的保障政策形成有机衔接，从而激活市场力量提供多层次服务。

三、发展机遇与实践路径

儿童发展障碍康复行业在患者与技术潜能蓄积、市场需求回归升级的背景下，呼唤更全面、长期的康复及保障体系，推动建设更高质量的儿童发展障碍康复事业。

（一）保障政策落地，深化跨部门协调及监督追踪机制

首先，建立跨政府部门的协调机制，通过各部门之间政策的横向整合和有效衔接机制，发挥制度叠加效应。其次，建立社会资源与政府部门之间的有效衔接，通过政府构建有效信息互通和监管机制，提高社会资源的使用效率及分配平衡性。再次，建立"互联网＋监管"的全过程监管机制，弥补监管漏洞，提高监管效能，保障政府与社会资源最大化、公平化利用。

（二）推进数字产品产学研转化与监管并举

首先，提高产学研成果转化，深化各场景数字康复产品临床及实践应用。提供政策引导扩大临床研究投入，同时做好患儿及家庭的科普宣导，推动真实世界数据应用，尽快筛选出可以广泛推行的多学科联动、符合中国实际环境的儿童发展障碍康复数字化解决方案。其次，建设数字产品的监管机制，保障数字财产的安全性与产品的公平性。加强数据库系统等数字软件基础设施建设，通过大数据挖掘分析，提供进一步政策制定、行业监管的依据。

（三）组建高效有序的学科组织，搭建全面化的发展障碍儿童精准康复体系

首先，建立虚实结合的多学科研究机构，进行精准康复体系的顶层规划建设，以消融学科壁垒，优化资源配置，促进学科融合。其次，健全研究机制及评价体系，建立学科研究委员会，推进指导多学科、多疗法、多场景康复体系的具体研究及评价，保障研究结果有效产出。再次，要加强交叉人才培养，康复体系的精准实施需要有多学科背景、多疗法认知及多场景应用的复合型人才为媒介进行学科串联，高校应尽快建设专门的儿童康复专业方向，加强企业与研究机构合作，提供多学科人才实践舞台。

（四）探索多元保障体系建设，构建发展障碍群体长效保障

首先，在政府保基本层面，在继续强化基本医疗保险、大病保险、医疗救助三重保障功能的基础之上，更多体现"儿童优先"原则，基本医疗保险在缴费标准、医保目录、报销待遇等方面对儿童予以倾斜；进一步提高儿童救助水平，建立精准识别机制，推进早期筛查，将更多类似孤独症疾病障碍类型纳入早期筛查体系。其次，大力发展适合儿童特点的商业健康保险，调动慈善机构、互联网医疗互助等社会力量，与政府部门主导的医疗保障政策形成有效衔接，减轻患儿的医疗费用负担。再次，探索发展障碍群体的特殊需要服务信托、长期

护理险多层次服务产品，满足患儿及家庭对于更长期、可持续服务支持的需要。充分发挥政府与商业保险的作用，构建更全面、多元、稳健的支持保障体系。

（吉　莹）

参考文献

[1] 国家卫生健康委. 国家卫生健康委关于印发健康儿童行动提升计划（2021—2025年）的通知［EB/OL］.（2021-10-25）［2023-11-01］. https://www.gov.cn/zhengce/zhengceku/2021-11/05/content_5649019.htm.

[2] 国家卫生健康委办公厅. 国家卫生健康委办公厅关于印发0~6岁儿童孤独症筛查干预服务规范（试行）的通知［EB/OL］.（2022-08-23）［2023-11-01］. https://www.gov.cn/zhengce/zhengceku/2022-09/23/content_5711379.htm.

[3] 海南省人民政府办公厅. 海南省人民政府办公厅关于印发海南省加快推进数字疗法产业发展若干措施的通知［EB/OL］.（2022-09-29）［2023-11-01］. https://www.hainan.gov.cn/hainan/szfbgtwj/202210/67b7f439e50a4f5e9a900fe161806666.shtml?ddtab=true.

第二节　新职教法背景下的儿童康复职业教育新发展

《中华人民共和国职业教育法》是落实科教兴国战略、发展职业教育、提高劳动者素质、促进社会主义现代化建设的基础性法律。2022年5月1日，新修订的《中华人民共和国职业教育法》（以下简称新职教法）开始施行。儿童康复是一个涉及医疗、康复和教育等多学科的重要领域，儿童康复技术技能人才的培养是卫生健康职业教育的重要任务和使命。目前我国有中、高职院校康复技术专业、康复治疗技术专业、言语听觉康复技术专业400多个专业点，年招生45 000多人，但是儿童康复技术技能人才培养仍存在巨大的供需鸿沟。为了解决专业人才短缺的难题，让更多的特殊儿童有机会接受专业的康复治疗与教育，我们必须大力发展儿童康复职业教育。新职教法的颁布实施，为儿童康复职业教育发展提供了新的理念和制度保障。

一、培养康养技术技能人才具有重要意义

新职教法强调了"加快培养托育、护理、康养、家政等方面技术技能人才"。近期教育部发布的《职业教育专业简介》将康复治疗划分到医药卫生大类，进一步提升了康复治疗类专业的地位，将其与护理和医学技术并列为二级医疗大类，并且明确了康复治疗的定义、职业归属、就业范畴以及各阶段学业对口专业。从专业性质来看，儿童康复是一门多学科相互交叉、渗透的综合性专业，来自医学、心理学、教育学、社会学等学科的理论是儿童康复专业的核心理论基础。

目前全国有4亿儿童，儿童精神科医生不足500人；0～14岁的儿童孤独症患者可能达300余万，然而残联注册的康复师仅有2万多，孤独症康复机构不足2000家。相比持续走高的康复需求，孤独症康复师资数量不足、师资水平参差不齐，难以满足持续走高的康复职业技术技能型人才培养的需求，这制约了儿童康复产业的发展。新职教法专门提出了加快康养方面的技术技能人才的要求，这也是该法唯一提到的有关具体专业的专业建设内容，凸显了儿童康复技术技能人才培养的重要地位。国家将根据产业布局和行业发展需要，采取措施，通过高水平职业院校和专业建设加大对儿童康复专业的支持力度；通过"产教融合""校企合作""中国特色学徒制"等方式建立健全适应社会主义市场经济和社会发展需要、符合技术技能人才成长规律的职业教育制度体系。这些具体规定，都为儿童康复职业教育的发展指明了方向，提供了法律保障。

二、儿童康复职业人才培养目标的新内涵

新职教法第二条指出："本法所称职业教育，是指为了培养高素质技术技能人才，使受

教育者具备从事某种职业或者实现职业发展所需要的职业道德、科学文化与专业知识、技术技能等职业综合素质和行动能力而实施的教育。"这明确规定了职业教育的培养目标。"职业综合素质和行动能力"的表述，集中体现了我国职业教育教学改革实践发展和理论研究的新进展。新职教法把行动能力作为职业教育的培养目标，这要求我们应根据完成某一工作任务所需要的行动、行动产生和维持所需要的环境条件，以及技术技能人才的成长规律，来设计、实施和评价教学。儿童康复是一门实践性和应用能力要求高的专业，由该专业的典型工作任务构成符合技术技能人才成长规律的课程体系，教学强调过程性知识习得和职业能力的发展，在教学中主要解决"怎么做"和"怎么做更好"的问题。

培养高素质儿童康复技术技能人才的要求应落实到实际的人才培养方案上。首先，儿童康复专业应按照"职业综合素质和行动能力"要求确定培养目标，根据儿童康复师的职业要求，参照国家卫生健康委儿童康复师资格考试大纲标准，按照技术技能人才成长规律建立课程体系。其次，基于工作的儿童康复职业教育，其教学内容的核心是典型工作任务和工作过程知识，学科知识的系统性和完整性不再是判断教学是否有效的指标。最后，在教学过程中选择适合职业教育，并有利于能力形成的行动导向教学模式。应有目的、系统性组织学生在实际或模拟的专业工作环境中，参与设计、实施、检查和评价职业活动的全过程。通过发现、探讨和解决工作中出现的问题，体验并反思学习行动的过程，最终获得从事职业活动所需要的职业行动能力（包括康复技术专业知识能力、康复临床适应能力和治疗能力、相关学科知识的学习能力、临床问题解决能力、合作能力等）。

三、中国特色学徒制助力儿童康复职业人才培养

新职教法第三十条明确提出"国家推行中国特色学徒制"，这是有关中国特色学徒制规定的新增条款，意味着学徒制已经正式成为中国职业教育制度的重要组成部分。中国特色学徒制是一个集学校教育、企业培训和劳动就业政策于一体的综合性社会治理制度设计，它同时为受教育者、企业和社会带来经济收益和社会效益，并有效联系教育体系和就业体系，是一种更加有效、实用和针对性强的人才培养模式。推行中国特色学徒制，不仅是职业教育发展的需要，也是国家经济发展和社会就业的要求。一方面，中国特色学徒制旨在调动企业积极性，更好发挥学校与企业双方优势，通过利益共享和成本分担实现共赢；另一方面，学徒制可以更好地满足学习者多方面和个性化发展的需求。在健康服务人才培养中进行中国特色学徒制模式改革，可以扩大儿童康复技术技能人才供给路径。

首先，发挥合作儿童康复机构的作用，在支持专业学生日常教学见习与顶岗实习的基础上，进行学徒制人才培养模式改革。采用儿童康复机构与职业院校紧密合作的"双主体"人才培养模式，职业院校、学生和儿童康复机构通过签订学徒协议等方式建立稳定的师徒关系，并各自承担相应的责任和义务。其次，引导儿童康复机构按照岗位总量的一定比例设立

学徒岗位，鼓励和支持儿童康复机构与职业学校、培训机构开展合作，对新招用儿童康复师、在岗儿童康复师和转岗儿童康复师进行学徒培训，或者与卫生职业学校联合招收学生，以工学结合的方式进行学徒培养。最后，探索建立儿童康复机构学徒指导师傅任职资格和管理制度，明确指导师傅的身份和带徒资格，并将其与津贴待遇、福利保障等劳动安全因素结合起来，这一点与新职教法第四十七条也有联系，即聘请技能大师、劳动模范、能工巧匠等高技能人才担任专职或者兼职专业课教师，参与人才培养、技术开发和技能传承工作。

综上所述，新职教法通过强调康复专业建设重点，为儿童康复职业教育明确培养目标、优化专业建设和开展中国特色学徒制建设等方面提供了新的理念，对深化产教融合和校企合作，促进行业、企业参与职业人才培养的全过程，对提高我国儿童康复技术技能人才培养的质量、效率和针对性，具有重要的意义。

（罗丽莎）

参考文献

[1] 赵志群.基于职业教育学理论学脉的技术技能人才培养新理念——新《职业教育法》学习心得［J］.中国职业技术教育，2022（19）：5-11.

[2] 卫芳盈.我国职业教育康复治疗专业学生职业能力的培养［J］.中国康复理论与实践，2010，16（2）：199-200.

[3] 吴世彩.康复：现代医学的时代性价值旨归——也谈时下中国现代康复高等教育［J］.中国康复理论与实践，2017，23（2）：131-135.

[4] 中华人民共和国教育部.中华人民共和国职业教育法［EB/OL］.（2022-04-20）［2023-11-01］.http://www.moe.gov.cn/jyb_sjzl/sjzl_zcfg/zcfg_jyfl/202204/t20220421_620064.html.

第三节　孤独症儿童康复新风向——自然发展行为干预

随着孤独症早期诊断技术的发展和发病率的逐年提升，与之相关的干预模式也受到了越来越多的关注。在众多干预模式中，自然发展行为干预（Natural Developmental Behavioral Interventions，简称NDBIs）作为新兴的干预模式获得了大量实证研究的证据支持。Tiede和Walton（2019）对27项基于NDBIs的群组实验进行了荟萃分析，他们发现NDBIs在理解性语言、表达性语言、游戏技能、社会参与、认知发展、共同注意和改善孤独症相关症状方面都有积极的效果，其中，对社会参与和认知发展的效果尤为突出。而且，与其他的干预模式（例如发展干预、基于感官的干预）相比，NDBIs拥有更充分和更高质量的支持证据。因此，近年来，NDBIs成为了业内人士广泛关注的热点之一。

一、自然发展行为干预简介

自然发展行为干预不是特指某一种干预方法，而是指一类基于学习的行为原理和发展心理学且有实证支持的干预方法。Schreibman等这样介绍："它通常在自然情境中实施，儿童和成人分享控制权，成人在利用自然后效的同时使用各种行为策略来教授儿童发展适宜的前备技能。"NDBIs的核心组成可分为三类：①干预目标；②干预情境；③教学策略。

首先，基于发展心理学的研究成果，NDBIs通常选择对儿童今后发展尤其是对改善孤独症核心障碍有级联效应的技能作为干预的主要目标，例如模仿和共同注意。在选择具体的干预目标时，NDBIs不仅会考虑儿童的生理年龄，还会将其发展年龄纳入考量，依据儿童的发展规律来确定每一阶段的目标。因为有研究表明，基于儿童的发展水平所选择的目标更有利于儿童学习、泛化和维持相关技能。此外，教学目标不限于某个特定的发展领域或技能，它强调的是知识和技能的整合和整体协调运用，因此，各领域的技能目标不是割裂开来而是整合在一起同时进行训练的。综上，在干预目标的选择和确定方面自然发展行为干预充分地体现了"发展"一词的含义。

其次，NDBIs也认同和采纳建构主义的学习方法，认为干预者应有技巧有目的地设计不同的情景，帮助儿童积极参与各种互动，进而认识和理解周围的世界。更进一步地，研究者们还发现在富有意义和情感的社交互动中进行学习，儿童能更有效、更深刻地理解所学的内容。因此，NDBIs通常以游戏或儿童熟悉的生活常规作为干预的基本情境，以自然后效作为强化物，通过成人和儿童在共同参与的活动中的互动来实现干预目标。同时，通过调控环境特征，例如情绪状态、活动类型、成人和儿童之间的关系等元素，干预者进一步有效地促进儿童学习新技能并使之泛化。简言之，从干预情境和自然后效的设置可以了解何为自然发展行为干预的"自然"。

最后，NDBIs 通过一系列基于行为原理的教学策略，例如示范、塑造、链锁、辅助和差别强化，为儿童的学习提供必要的支持，以帮助他们掌握学习内容，达成必要的行为改变目标。这就是自然发展行为干预中的"行为"一词的体现。

二、自然发展行为干预的发展背景

NDBIs 的出现和形成，一方面是为了弥补孤独症传统干预方法中存在的不足，另一方面是受到了儿童发展和孤独症研究成果的影响和启发。1960 年以前，人们普遍认为患有孤独症的儿童是无法学习的，但是将基于应用行为分析的回合式教学法（Discrete Trial Training，简称 DTT）用于孤独症儿童的教学和干预后，研究者们取得了令人瞩目的成就，他们发现接受长期密集干预的儿童中有将近一半的儿童智力水平达到了正常标准并且能够顺利入学就读。因此，当时的家长们对回合式教学法推崇备至，并大力倡导患有孤独症的儿童接受密集的行为干预。然而，在经历了半个世纪的运用之后，回合式教学法也暴露出了一些不可回避的问题，例如泛化困难、缺乏自发性、过分地辅助依赖。鉴于这些不足，研究者们希望能够改良传统的行为干预方法，而发展科学的理论和研究成果就为这样的改良带来新的讯息和指引。首先，发展科学的研究成果更加明确地定义了孤独症的早期核心特征，例如在共同注意和情感分享等方面的缺陷。其次，儿童发展理论为儿童学习目标的设定方法和最佳学习情景提供了指引。这两者共同为孤独症早期干预的目标和策略选择提供了支持和帮助，进而让研究者们能够在传统行为干预的基础之上加以改良和调整，以便更有效地促进儿童的发展。

此外，一些孤独症人士和神经多样性运动的支持者认为行为干预会带来创伤且会削弱个人的内在动机、自信心和自尊心。因此有许多人对行为干预提出强烈反对。Schuck 和同事们认为 NDBIs 也许可以解决两者之间的问题。因为 NDBIs 以更包容、热情和具有同理心的方式教授技能，且与传统的行为干预相比，它强调分享控制、更以个人为中心、更自然，且更加重视被干预对象的动机。Schuck 等（2022）还倡导 NDBIs 的研究者们更多地听取孤独症人士的声音，在目标设定方面不单纯以减少孤独症特质为目标，而将重心转向个人的幸福和潜能发掘；同时，还应重视干预的社会和生态效度的持续评估，收集被干预对象的真实反馈，不要给孤独症人士造成痛苦和创伤。

三、自然发展行为干预的共同要素

正如前文所提到的，NDBIs 是若干具有类似特征的干预方法的总称，Frost 和同事们通过对七种不同 NDBIs 的分类和定性研究找出了它们的共同元素（简称 NDBIs-Fi）。研究者还对这 8 种元素做了初步的信度和效度分析并获得了良好的结果。这 8 种在不同 NDBIs 中普遍存在的元素是：

（1）面对面并和儿童在同一视线水平。

（2）跟随儿童进行引导。在儿童选择的活动中，儿童和成人都是积极的参与者。

（3）积极的情感和充满活力。成人在互动中表现出积极的情绪状态，并根据孩子的感官需求来调整自己的状态。

（4）示范恰当的语言。成人根据儿童的发展水平来调整自己的语言。

（5）回应儿童为沟通做出的尝试。通过重复、澄清和（或）扩展的方式来回应儿童的沟通行为。

（6）使用沟通诱惑物。成人通过环境安排并插入一段短暂的等待时间以诱发儿童的沟通行为。

（7）直接教学回合的频率。成人要求儿童展示新的或刚萌发的技能。

（8）直接教学回合的质量。成人运用高质量的教学策略（例如，清晰的指令、儿童有动机、相关的强化）。

NDBIs-Fi 反映了被不同 NDBIs 所认可和共享的最佳干预实践元素，也有助于减轻干预实践者接受不同干预培训的压力。此外，对共同元素的定义也有助于干预忠诚度的标准测量和评估。

四、自然发展行为干预举例

比较常见的 NDBIs 包括随机教学、关键反应训练、早期丹佛模式、加强的情景教学（Enhanced Milieu Teaching，简称 EMT）、Project ImPACT（Improving Parents As Communication Teachers），以及共同注意/象征游戏/参与和控制（Joint Attention, Symbolic Play, Engagement and Regulation，简称 JASPER），社交沟通/情绪管理/事务性支持（Social Communication/Emotional Regulation/Transactional Support，简称 SCERT），交互模仿训练（Reciprocal Imitation Training，简称 RIT）以及早期成就（Early Achievement）。在自然发展行为干预的应用一节，会更加详细地说明各类 NDBIs 的适用对象、干预情境、干预实施者和主要干预目标。

五、自然发展行为干预的应用

1. 适用对象　目前，NDBIs 的适用对象主要是患有孤独症谱系障碍（Autism Spectrum Disorder，简称 ASD）或者存在 ASD 相关风险（如社交沟通延迟、语言障碍）的儿童。从年龄范围上来看，NDBIs 覆盖了 0～18 岁儿童，以及 18～20 岁的成年人。

NDBIs 主要针对的是 8 岁以下的 ASD 儿童。其中，早期丹佛模式和早期成就主要适用于 5 岁以下的儿童。另有一些 NDBIs 还适用于 8 岁以上的儿童，例如随机教学、关键反应训练、交互模仿训练。研究表明 13 岁以上的儿童和年轻的成年人也可能从 NDBIs 中受益。

2. 干预环境/地点、形式和实施者　NDBIs 主要在自然情景中实施干预，包括游戏、日常活动和生活常规。在这些情境中，干预者为儿童创造自然的学习机会，促进儿童的社交沟通等相关技能的发展。因此，NDBIs 的实施环境和地点、干预形式以及干预实施者也是多样化的（表 2-3-1）。

表 2-3-1 NDBIs 干预对象特征与干预实施特征

NDBIs	干预对象诊断	干预对象年龄范围	干预实施者	干预形式	干预地点	主要目标领域
随机教学	ASD 儿童，发育障碍儿童	15个月~6岁，8~10岁	专业人员、家长、同伴	1对1、2人同伴	孤独症中心、幼儿园、家庭	社交、语言、游戏和生活技能
关键反应训练	ASD、PDD-NOS 或存在相关风险的儿童	1~15岁	专业人员、家长、教师、同伴	1对1、2人同伴、小组	孤独症中心、诊所、家里、幼儿园、学校	主动发起、动机、沟通、语言、游戏、问题行为
早期丹佛模式	ASD、PDD-NOS 或存在相关风险的儿童	9个月~5岁	专业人员、家长	1对1、小组	诊所/孤独症中心、幼儿园、家庭	社交沟通和语言、共同注意力、模仿、游戏和运动
EMT	认知延迟，语言障碍，ASD，唐氏综合征或者严重障碍的儿童	2~7岁	专业人员	1对1、2人同伴	诊所/孤独症中心、幼儿园、家庭	社交沟通和语言
RIT	ASD、智力障碍	20~66个月，12~20岁	专业人员、家长、兄弟姐妹	1对1	诊所/孤独症中心、寄宿学校、家庭	自发模仿
Project ImPACT	ASD 和社交沟通延迟	18个月~8岁	家长	1对1	社区	社交参与、社交沟通、模仿、游戏
JASPER	ASD 或者怀疑 ASD 儿童	16个月~8岁	专业人员、家长、教师	1对1、2人同伴、小组	诊所/孤独症中心、家庭、幼儿园、学校、社区	共同注意力、象征游戏、情绪
SCERTS	ASD、PDD-NOS 儿童或存在相关风险的儿童	16个月~8岁	专业人员、家长、教师	1对1、2人同伴、小组	诊所、孤独症中心、家庭、学校	社交沟通和语言、情绪调节、事务支持
早期成就	ASD、发育迟缓，或存在 ASD 风险的儿童	12个月~60个月	专业人员、教师	3~6人小组	孤独症中心、幼儿园	社交沟通和语言、认知

PDD-NOS: 待分类的广泛性发育障碍。

NDBIs能在各种可以为儿童创造自然学习机会的地点来实施，包括诊所、孤独症中心或干预机构、家庭、幼儿园、学校，甚至跨多个地点和环境实施干预。

NDBIs的干预形式多样，既可以是1对1的个人训练，还可以是2人及以上的小组，或多种形式组合在一起。

从干预实施者来看，NDBIs既可由专业人员（如研究人员、治疗师、经过培训的机构员工、社区服务者等）直接实施干预，也可以由照顾者（主要是父母）或者教师来实施干预。此外，一些NDBIs也尝试由ASD儿童的兄弟姐妹或同伴来实施干预，并取得了一些干预效果，但未来需要更多的研究来支持同伴/兄弟姐妹所实施的干预效果。

3. 干预目标　各种NDBIs所针对的目标不尽相同。既有针对特定技能或领域的，例如模仿、共同注意力、象征游戏和情绪调节、语言与社交沟通、社交沟通与情绪调节、关键技能，还有旨在促进儿童综合发展并将多个领域作为目标，例如早期丹佛模式。一般来说，NDBIs倾向于将对儿童发展具有重要影响的关键先备技能作为目标，因为该类技能通常能够促进儿童学习和掌握其他更高级的技能，对儿童发展产生广泛的影响，例如，共同注意力、主动发起、社交模仿、社交参与、情绪调控等。

4. 干预效果　近年来，有越来越多的随机对照试验证实了NDBIs的有效性。其中，既有针对NDBIs的总体荟萃分析，还有针对特定NDBIs的干预效果的系统性回顾或分析，例如早期丹佛模式、关键反应训练、JASPER、SCERTS。这些研究发现，NDBIs在改善孤独症或存在孤独症相关风险的儿童的认知、语言和社交沟通、游戏、自发性等方面具有显著的效果。

具体地，JASPER、RIT和关键反应训练这一类基于游戏的干预能够显著提升儿童的游戏技能，包括自发的游戏动作模仿、游戏的多样性、功能游戏和象征游戏的技能水平。而"跟随孩子的引导"这一NDBIs核心要素能显著提高儿童多个方面的主动发起技能，包括共同注意力、语言和情感分享。并且在停止训练后，部分技能也可以继续维持，并泛化到未经训练的环境中。

另外，Roberts和Kaiser系统地评估了由父母实施的干预的效果后发现，对18个月至60个月且存在语言障碍的儿童，无论他们是否存在智力发育障碍，他们的接受性和表达性语言在父母的干预下都有了显著的积极变化。而且，当家长学会运用各种干预策略后，他们能在不同环境中展示出来，达到技能泛化的效果。因此，由专业人员对家长进行培训，进而让家长对自己的孩子实施NDBIs是一种切实可行且有效的方法。

最后，值得特别注意的是，当前的研究表明NDBIs对于改善孤独症儿童的刻板行为效果不佳或只产生非常有限的影响。未来需要更多针对这方面表现的干预探索和研究。

综上所述，NDBIs作为新兴的干预模式，虽然存在不足，但对孤独症儿童多个领域的发展都具有显著的积极效果。而且，NDBIs适用对象年龄广泛、干预场景灵活自然、干预实施者多样化，能够服务更广大的群体，例如缺乏资源和经济落后的地区。因此，NDBIs作为孤独症的干预模式之一具有良好且广泛的应用前景。

（周潇怡　胡颖姬）

参考文献

[1] Bruinsma Y E, Minjarez M B, Schreibman L, et al. Naturalistic developmental behavioral interventions for Autism Spectrum disorder. Baltimore: Brookes Publishing Company, 2020.

[2] Kasari C, Gulsrud A, Paparella T, et al. Randomized comparative efficacy study of parent-mediated interventions for toddlers with autism. Journal of Consulting and Clinical Psychology, 2015, 83(3): 554–563.

[3] Ona H N, Larsen K, Nordheim L V, et al. Effects of pivotal response treatment (PRT) for children with autism spectrum disorders (ASD): a systematic review. Review Journal of Autism and Developmental Disorders, 2020, 7: 78.

第四节 我国儿童言语语言治疗的进展

通常言语语言障碍可分为语言障碍和言语障碍。语言障碍包括语言发育迟缓、认知障碍等。言语障碍包括儿童语音障碍、嗓音障碍、流畅性障碍等。下面将介绍儿童常见的言语语言障碍的评估和治疗的进展。

一、语言评估进展

（一）儿童语言障碍流行率

儿童语言障碍又常被称为语言发育迟缓，指的是口语、书写和（或）其他符号系统的理解和（或）表达受损。这种障碍可能涉及语言形式，比如音系、词汇、语法，涉及语言内容，即语义，也可能会涉及语言在交际中的功能，即语用。语言发育迟缓在英国和美国的发病率在7.4%～11.1%，中国的发病率在5.58%～10.92%。据推算，国内约有1750万儿童有语言发育迟缓。

（二）儿童语言评估工具

当前的研究常使用标准化的评估工具进行儿童语言能力的评估，如常模参照测试S-S语言发育检查法（以下简称S-S法）、标准参照测试中文早期语言与沟通发展量表等，亦有通过非标准化评估工具进行语言的评估。近些年新的语言评估工具逐渐出现，如梦想普通话听力能力和表达能力标准化评估，但这些新工具主要以翻译欧美国家和参考港台地区为主，依然缺少大陆本土化的评估诊断语言发育迟缓的工具（祝雪珂等，2021）。

1. S-S法　当前国内用于诊断语言发育迟缓的量表较少，常用的为S-S法。S-S法于2002年由中国康复研究中心从日本引入国内，并根据汉语的语法进行了调整，可用于评估1岁到6岁半儿童的语言能力，评估内容包括基础性操作过程、语言理解、语言表达和交流态度（张庆苏，2019）。使用S-S法不仅可以进行全面综合的语言评估，而且它的评估结果能够指导后期的治疗。它在使用前需要评估者经过相关的培训之后才能准确地判断儿童是否通过。

儿童语言的评估可以加强传统评估与现代化的评估技术的结合。随着科技的发展，国内逐渐推出了语言评估工具的数字化版本。如2022年中国康复研究中心和北大医疗脑健康合作将S-S检查法进行数字化，可以方便、准确、快速地进行评估和展示评估结果，以弥补操作繁琐、内容复杂的不足。无独有偶，国际上也有越来越多的人在进行远程语言评估的研究，比如Magimairaj等（2022）在测试远程叙事语言评估的信效度。这也给国内研究提供了更多思路，如进行数字化评估S-S法的信效度研究等。

2. VB-MAPP评估　VB-MAPP评估的英文全称为verbal behavior milestones assessment and

placement program（语言行为里程碑评估及安置计划），以下简称 VB 评估。通常 VB 评估的使用者是行为治疗师，但考虑到国内的实际情况，越来越多的言语治疗师开始使用 VB 评估来评估儿童的语言能力。其指南中提出使用 VB 评估来评估各个独立技能，如语言结构和仿说的评估时，最好是由言语治疗师来进行。从中也看出来在评估中，可以考虑多学科评估以更全面地了解儿童的能力。

二、言语评估进展

（一）儿童言语障碍流行率

儿童言语障碍包括了儿童语音障碍、流畅性障碍、嗓音障碍等。其中儿童语音障碍又称为构音障碍，指的是儿童产出的语音发生了替换、省略、添加或扭曲导致，儿童说话的清晰度落后于同龄人，他人难以听懂孩子说出的话。流畅性障碍俗称口吃，指的是儿童说话的速度节奏异常、语音重复、语流中断，可能伴随着肢体动作的紧张、心理状态的变化等。嗓音障碍指的是一个人的发声异常，其音质、音调、音强、共鸣、音长等与他的年龄或性别不相称。

国内对于当前儿童言语障碍发病率的调查研究相对欠缺。美国约有 7.7% 的 3～17 岁儿童有言语障碍，包括嗓音障碍和语音障碍等。在澳大利亚，儿童语音障碍的发病率在 3.4% 左右。国内儿童流畅性障碍的流行率常用国际通用的 1% 来估计，最近的调查研究来自张燕（2021），通过对山东和内蒙古等地 1000 多名小学生的调查，发现口吃的流行率高达 7%，这可能和调查时的诊断标准有关系。国内对于儿童嗓音障碍流行率的研究不多，国际数据在 1.4% 左右。

（二）儿童言语障碍评估

1. 儿童语音障碍的评估　儿童语音障碍的评估工具有中国康复研究中心的构音障碍检查法、王国民的语音清晰度测试字表、华东师范大学的构音功能评估。中国康复研究中心的构音障碍检查法更偏向运动性构音障碍的检查，所选用的图片为黑白抽象图片，并不完全适用于儿童。王国民的语音清晰度测试字表原是针对唇腭裂儿童的语音，偏向结构性的构音障碍检查。当前临床应用中进行儿童语音的评估工具多使用自测词表，且缺少常模参照评估。

国内的语音评估中缺少对儿童言语失用评估工具的关注。Wong 等（2023）对汉语言语失用进行了荟萃分析，发现当前汉语人群中并没有诊断儿童言语失用的工具，国内常用的言语失用的量表是中国康复研究中心的言语失用量表，其主要的诊断方式依靠专家的感知判断。判断时的要点为元音和辅音的扭曲、辅音的不一致性、语音语调、非言语的摸索动作、口腔轮替速率、清晰度随着句长而降低等。当前的研究显示急需针对儿童语音障碍检查的标准化评估，以方便更多的言语治疗师进行临床实践。

2. 儿童流畅性障碍的评估　当前对于口吃的诊断多依据儿童的言语表现、逃避行为心理、生活质量等方面，特别是儿童说话时重复、拖长声音和不恰当的停顿出现的频率。口吃的原因聚焦在脑功能异常、言语感知缺陷、心理功能障碍等方面。当前国内口吃的评估工具缺少，以直接翻译国外的评估工具为主，如有的个案研究中使用的评估工具为口吃严重度测量量表汉语版，但是缺少国内的常模数据作为参照。国内的研究需要对不同地区、不同年龄汉语儿童进行口吃评估工具的研制和心理测量方面的验证。

3. 儿童嗓音障碍的评估　儿童嗓音障碍的评估中，核心人员为儿童耳鼻喉科医生和言语治疗师，即需要多学科的合作进行诊断评估，其中耳鼻喉科医生进行医疗诊断，言语治疗师进行嗓音的行为学评估，包括听感知评估、声学评估和儿童嗓音障碍指数的评估等。儿童嗓音障碍的常见原因是声带小结，最新的研究中发现 20.8% 的有唇腭裂和面部畸形的儿童中存在嗓音粗糙，需要言语治疗师转介给耳鼻喉科医生（Braden，2022）。已有研究对儿童嗓音障碍指数进行了信效度研究及其临床应用，研究提出划界分数为 9.5 分、敏感性为 80.3%、特异性为 84.8% 时，可以很好地判断出嗓音问题儿童。但是该量表是家长对儿童嗓音的主观判断，言语治疗师依然缺少相应的评估工具。

三、语言治疗进展

（一）治疗形式

语言治疗的目标是促进整体语言的发展，通过在恰当的语境中教授语言技能，以提高儿童的日常交流技能。在 2022 年，语言治疗一方面在线下进行面对面的治疗，另一方面继续延续了线上远程治疗的方式。陈雯珺等（2022）梳理了国际远程语言治疗的发展，发现国际上研究成果呈井喷式增长，而国内的远程语言治疗依然存在不确定性。线上语言治疗的形式多样，包括了一对一治疗师对儿童、一对一治疗师对儿童和家长、一对多治疗师对多个儿童等不同的形式。如 Mettler 等（2022）采用远程的治疗师对家长、家长对儿童的模式进行为期 8 周的儿童词汇的训练，发现儿童的词汇量增加，话说得也更多了。

（二）治疗内容

儿童语言干预重点和年龄及语言发育迟缓的严重程度相关，比如学龄前儿童，通常他们的语言治疗重点在扩大词汇量、提高对不同语义关系的理解和使用能力、提高句长和句子复杂性、提高不同场景下的社交功能等。而对于小学生来说，他们的语言治疗重点则会移向和学习相关的词汇、不同的句式表达、歧义句的理解、叙事能力的提高、读写能力、社交语言技能等方面。

国内的儿童语言治疗重心常集中在学龄前儿童的词汇语法等方面，忽视对后期阅读能力具有预测作用的叙事能力。这种能力对于 5～18 岁的大龄特殊儿童来说十分重要。叙事干预治疗有 10 条原则，即建立故事结构、使用多重范例教学、促进积极参与、重组故事、使用视觉提示、及时给予反馈、使用恰当提示、个别化教学、提供泛化计划和生动教学。通常叙事治疗所针对的人群为有儿童语言障碍、智力障碍、发育迟缓等儿童，但在最新的研究中，发现使用扩大辅助沟通设备的儿童一样可以进行叙事治疗，以促进儿童的语言能力和学业发展（Neal et al，2022）。

（三）治疗方法

语言治疗方法包括以儿童为中心治疗法、以治疗师为主导治疗法和混合治疗法。以儿童为中心的疗法中，言语治疗师在自然的日常环境和活动中进行间接的语言刺激，跟随儿童进行引导，通常适用于年幼的儿童。以治疗师为主导的疗法中，言语治疗师选择目标、训练活动内容和强化物，常用于教授语法形式。而在混合治疗法中，言语治疗师选择的是非常自然的活动，但同时给儿童自发地使用目标语言形式的机会，如焦点刺激、垂直结构和随机教学等方法都属于混合治疗法。除语言治疗方法外，治疗师也常使用父母参与法、回合式教学、感统治疗等涉及其他专业相关的治疗方法，通过多学科合作以全面促进儿童的语言发展。

此外有研究提出建议选择合适的术语进行描述，如"治疗"一词暗示了儿童有某种疾病，需要被治疗之后才能像正常人一样（Staley et al，2022），可以考虑使用"训练"等词，更加中性，也体现了有沟通需求人群的多样性。

四、言语治疗进展

（一）语音障碍的治疗

儿童语音障碍治疗目的是让儿童说话更清晰。治疗目标的选择需考虑许多因素，包括儿童的年龄、语音错误的类型、严重程度、语音障碍对整体清晰度的影响等。针对儿童语音障碍的治疗方法，通常可以分成两大类，传统构音治疗法和基于音系的治疗法，但都离不开产出、泛化和维持这三步。

国内语音障碍的治疗多采用传统治疗法，对于音系治疗法的研究刚刚起步，如王彤（2022）通过使用音系治疗法的循环法对11例听力障碍儿童进行语音治疗，发现在12次治疗后实验组儿童声母和韵母的发音正确率均高于对照组。除了探索新的治疗方法，语音障碍的治疗在远程治疗方面也有新的进展。线上言语治疗大多采用桌面端和手机端，少量使用网页端，线上的方式从原来的治疗师识别儿童的发音是否正确逐渐转向采用主从式架构，即部分言语治疗服务有背后数据库的帮助，在构音训练中使用机器识别语音的方式判断儿童的元音和辅音是否正确（Attwell，2022）。

（二）口吃的治疗

口吃的治疗是个性化的，言语治疗师通过对儿童言语流畅性、语言能力、情绪/态度和生活的影响全面评估来选择恰当的口吃治疗方式。在选择治疗方法和训练材料时，还需考虑到儿童的年龄、偏好、家庭的需求和文化的影响等。口吃的治疗方法包括直接治疗、间接治疗、心理治疗、家庭参与、操作治疗、远程治疗、团体治疗、听觉反馈治疗等方法。

（三）嗓音障碍的治疗

嗓音障碍的治疗是为了更好地发出声音、协调呼吸和发声，能够功能性地口头沟通，需要跨学科的合作。儿童和成人的解剖生理结构不同，用于成人的治疗方法可以考虑用于儿童，但需要适应儿童的发展水平。王璐等（2022）使用 ABCLOVE 嗓音训练法对 100 例声带小结儿童进行嗓音训练，发现可以有效提高儿童的嗓音质量。其他适用于成人的嗓音训练方法还有呼吸力量训练、共鸣嗓音训练、拉伸流畅发声、嗓音功能训练、半闭塞声道练习等，这些方法对于儿童的适用性如何都有待进一步的研究。关于远程嗓音训练，网络信号的不稳定可能对嗓音质量带来一定的影响，在实践中可以使用外接的麦克风等设备来提高嗓音信号的输入。

五、小结

儿童言语语言障碍实际上涵盖的内容很广，上述所列的是儿童言语语言障碍的常见类型的评估和治疗，其他例如儿童吞咽障碍、读写障碍等并未一一列举。这也说明在实际工作中，言语治疗师是被细分出来的，需要专业的人才培养体制。通过上述内容，可以看出在这些常见的言语语言障碍的评估中，存在一些标准化测试，但缺少信效度检验，缺少有常模参照的标准化测试，这些有待政府、高校、企业和组织等合作研究。在治疗中，有一些治疗方法，但缺少经过循证实践的可适用于国内儿童的治疗方法，也有待学者们的研究。在言语治疗师的工作形式方面，多为面对面的治疗，缺少远程评估和治疗各种言语语言障碍类型的研究。言语治疗师们任重而道远。

（李朝阳）

参考文献

［1］祝雪珂，梁巍. 国外言语与语言障碍研究的可视化分析及启示［J］. 中国听力语言康复科学杂志，2021，19（4）：306-309.

［2］张庆苏. 语言发育迟缓的检查——基于符号与指示内容关系的评估［J］. 中国听力语言康复科学杂志，2019，17（6）：469-471.

［3］张燕. 小学生口吃的流行率、口吃症状类型及状态——特质焦虑调查［D］. 天津：天津师范大学，2021.

［4］陈雯珺，钱倩，朱双双，等. 国际在线语言康复的新发展［J］. 语言战略研究，2022，7（3）：47-58.

［5］王彤. 循环式音系疗法在听障儿童音系历程中的干预研究［D］. 上海：华东师范大学，2022.

［6］Braden M N. Voice Disorders in Children with Cleft Lip/Palate and Other Craniofacial Conditions［J］. Perspectives of the

ASHA Special Interest Groups, 2022, 7(6): 1769-1781.

[7] Magimairaj B M, Capin P, Gillam S L, et al. Online Administration of the Test of Narrative Language-Second Edition: Psychometrics and Considerations for Remote Assessment [J]. Language, speech, and hearing services in schools, 2022, 53(2): 404-416.

[8] Wong E C H, Wong M N, Velleman S L. Assessment and Diagnostic Standards of Apraxia of Speech in Chinese-Speaking Adults and Children: A Scoping Review [J]. American Journal of Speech-Language Pathology, 2023, 32(1): 316-340.

[9] Neal C, Brady N. Narrative Interventions for Children Who Use Augmentative and Alternative Communication: A Call and Plan for Future Research. Perspectives of the ASHA Special Interest Groups, 2022, 7: 1-11.

[10] Staley B, Fernandes M, Hickey E, et al. Stitching a New Garment: Considering the Future of the Speech-Language Therapy Profession Globally. The South African Journal of Communication Disorders, 2022, 69(1): e1-e5.

[11] Attwell G A, Bennin K E, Tekinerdogan B. A Systematic Review of Online Speech Therapy Systems for Intervention in Childhood Speech Communication Disorders. Sensors, 2022, 22(24): 9713.

第五节　儿童发展障碍干预趋势——
儿童早期干预及多学科协作

一、早期干预的定义及目标领域

在发育过程中有些儿童会很早开始走路以及开口说话，但有部分儿童却会出现发育的延迟，到了应该可以完成某项技能的年龄段却无法完成该项技能或者出现延迟，例如6个月的婴儿俯卧时不会抬头，不能追视移动的人或者物品；1岁的幼儿仍不能爬行，不能伸手够物；2岁的幼儿还无法开口说话以及呼喊儿童名字时无法应答，或者儿童走路的时候无法保持平衡，经常摔跤等，这些涉及感官知觉、动作平衡、语言沟通、认知学习以及社会心理及情绪等方面。

早期干预的定义是对0~3岁儿童在患有或可能患有发育迟缓、残疾或可能影响典型发育和学习的健康状况时，向婴幼儿及其家人提供服务和支持的过程，它侧重于整个早期干预的过程。早期干预的目标是通过幼儿在五个维度的发展情况确定需求以此来减轻残疾或发育延迟带来的影响（图2-5-1）：①认知技能：包含思考、学习以及解决问题；②语言发展：包含语言理解、表达、手势以及倾听；③身体和感官发育：包含爬行、行走、视觉、听觉，它为所有其他领域的积极发展提供了基础；④社交与情感发展：包含游戏、理解感受、交朋友；⑤适应性发展：包含生活自理能力，如吃饭、洗澡、穿衣等。

图2-5-1　早期干预目标的五个维度

二、早期干预的重要性及效果

0~3岁是儿童身心发展的重要阶段，儿童以自己的速度成长和发展。对脑科学的深入认识，使人们更加了解0~3岁婴幼儿大脑发育的潜力。从神经系统功能发展上说，3岁前是智力发育的高峰阶段。出生时，部分神经细胞就像一棵小树，如图2-5-2所示。很大一部分的神经细胞连接形成于出生后的第1年，这些连接会形成一个巨大的神经网络。出生后2年内，神经细胞迅速发育。等到儿童3岁的时候，他们的大脑已经形成了千兆以上的神经连接，是成人数目的两倍。随着儿童不断成长，一部分连接会得到加强，而不用的部分则会被修剪掉。神经元连接程度与儿童的反应能力、思考能力以及专注力成正相关。

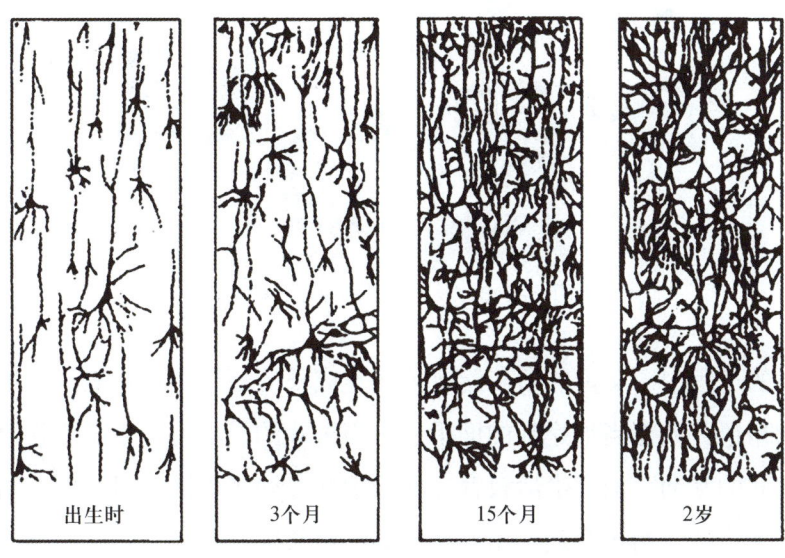

单个细胞在新生皮层中较易看见，但到2岁时就很难在致密的连接网络中分清神经元了。
引自Conel J L. *The Post-Natal Development of the Human Cerebral Cortex*: Vol 1, Cambridge：Harvard University Press，1939.

图2-5-2 人脑皮质的发育特征

根据世界卫生组织（WHO）统计，越早发现并开始干预，儿童发展的可塑性就越大，残障的可能性大大降低。Barnett在2011年的研究指出，早期干预对于婴幼儿的发展有正面的影响，综合多项研究指出，系统的、长期及密集的干预是最有成效的。Blauw-Hospers及Hadders-Algra（2005）参考了34项对于大小肌肉发展的研究，目标为0~18个月的婴儿，综合干预对于认知能力及肌肉的发展有一定成效。早期干预的正面效果，可以改变儿童的发展方向并改善儿童、家庭和社区的成果。及早采取行动让儿童有机会接受适当的治疗，把握干预的最佳时机，满足其特殊需求，可减轻或改善发育迟缓，减少儿童未来在医疗康复、特殊教育与机构教育的支出，减轻家庭负担及社会成本，让儿童有更多的机会在未来取得好的结果。

三、早期干预团队成员之间的协作

早期干预的参与人员包括家庭成员和专业人士（物理治疗师、作业治疗师、语言治疗师），他们都是早期干预团队的一部分，帮助儿童发展技能（图2-5-3）。

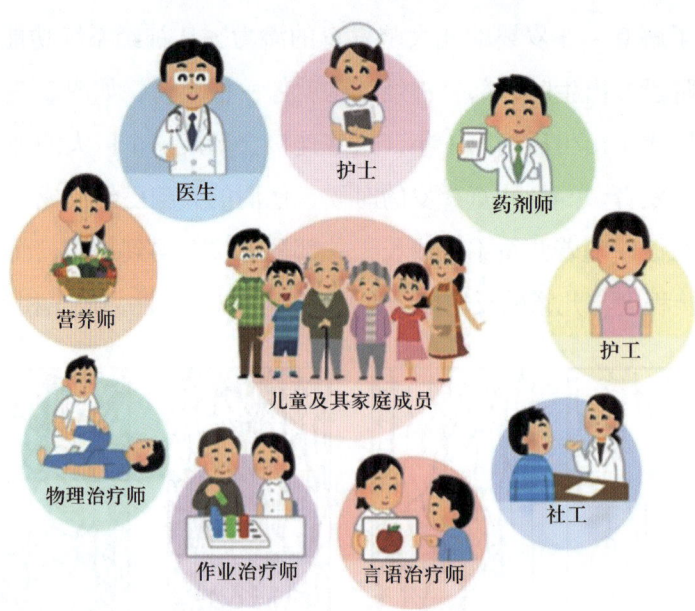

图 2-5-3 早期干预的多学科团队

在早期干预的过程中，父母的参与能改善儿童成长的环境，使得效果更加显著。家长不再扮演旁观者的角色，或充当治疗师的助手或充当游戏的模仿者。充分重视家长角色，增强治疗师及家长之间的互动。加强生活教育方面的指导，许多生活照料方面的活动不再只是家长的个人行为，治疗师应给予合理的指导，比如：生长发育指导、睡眠指导、喂养指导、行为指导、生活自理能力指导等。家长充分参与到早期干预中，成为与治疗师平等互助的合作者。父母在早期干预中与治疗师合作，给予儿童最大的引导。

治疗师、家长、儿童密切互动。治疗师帮助家长理解儿童的行为，并进一步探讨与儿童互动的方式。实现三方的共同成长：治疗师实现专业成长；家长提高自身教育能力；儿童通过追赶性干预，健康成长。

（一）以家庭为中心的干预方式

早期干预被提供给已被确定为有特定问题或诊断问题需要更多强化支持的家庭。根据儿童的需要和家庭的优先顺序，对每个儿童和每个家庭的干预都是不同的。以家庭为中心的干预方式，应适应每个家庭的独特情况，并为家庭提供完整和公正的信息以做出明智的决定。早期干预帮助解决问题并最大限度地减少对儿童发展的长期影响。随着早期干预的方式从普遍到有针对性指导，干预变得更加密集，并提供给更小的家庭群体。人类发展生态学理论研究表明：微环境主要是由子女与家长、其他家庭成员所组成，在不同的环境，由于父母的教养行为和方式的不同，相应地个体的发展机会和状况也就不同。治疗师是早期干预中环境的一部分，中环境对个体发展的影响取决于微环境之间相互联系的数量、质量和程度（图 2-5-4）。治疗师与家长在现场的互动决定了影响的性质和程度。在强调个体发展的同时，需要细致地把握环境中各种因素之间彼此潜在的交互关系。

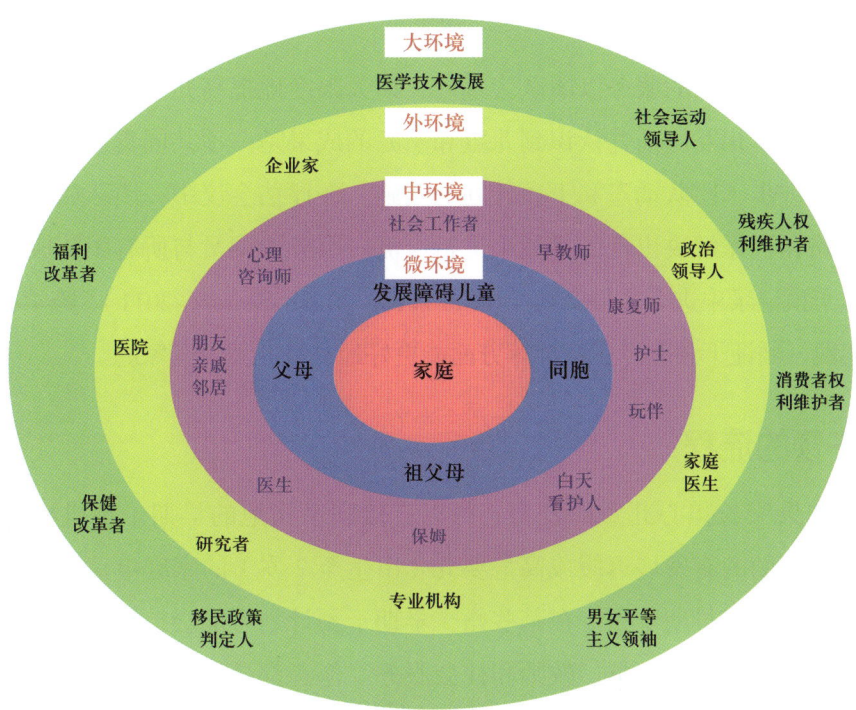

图 2-5-4 早期干预的外部环境

我们将儿童周围的整个环境中的所有人际关系都纳入其中，儿童行动能力的限制和发展的需要，使得家庭对他们的影响更直接、更长久。家庭成员不仅要为儿童提供生长发育的支持，而且要为儿童的语言、社会性、情感等多方面提供条件。因此，家长的教养观念、教养方式直接影响儿童的发展。

（二）团队支持及意义

团队的支持包括言语治疗（ST）、物理治疗（PT）和其他类型的服务。这些项目开展的意义在于可以提升儿童的各项能力，帮助他们的家庭面对生活的各项挑战，减少儿童生活中的危险因素并增加保护因素，帮助儿童应对未来可能会发生的制约。这些因素存在于儿童环境的不同层面（个人、家庭、社区、社会层面）并以复杂的方式相互作用。在许多情况下，风险因素和保护因素是同一事物的两面：例如，父母心理健康状况不佳可能对儿童的健康发展构成风险，而父母心理健康状况良好可能会提供保护因素，防止其他负面结果。这些风险因素在个人层面上不是确定性的或可预测性的，它们无法准确告诉我们哪个儿童需要帮助，但它们可以帮助我们识别易受伤害和可能需要额外支持的儿童。研究表明，当根据预先确定的风险向儿童提供早期干预时，干预效果最好。

通过积极探索、真实体验和与儿童的年龄、认知沟通技能、优势及兴趣相一致的互动来解决家庭常规、关注点和优先事项。在自然环境中最大限度地提供早期干预服务，这些环境被认为是同龄无发展障碍儿童的典型环境，可能包括家庭、幼儿园、教室、社区或无发展障碍儿童参与的其他环境。熟悉的日常经历、事件和地点应该被用作促进自然学习和附带教学的机会，贯穿于每一天。

早期干预全面、协调的服务以团队为基础，最大限度地提高儿童和家庭的成果。团队成员协调他们的方法，相互协商并认识到儿童和家庭的成果是一项共同责任。服务协调员监控家庭需求、儿童进步、团队动态和干预计划的实施。在评估会议中，团队成员可以通过分享笔记、讨论策略和合作解决出现的挑战来进行交流。服务协调员与所有团队成员保持定期沟通，并在儿童干预记录中进行文件交换（Raver et al，2015；Searcy，2011）。跨学科协作、以家庭为中心的实践、循证干预和专业精神等方面能更好地支持儿童及其家庭。

四、早期干预的流程

在美国，如果家长担心儿童的发育，可以直接联系当地的早期干预机构，要求进行评估。美国教育局帮助的有发展迟缓或高危婴儿（出生至2岁）的家庭申请资助。根据联邦法律，每个州都可以进行早期干预。在某些州，早期干预计划可能会持续到儿童5岁。医疗保健提供者、父母、儿童保育人员、教师和社会服务工作者都是可以推荐婴幼儿进行早期干预的人员。家庭可以通过儿童的儿科医生、托儿服务提供者或老师寻求转介或者致电所在州的卫生、教育部门，联系所在州的家长培训和信息中心，联系当地医院的儿科，访问幼儿技术援助中心的各州联系页面等方式寻求帮助。

儿童被转介接受早期干预后，服务协调员将与家长和儿童见面并收集相关信息解释后续的步骤。他们将评估儿童的技能，以确定儿童是否有资格获得服务。他们会在开始前征求家长的书面同意。如果儿童有资格获得服务，将完成更深入的评估（测试、观察、面谈）。评估确定早期干预如何帮助该家庭。评估从以下程序收集数据：确定评估工具；记录儿童的发育和病史（包括与父母/家人面谈）；确定儿童在五个发展维度（认知技能、语言发展、身体和感官发育、社交与情感发展、适应性发展）中每个维度的功能水平；从其他来源（例如看护人、医疗保健提供者和教育工作者）收集信息，以全面了解儿童的优势和需求；审查医疗、教育或其他记录。评估用于确定儿童的优势和需求，以及确定适当的干预服务。评估是一个持续的过程。

接下来，包括家庭和服务协调员在内的跨学科早期干预团队制定个性化家庭服务计划（Individualized Family Services Plan，IFSP），给予儿童在最自然的环境进行干预，家长帮助决定计划中包含的内容。IFSP 是一份文件，详细说明了为儿童和家庭提供的早期干预服务和支持以及要实现的结果。个性化家庭服务计划包括：①儿童的优势、需求和当前的功能水平；②家庭的关注点和优先事项；③儿童和家庭将获得的服务；④提供服务的频率、强度和方法，包括提供服务的人员、提供服务的地点以及使用的语言；⑤家庭期望的结果、实现结果的时间表以及结果衡量的方法；⑥过渡计划日期的注释；⑦早期干预服务基于同行评审研究的声明（IDEA，2004 & 2011）。

个性化家庭服务计划需要在转介之日起 45 天内制定。早期干预服务需要在个性化家庭服务计划制定并达成一致后 30 天内开始。个性化家庭服务计划至少每 6 个月审查一次或者每当儿童取得记录在案的结果或确定新的需求领域时审查（IDEA，2004）。家庭可以邀请提供者和其他人（例如，家庭成员、朋友和倡导者）参加个性化家庭服务计划会议以提供支持。家庭和其他团队成员也可以随时出于任何原因要求审查个性化家庭服务计划。该计划包括为儿童和家庭提供的目标、服务和支持。

儿童在 3 岁生日前的几个月，早期干预团队将制定一项过渡计划以满足儿童和家庭的需求。该计划的一部分涉及儿童在 3 岁之后是否还需要服务。如果需要，一些州会将早期干预服务延长到儿童 3 岁生日之后。3 岁以上的儿童可能有资格获得当地学区的服务，并结合前期识字、语言和计算技能以促进入学准备。如果儿童不符合服务资格，但家长认为他们仍需要帮助，可以在当时或将来请求另一次评估，也可以寻求早期干预计划之外的服务。这些服务通常会收取费用。

在加拿大，早期服务是以家庭及儿童的需要为先，在自然的环境如家庭、学校、生活的社区进行干预。

澳大利亚儿童早期干预中心（Early Childhood Intervention Australia，ECIA）是澳大利亚负责早期干预的最高组织，而不同的早期干预机构都是它的成员。早期干预服务强调由儿童最亲近的人进行是最有效的。

在中国，儿童部门对儿童生长发育进行常规监测，检查儿童的营养情况，发现影响健康的危险因素，识别儿童是否有发育迟缓方面的问题并进行干预。随着儿童保健工作的日趋完善，早期干预的概念也深入人心。例如：所有婴儿都可以在不晚于 1 个月大时使用生理测量方法进行听力筛查，所有未通过初次听力筛查和任何后续再筛查的婴儿在不迟于 3 个月大时接受适当的听力学和医学评估以确定听力状况。根据《国家基本公共卫生服务规范》建议：从满月到 1 岁的婴儿期体检至少要做 4 次，分别在 3 个月、6 个月、8 个月和 12 个月；3 岁以下的儿童每年体检至少 2 次，每次间隔 6 个月，时间分别是 1 岁半、2 岁、2 岁半和 3 岁；3 岁以上的儿童每年至少体检 1 次。除了常规的身体检查之外，也会进行发育方面的评估。儿童通常由家长或者儿保科或者幼教老师发现异常，随后家长寻求帮助，医院或者早期干预机构会对儿童进行筛查以及具体的评估，确定儿童的问题，之后进行相应的干预。

在筛选、评估的过程中通常考虑以下因素

1. 与家庭有关的因素　①背景资料，发育史；②使用的语言；③家庭问题、优先事项和可用资源及支持；④家庭及照顾者与儿童互动；⑤环境因素。

2. 与儿童能力有关的因素　①听力状况；②感觉、运动和认知技能（包括游戏和解决问题）；③言语、语言；④喂养/吞咽；⑤情绪和社会功能。筛查是预防、家庭教育和支持的重要组成部分，对婴幼儿及其家庭尤为重要。筛查后可能得到重新筛查、综合评估或转介其他检查或服务的建议。

在评估和评估之前，早期干预团队成员与儿童和家庭成员会面以确定：①从评估过程中确定家庭想要和（或）需要什么；②确定评估中使用的语言；③确定儿童优势和需要的领域和活动；④确定家庭成员和护理人员在评估中将承担的角色/责任；⑤确定有助于评估过程的时间、地点和活动。

五、小结

综合来说，在早期干预中，专业的团队人员与家庭成员一起组成一个团队进行早期干预。首先收集儿童的基础信息，了解家庭的需求，以家庭为中心，使用适当的评估工具，结合儿童的实际情况，制定切合实际的干预目标，提供个性化的家庭指导与干预。同时对家长进行适当的培训，让家长可以在家中给儿童做出相应的干预，建立良好的亲子关系，给予儿童良好的成长环境。专业团队的人员除了在机构中，也可以上门进行干预，将干预的内容与家庭的常规活动进行融合。

早期干预的原则是早发现、早诊断、早干预，重要的是尽早发现包括孤独症在内的发育障碍，以便提供适当的支持。除了通过对婴幼儿进行健康检查早期发现外，父母和其他亲近的人也可以根据准确的知识及早发现发育障碍。今天，人们正在为早期发现和早期支持发育障碍做出各种努力。

（李鲁萍）

参考文献

[1] Chat V. Family centered developmental care as early intervention for children with special needs [J]. International Educational Applied Scientific Research Journal, 2017, 2: 26–28.

[2] 鲍秀兰, 王丹华, 孙淑英, 等. 早期干预降低早产儿脑瘫发生率的研究 [J]. 中国儿童保健杂志, 2006, 14（1）: 42–45.

[3] Brown J A, Woods J J. Parent-implemented communication intervention: sequential analysis of triadic relationships. Topics in Early Childhood Special Education, 2016, 36: 115–124.

[4] Division for Early Childhood. DEC Recommended Practices [EB/OL]. 2014/2023–11–1. https://www.dec-sped.org/dec-recommended-practices.

[5] Coufal K L, Woods J J. Interprofessional collaborative practice in early intervention. Pediatric Clinics, 2018, 65: 143–155.

第三章

调查报告

第一节　家长调查——多元的诊疗康复需求与疾病负担

一、调查背景

本年度调查面向孤独症谱系障碍、注意缺陷多动障碍（多动症）、言语语言障碍、儿童发育迟缓、智力障碍、儿童脑瘫、早期高危儿 7 类儿童发展障碍家庭开展了调研。本次调研持续 3 个月时间，通过家长社群和线下康复中心发放问卷，共收集问卷 790 份，其中有效问卷 765 份，填答有效率为 97%。所调查的发展障碍儿童中，438 名（57.3%）为疑似/确诊孤独症儿童，占比最高；其次是发育迟缓儿童，共计 127 名（16.6%）；言语语言障碍儿童，共计 72 名（9.4%）；注意缺陷多动障碍（多动症）儿童，共计 67 名（8.8%）；以及 13 名智力障碍儿童（5%）、6 名脑性瘫痪儿童（1.7%）、4 名早期高危儿（0.5%）。

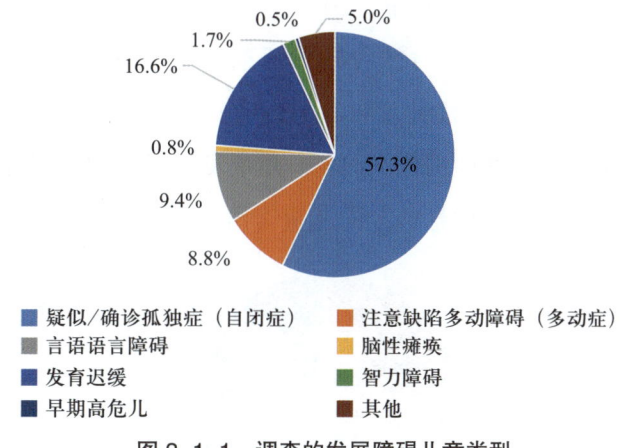

图 3-1-1　调查的发展障碍儿童类型

所调查的发展障碍儿童家庭分布在全国 30 个省份。其中，来自北京、广东、山东的较多。

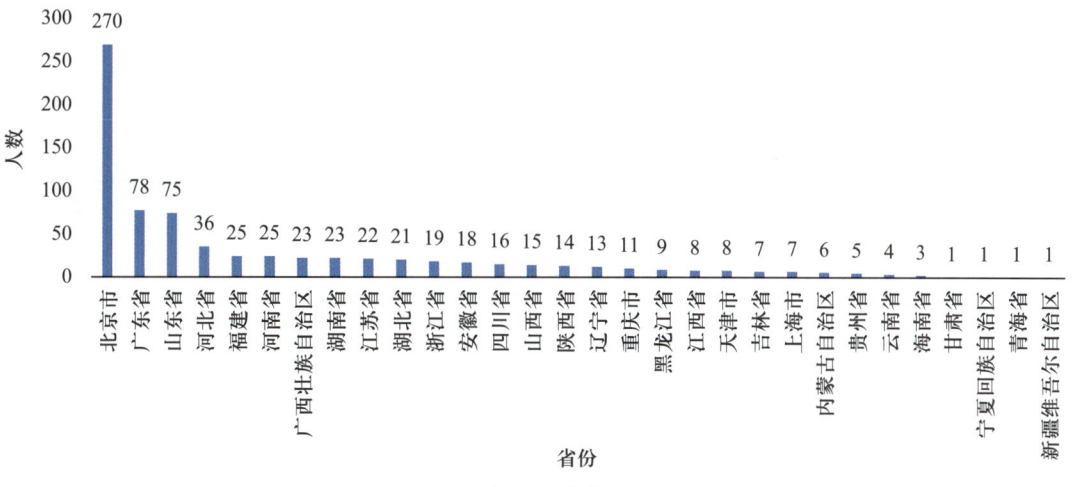

图 3-1-2　调查家庭的省份分布

同时，有85.8%的所调查家庭来自城镇，14.2%来自农村。

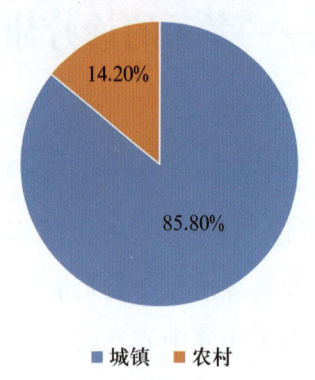

图 3-1-3　调查家庭的城乡分布

（一）儿童基本情况

1．男孩是女孩的2.73倍　整体来看，男性发展障碍儿童的数量远大于女性发展障碍儿童。调查的家庭中，560名为男性儿童，205名为女性儿童。男孩占比73.2%，女孩占比26.8%。男孩是女孩的2.73倍。其中，疑似/确诊孤独症儿童中，男性占比73.7%，女性占比26.3%，男孩是女孩的2.8倍；多动症儿童中，男性占比82.1%，女性占比17.9%；言语语言障碍儿童中，男性占比63.9%，女性占比36.1%；儿童发育迟缓中，男性占比70.9%，女性占比29.1%。多动症的患病性别比最为悬殊，而儿童言语语言障碍的患病性别比差距较小。

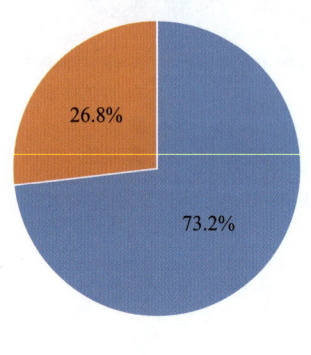

图 3-1-4　调查儿童的性别比例

表 3-1-1　调查儿童的疾病类型性别占比

疾病类型		男	女	总计
疑似/确诊孤独症（孤独症）	计数	323	115	438
	百分比	73.7%	26.3%	100.0%
注意缺陷多动障碍（多动症）	计数	55	12	67
	百分比	82.1%	17.9%	100.0%
言语语言障碍	计数	46	26	72
	百分比	63.9%	36.1%	100.0%

续表

疾病类型		男	女	总计
儿童脑瘫	计数	5	1	6
	百分比	83.3%	16.7%	100.0%
儿童发育迟缓	计数	90	37	127
	百分比	70.9%	29.1%	100.0%
智力障碍	计数	10	3	13
	百分比	76.9%	23.1%	100.0%
早期高危儿	计数	4	0	4
	百分比	100.0%	0.0%	100.0%
其他	计数	27	11	38
	百分比	71.1%	28.9%	100.0%
总计	计数	560	205	765
	百分比	73.2%	26.8%	100.0%

2. 所调查儿童的平均年龄为5.12岁 所调查家庭的儿童平均年龄是5.12岁，其中智力障碍儿童的平均年龄是7.85岁，脑瘫儿童的平均年龄是7.5岁，注意缺陷多动障碍儿童的平均年龄是6.75岁，孤独症儿童的平均年龄是5.25岁，其他发展障碍儿童的平均年龄是4.58岁，发育迟缓儿童的平均年龄是4.45岁，言语语言障碍儿童的平均年龄是3.69岁，早期高危儿的平均年龄是2.25岁。智力障碍和脑瘫儿童的平均年龄较高，孤独症儿童平均年龄与整体儿童接近。

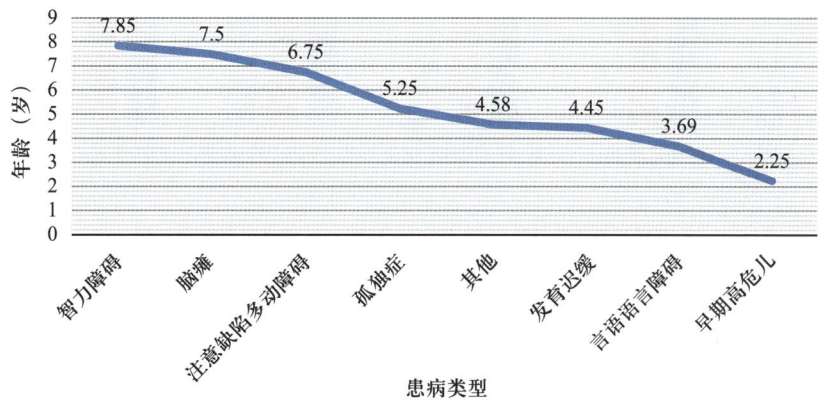

图3-1-5 调查儿童患病的平均年龄

3. 父母发现儿童异常的平均年龄为2.4岁 父母发现儿童异常的平均年龄为2.4岁，其中，发现异常的年龄从早到晚分别是，早期高危儿是0.5岁，儿童脑瘫1.83岁，言语语言障碍是2.07岁，儿童发育迟缓是2.1岁，疑似/确诊孤独症是2.23岁，智力障碍是2.62岁，其他发展障碍是2.63岁，注意缺陷多动障碍是4.45岁。

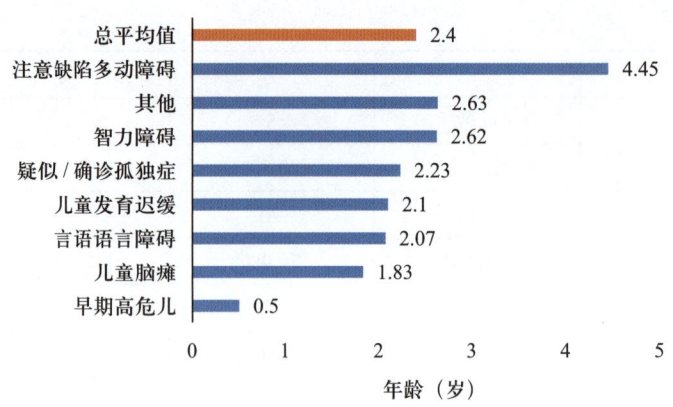

图 3-1-6　调查父母发现儿童异常的平均年龄

按出生年代来看，父母发现儿童异常的年龄呈现下降的趋势。在所调查的总体发展障碍儿童中，对于2009年之前、2010—2014年、2015—2019年以及2020年之后出生的儿童，父母发现发育异常的年龄分别是3.9岁、4.1岁、2.8岁、2.1岁。同时，在所调查的孤独症儿童中，对于以上四个年份出生的儿童，父母发现其发育异常的年龄分别是4.4岁、3.2岁、2.6岁、2.3岁。言语语言障碍儿童也呈现同样的趋势。这在一定程度上反映出，对于儿童发展障碍及孤独症，我国社区意识的整体水平提升。

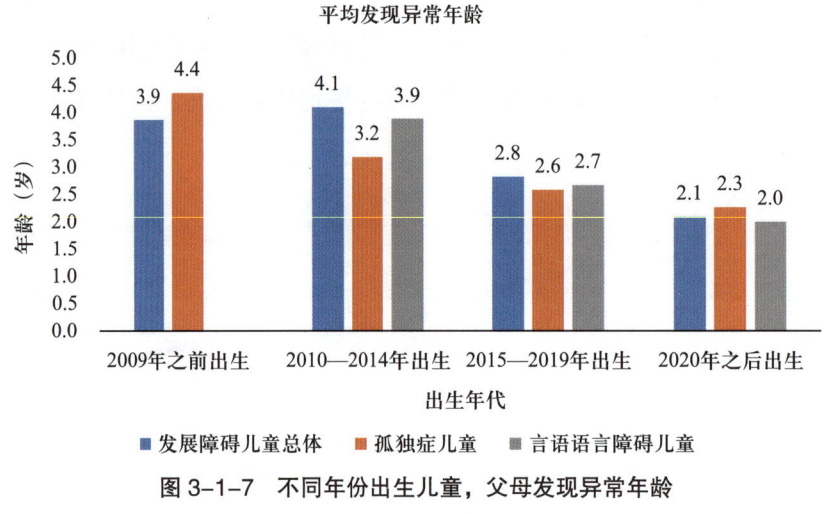

图 3-1-7　不同年份出生儿童，父母发现异常年龄

4. 儿童被确诊的平均年龄为2.85岁　儿童被确诊的平均年龄为2.85岁，其中，确诊年龄从早到晚分别是，早期高危儿是0.5岁，儿童发育迟缓是2.49岁，儿童脑瘫2.5岁，言语语言障碍是2.54岁，疑似/确诊孤独症是2.66岁，其他发展障碍2.95岁，智力障碍是3.23岁，注意缺陷多动障碍是5.21岁。

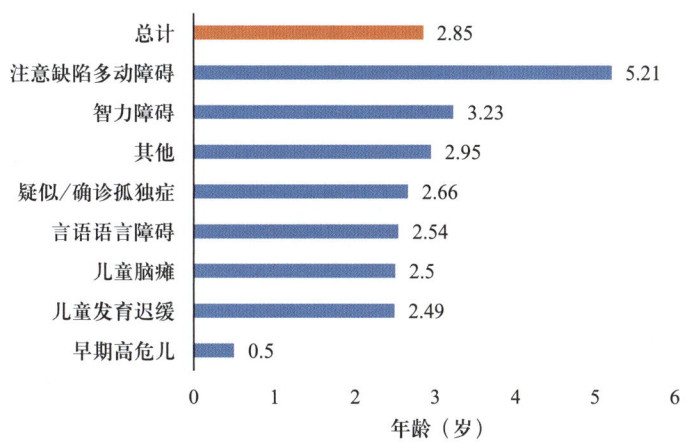

图 3-1-8　调查儿童被确诊的平均年龄

从出生年份来看，儿童确诊的年龄也呈现下降的趋势。在所调查的总体发展障碍儿童中，2009 年之前、2010—2014 年、2015—2019 年以及 2020 年之后出生的儿童，平均确诊年龄分别是 5.4 岁、5.0 岁、3.3 岁、2.4 岁。同时，在所调查的孤独症儿童中，对于以上四个年份出生的儿童，平均确诊年龄分别是 5.7 岁、4.1 岁、3.1 岁、2.5 岁。言语语言障碍儿童也呈现同样的趋势。这在一定程度上反映出，对于儿童发展障碍及孤独症，我国社区意识和公共卫生响应能力的提升。

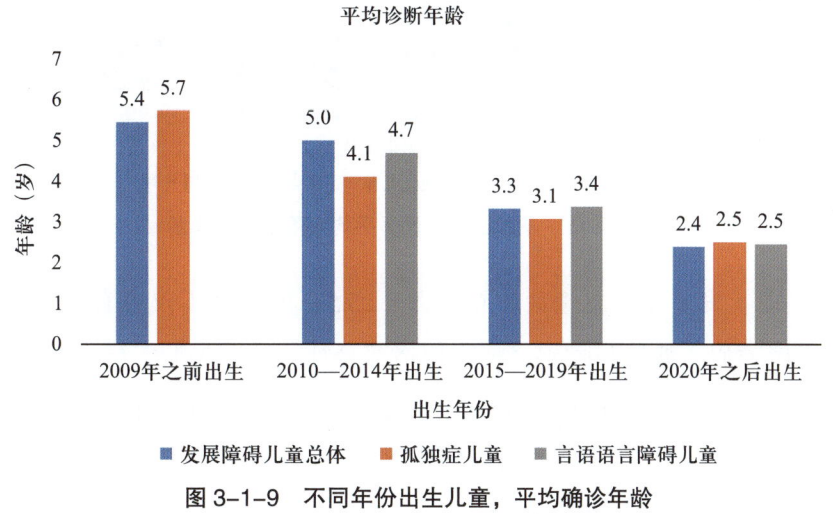

图 3-1-9　不同年份出生儿童，平均确诊年龄

5. 儿童开始接受干预的平均年龄为 3.05 岁　儿童接受干预的平均年龄为 3.05 岁，其中，开始接受干预的年龄从早到晚分别是，早期高危儿是 0.5 岁，儿童脑瘫是 2.5 岁，言语语言障碍是 2.65 岁，儿童发育迟缓是 2.85 岁，疑似/确诊孤独症是 2.86 岁，其他发展障碍 3.21 岁，智力障碍是 3.62 岁，注意缺陷多动障碍是 5.22 岁。

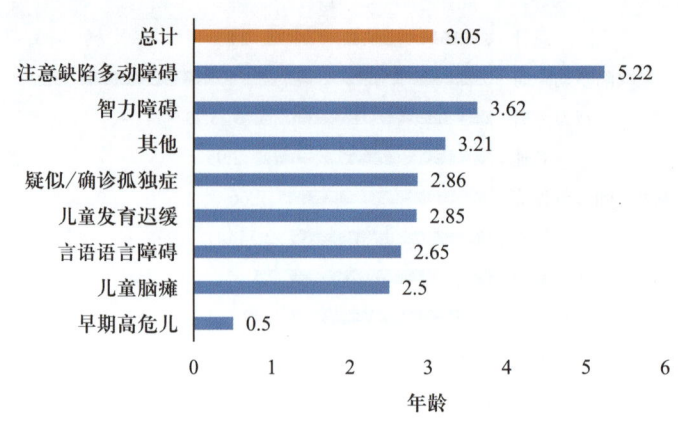

图 3-1-10 调查儿童接受干预的平均年龄

按出生年代来看，儿童开始接受干预的年龄也有下降的趋势。在所调查的总体发展障碍儿童中，2009年之前、2010—2014年、2015—2019年以及2020年之后出生的儿童，开始接受干预的年龄分别是4.9岁、5.1岁、3.6岁、2.5岁。同时，在所调查的孤独症儿童中，对于以上四个年份出生的儿童，开始接受干预的年龄分别是5.1岁、4.3岁、3.3岁、2.7岁。言语语言障碍儿童也呈现同样的趋势。这反映出，儿童康复在医生和家长日益受到认可的趋势。

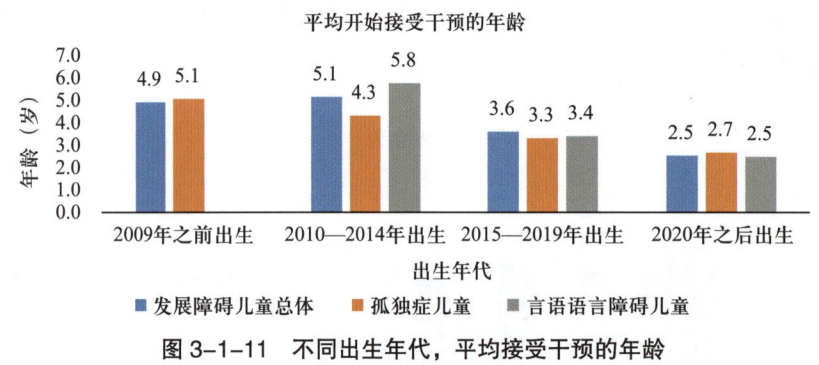

图 3-1-11 不同出生年代，平均接受干预的年龄

6. 共患病是困扰发展障碍儿童的重要问题　25.5%的儿童不仅患有一种发展障碍疾病，还共患有其他发展障碍，如读写障碍、阿斯伯格综合征、感统失调、智力障碍、注意缺陷多动障碍等。5.6%的儿童共患其他身体疾病，如代谢性疾病、癫痫、惊厥、脊柱侧弯、过敏、食物不耐受、低视力障碍、听力障碍、哮喘等等。

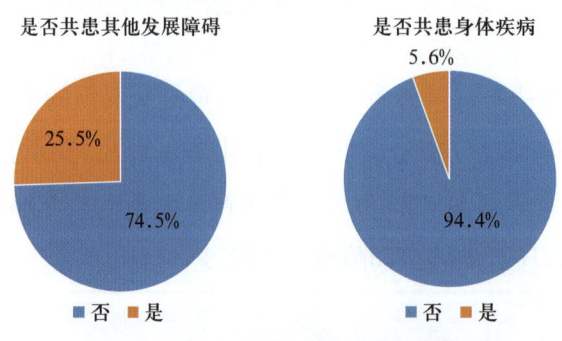

图 3-1-12 调查儿童的共患病情况

（二）家庭基本情况

1. 父母的平均年龄是 35 岁以上

父亲的平均年龄是 37.63 岁，母亲的平均年龄是 35.9 岁，根据儿童的平均年龄是 5.12 岁，推测母亲的生育年龄平均在 30 岁左右。

表 3-1-2　父母亲平均年龄

年龄	N	最小值	最大值	均值	标准偏差
父亲	760	20	65	37.63	5.849
母亲	762	20	65	35.9	5.251

2. 三代同堂家庭占比最高

三代同堂家庭占比最高，为 59.7%，其次是核心家庭，占比 33.9%，单亲家庭占比 3.8%，其他类型家庭占比 2.6%

图 3-1-13　调查家庭的结构

3. 40% 以上为非独生子女家庭

在所调查的家庭中，41.2% 的家长有 2 个及以上孩子，其中，孤独症孩子家庭中，41.8% 的家庭有 2 个及以上孩子，和总体比例相差无几，37.2% 的孤独症家庭患儿排行老大。多动症、言语语言障碍、发育迟缓孩子家庭中也呈现类似的规律。具体地，28.8% 的家庭有 2 个孩子，9.7% 的家庭有 3 个孩子，1.7% 的家庭有 4 个孩子，0.3% 的家庭有 5 个孩子。

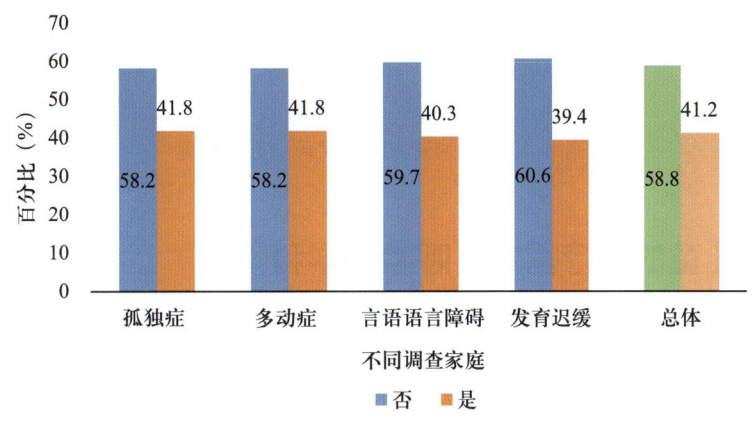

图 3-1-14　调查家庭的孩子是否有兄弟姐妹

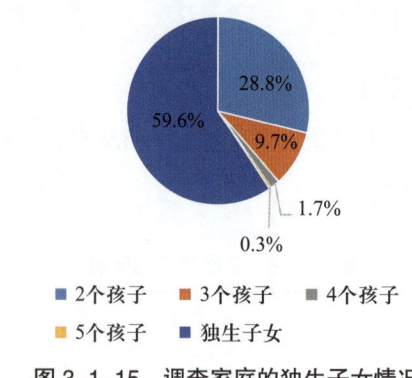

图 3-1-15 调查家庭的独生子女情况

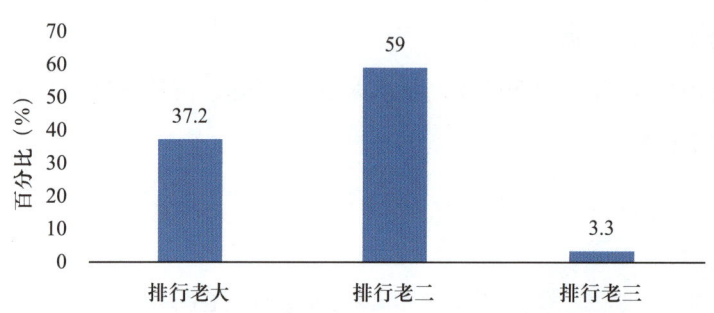

图 3-1-16 调查家庭中，孤独症家庭患儿的排行

4. 父母受教育程度较为均衡　本科学历家庭占比最多，父亲占比为40%，母亲占比为42%，其次是大专学历，父亲和母亲的占比分别为20.7%，23.8%。再依次是硕士学历、高中学历、初中学历和博士学历。

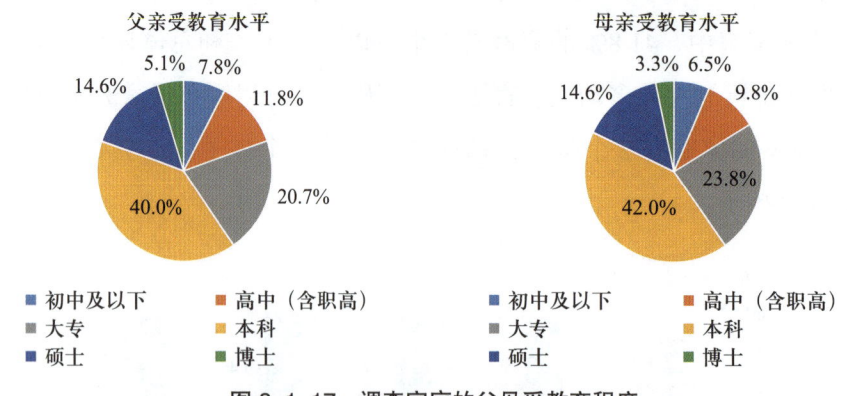

图 3-1-17 调查家庭的父母受教育程度

二、发展障碍儿童的诊疗需求：呼唤多学科诊疗

1. 57.6%的家长认为在就诊过程中，医生不能帮助解答更多问题　在孩子就诊过程中，63%的家长认为"医生不能帮助解答更多问题"，是就诊过程中遇到的最多的困难，38%的家长认为"要看很多科室，很折腾"，44%的家长认为"需要定期复诊，占用较多时间"，

38% 的家长认为"挂号难"。

0～6 岁的儿童还处在生长发育的过程中，很多儿童发展障碍表现常被家长忽视，从而造成延误诊断治疗的情况。而本次调查发现，"确诊"可能不是家长在就医过程中遇到的最困难的问题，这说明我国发展障碍儿童的诊断水平有普遍的提高。然而，更多家长遇到的困难是在就诊过程中不能得到医生的更多帮助，这说明家长有十分强烈的关于此类疾病的求知渴望，不仅仅限于对医生给予疾病诊断的诉求，更怀有对于医生给予疾病干预的诉求。"医生不能帮助解答更多问题"的原因可能是，一方面，知名专家一号难求，看诊时间较短，无法让家长有充足的时间提问问题；另一方面，一般能力的医生可能对儿童发展障碍的干预策略了解较少，无法给出更详细的解答。此外可能更重要的是，儿童发展障碍的共患病问题较多，很多情况下，单一科室的医生难以给予精准的诊断治疗，因此，需要多学科间的协作。

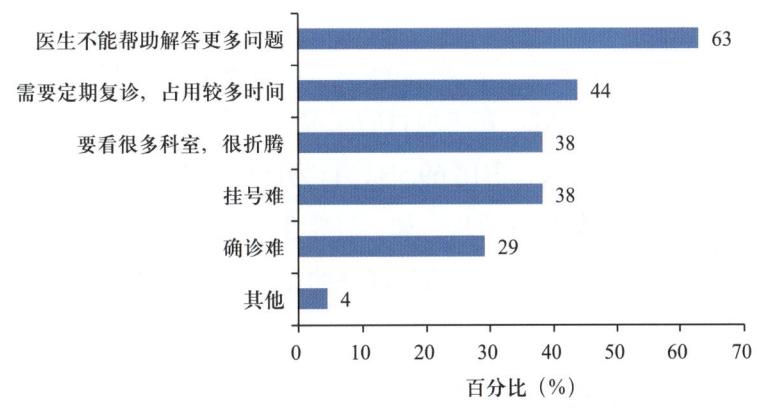

图 3-1-18　孩子就诊过程中，家长遇到的问题

2. 家长期待多学科诊断、多学科干预服务　如前文所说，发展障碍儿童的共患病较多，比如，孤独症儿童可能合并有癫痫，精神科医生一旦发现孤独症孩子合并癫痫，则需要申请与神经内科医生会诊，一同出具最佳的治疗方案，以防未来癫痫发作，造成孩子能力的大幅度下滑，使得所有康复努力前功尽弃。

发展障碍儿童还可能合并有各类器官发育不良的问题，如听力发育障碍、视力发育障碍等，这些问题也可能同时影响孩子的康复进度，需要一并检查和干预。

本调查显示，87.6% 的家长对多学科诊断、多学科干预感兴趣，仅有 8.9% 的家长对多学科诊断、多学科干预不感兴趣。多学科诊断和干预可以大大提高发展障碍儿童的康复诊疗效率。

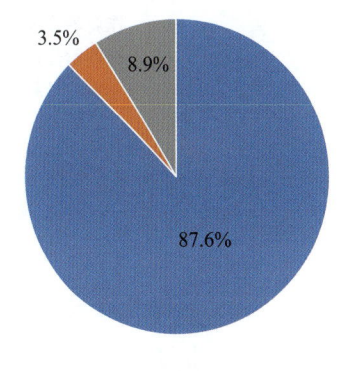

图 3-1-19　调查的家长对多学科诊断、多学科干预的态度

3. 86.4%的家长认为孩子有多方面治疗需求　从市场需求的角度看，86.4%的家长也表示孩子有多方面的治疗需求，而仅有13.6%的家长表示孩子没有多方面的治疗需求。

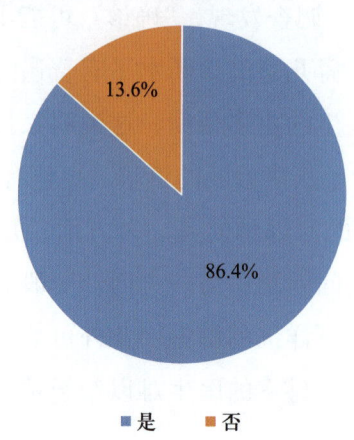

图 3-1-20　调查的家长是否认为孩子有多方面治疗需求

4. 69.7%的家长认为孩子需要综合康复训练　在康复训练项目方面，69.7%的家长表示，孩子需要综合康复训练。同时，在单项目的康复训练中，社交训练的需求是最高的，占比71.4%，其次是言语训练的需求，占比69.5%，行为训练的需求，占比64.7%，认知训练的需求，占比63.8%；其他的康复训练项目，如，日常生活能力训练、感觉统合训练、知识技能/学业能力训练、作业治疗训练、物理治疗训练的需求，分别占比52.2%、51.8%、39.9%、26.8%和21.7%。

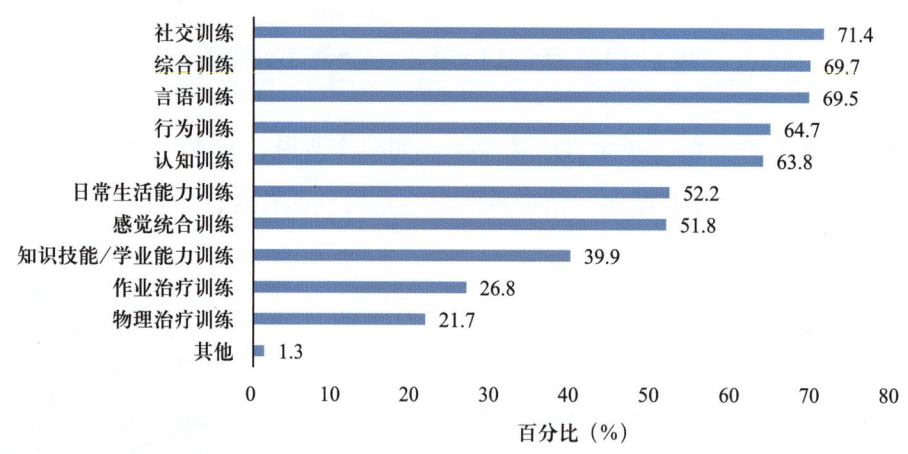

图 3-1-21　调查的家长认为孩子需要的训练项目

5. 家长期待可以提供"诊断-治疗-康复"一体化的机构　45.4%的家长表示需要"诊断-治疗-康复"一体化的康复服务，43.8%的家长也表示需要"诊断-治疗-康复"一体化服务，但会考虑其他因素，如，"诊断-治疗-康复"每个环节服务的质量。不可否认的是，随着行业内医生、治疗师普遍诊疗康复能力的提升，专业人员联合起来，围绕患儿和家庭的需求，提供联合的方案是未来的发展趋势。

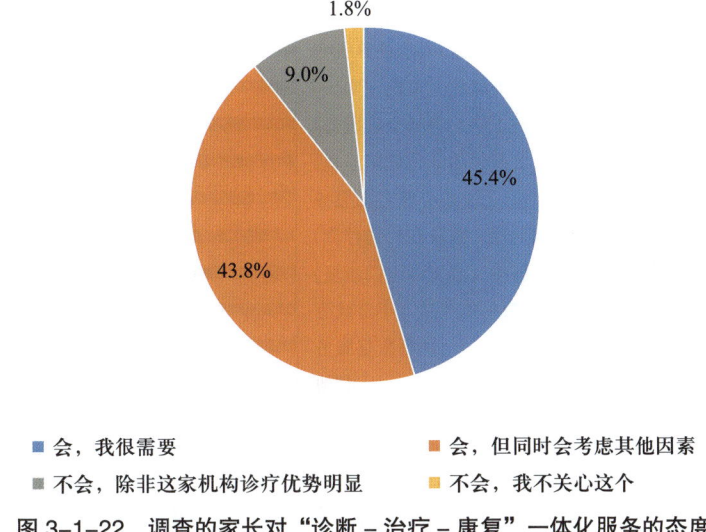

图 3-1-22 调查的家长对"诊断－治疗－康复"一体化服务的态度

6. 需要一个负责人，帮助家长全程负责孩子的诊疗和康复进展　关于诊疗康复需求方面，48.2%的家长表示，需要"有一个负责人，帮我全程负责孩子的诊疗和康复进展"，占比最高。这说明，家长期待医疗服务机构能有一位协调管理人员，帮助家长解答更多关于此类疾病的问题，同时能帮助家长协调医疗康复资源。这与第一题，家长认为医疗服务供给不足是一致的。

排名第二位的诊疗康复需求是"融合（幼儿园）教育服务"需求，占比47.3%，家长最关心的问题是孩子康复后是否可以上幼儿园、上小学。当前，优质的融合教育服务是非常稀缺的，很多小朋友经过一段时间康复后，进步非常大，但是各方面能力距离同龄孩子仍有差距，这就需要融合（幼儿园）教育服务，既能够让具有发展障碍的孩子在融合的环境中发展语言、社交等技能，又能给他们建立一个具有保护性的过渡环境。

排名第三位的诊疗康复需求是"家长线上课程"，占比42.1%。除了面向儿童的诊疗康复服务，家长也需要面向自己的诊疗康复服务，康复知识是帮助家长减轻照护负担的重要支持要素。在专业康复人员和服务较为稀缺的情况下，培养家长成为陪伴孩子的"康复师"则是赋予家庭能力、减轻家庭负担的重要手段。

此外，还有超过30%的家长认为，需要"生活习惯和兴趣培养服务"（35.8%）、"家长线下课程"（34.2%），以及"影子老师服务"（31.1%），这些都是围绕孩子回归社会、回归学校的服务需求。

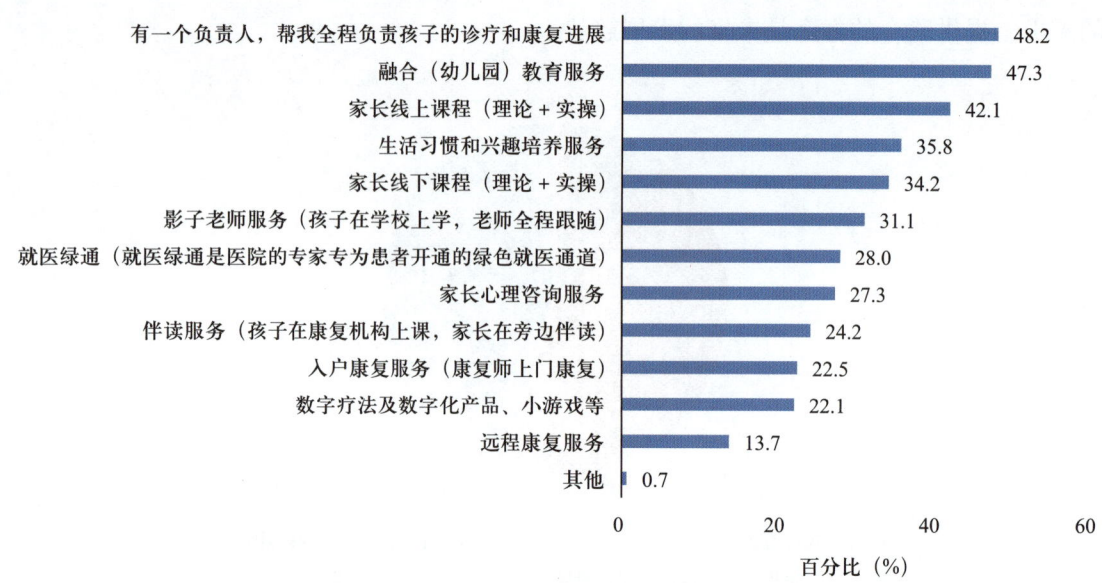

图 3-1-23 发展障碍儿童家庭的主要诉求

三、儿童发展障碍的康复需求：回归社会

1. 确诊后，家长接受康复的态度比较积极　诊断后，家长接受孩子康复的态度非常积极。50.1% 的家长表示，"相信医生诊断，并按照医生的建议，开始在康复机构积极干预"，17.6% 的家长表示，"对医生诊断存疑，但开始采取康复机构干预措施"。仅有 6.5% 的家长表示，诊断后没有进一步干预。医疗与康复的协作模式已经较为成熟，儿童康复的价值普遍受到了医生和家长的认可。

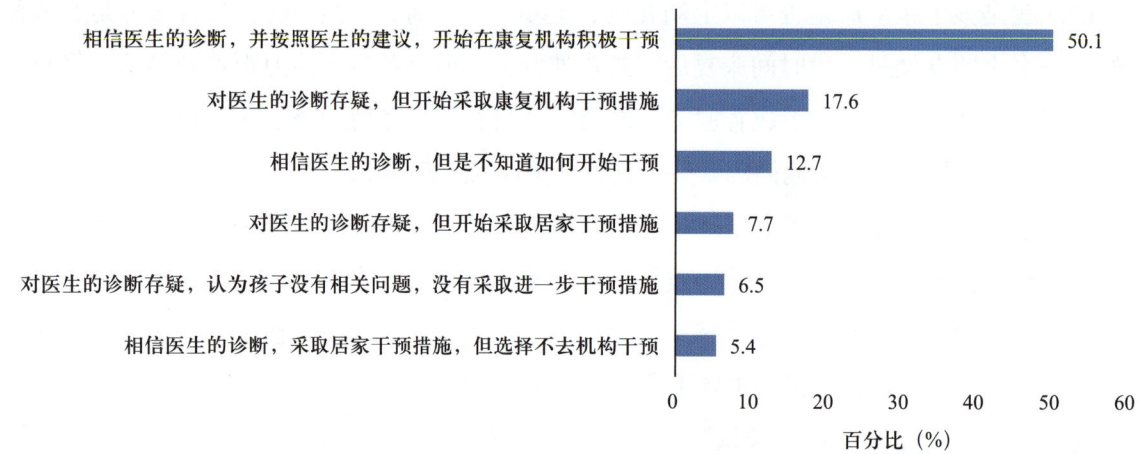

图 3-1-24　调查的家长在孩子诊断后的选择

2. 康复方式上，大部分家长会选择机构康复　在孩子确诊为儿童发展障碍类疾病后，家长有多种康复方式选择，包括机构康复、居家康复、康复师上门康复等等。在康复方式的选取上，78.6% 的家长会选择机构康复，占比最高；39.9% 的家长会选择由家长居家干预；也有 3.8% 的家长会选择聘请康复师入户干预。

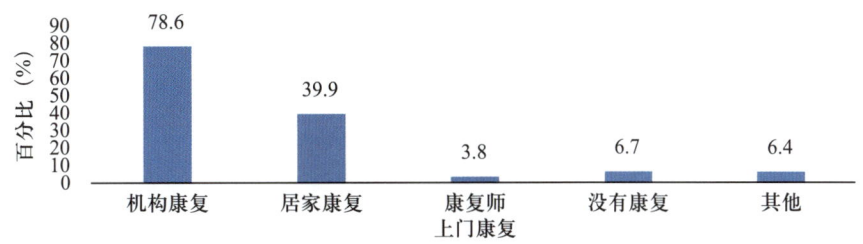

图 3-1-25 调查的家长对孩子康复方式的选择

3. 48.2%的儿童在康复机构干预4～5次/周　在机构康复干预的频次方面，48.2%的儿童干预的频次是每周4～5次，占比最高；其次是每周干预7天，占比14.4%；然后是每周干预2～3次，占比11.8%。总体来看，发展障碍儿童的康复需求比较密集，每周需要机构干预4次及以上的占比为67.2%。

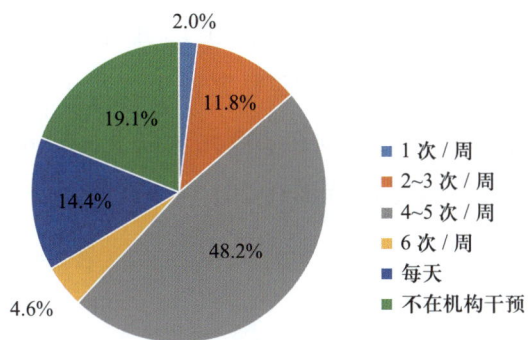

图 3-1-26 调查儿童每周干预的频次

4. 73.3%的儿童是在工作日的白天进行机构干预　在机构康复干预的时间方面，73.3%的儿童会在工作日的白天进行干预，占比最高；其次是在工作日的晚上进行干预，占比17.8%；在周六日进行干预的比例较少。

同时，发展障碍儿童在康复机构干预的时间每次集中在2～3个小时。32.9%的儿童每次在机构干预的时间在2小时以内/次，20.5%的儿童每次干预的时间是3小时以内/次。

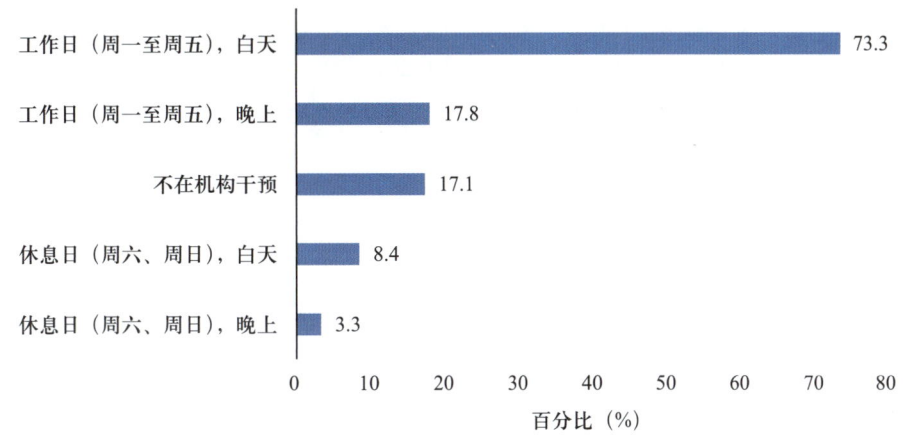

图 3-1-27 调查的儿童接受康复干预的时间段

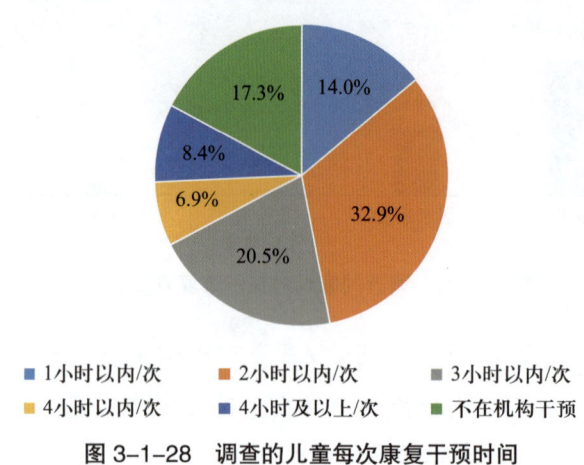

图 3-1-28　调查的儿童每次康复干预时间

5. 家长对每节康复课程价格的期待集中在 200 元以内　及时的康复对于家庭来说虽然是一种提高生活质量的重要方式，但也需要家长为此付出经济支出。对于每一节康复课程的价格，37.8% 的家长可接受的范围在 100 元及以下，34.8% 的家长可接受的范围在 101～200 元。15.8% 的家长可接受的范围在 201～300 元。费用越高，可以接受的家庭越少。

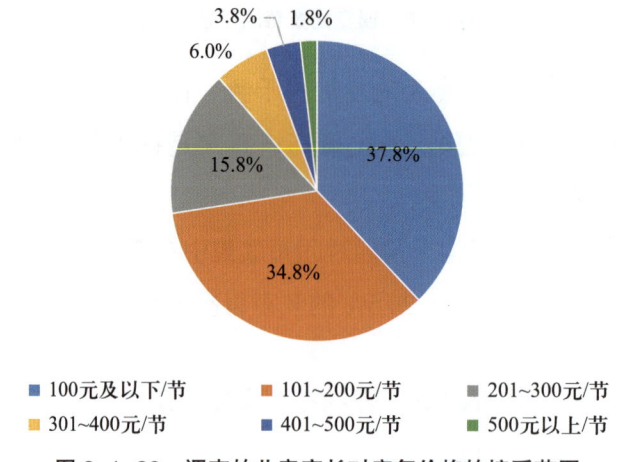

图 3-1-29　调查的儿童家长对康复价格的接受范围

6. 在选择机构时，家长最看重的是康复师的专业程度　康复师的专业程度、康复效果以及价格和距离，是家长在选择康复机构时排名前四位的要素。其中，83.3% 的家长看重康复师的专业程度，77.1% 的家长看重康复效果，47.3% 的家长看重康复服务价格，47.1% 的家长看重康复机构和家的距离。同时，机构环境和品牌是家长比较不关注的。

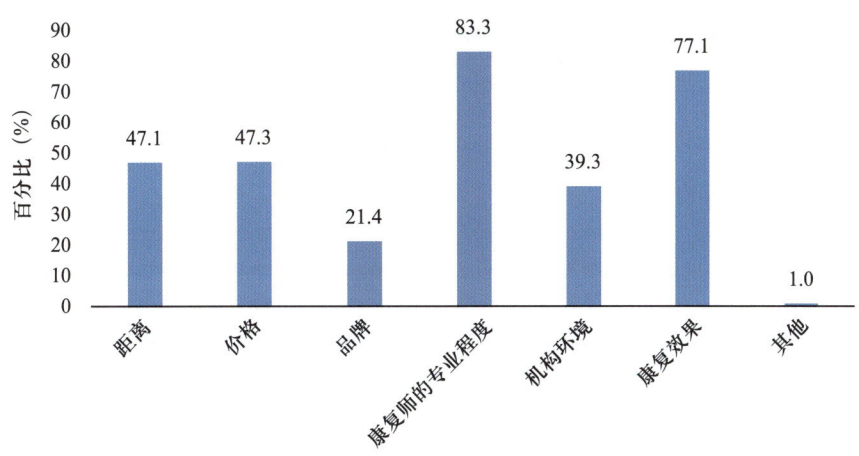

图 3-1-30　调查的家长在选择康复机构时看重的内容

7. **65.4% 的家长认为当前康复机构不能满足多方面康复需求**　对于当前康复机构的多学科干预能力方面，65.4% 的家长认为，当前的康复机构不能满足孩子多方面的康复需求。很多家长是在 2 家或 3 家康复机构给孩子报名上课，每周在多个机构之间奔波。

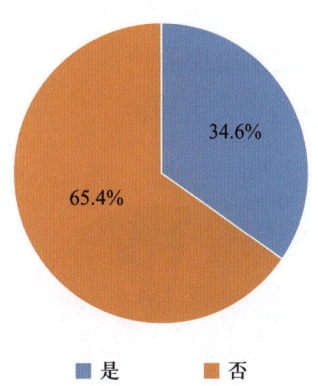

图 3-1-31　康复机构是否可以满足孩子多方面康复需求

8. **62.5% 的家长认为，机构康复后社会融合仍然不足**　当被问到在孩子康复的过程中，家长遇到的主要困难时，62.5% 的家长认为，"机构康复后，社会融合依然不足"是主要困难。儿童康复的主要目标是帮助儿童回归生活、回归学校。家长对孩子康复的期待，也是自理能力能够提高，与小朋友的社会交往能力可以提高，可以参与幼儿园、小学的生活，融入大的集体之中。从调查结果看，目前，大部分康复服务可能还不能达到家长的预期，孩子们虽然在个别能力上有提升，但融入社会的能力还比较欠缺。

其次，家长认为遇到的困难是"孩子的康复效果没有保障"，占比 55.9%，这一点和第一点也比较相关，父母最期待的是孩子康复后可以回归社会，而孩子回归社会的能力不足，也就代表康复效果不够理想。

另外，还有 49.2% 的家长表示，"孩子合并问题多，一个康复机构无法满足多种需求"，

48.1% 的家长表示"不知道选择什么样的康复机构"。当前儿童康复行业的服务能力仍然良莠不齐，好的康复师也非常紧缺，以至于家长难以辨别适合孩子的康复机构，同时，大部分康复机构的服务能力有限，无法满足孩子多元的康复诉求，从而让家长受到需要四处奔波、去多个机构寻找好康复师和好服务的困扰。

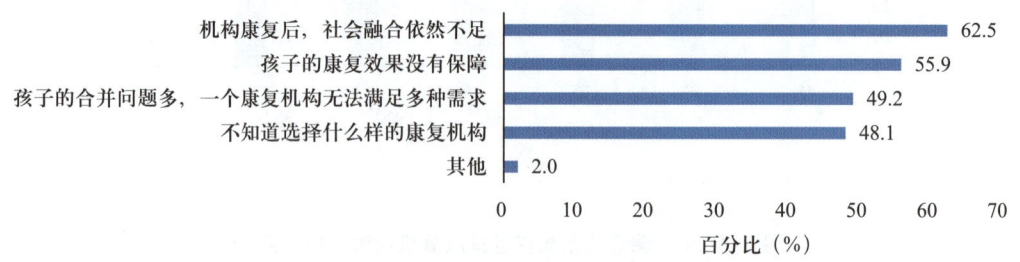

图 3-1-32 孩子康复过程中，家长遇到的问题

四、家庭照护负担

1. **母亲是孩子的主要照护人** 56.2% 的孩子由母亲主要照护，30.7% 的孩子由祖（外祖）父母主要照护，6.5% 的孩子由父亲主要照护，3.1% 的孩子由其他家庭成员照护，同时，有 3.4% 的孩子由保姆或聘请的特殊看护人员照护。

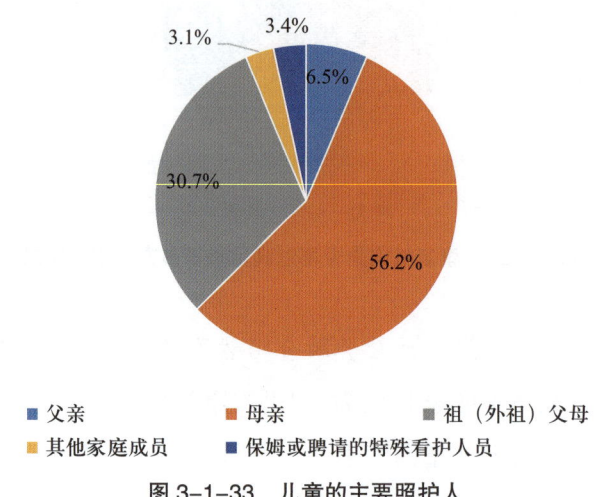

图 3-1-33 儿童的主要照护人

2. **主要照护者平均每天照护 14.96 小时** 当母亲作为主要照护人时，平均每天照护 16.68 小时；当保姆或聘请的特殊看护人员作为主要照护人时，平均每天照护 14.15 小时；当父亲作为主要照护人时，平均每天照护 13.46 小时；而当其他家庭成员和祖（外祖）父母作为主要照护人时，平均每天照护时间分别为 12.96 小时和 12.43 小时。可见，母亲作为主要照护人时，每天付出的时间是最长的，当祖（外祖）父母作为主要照护人时，因为可以受到年轻父母的帮助，还有休息时间。

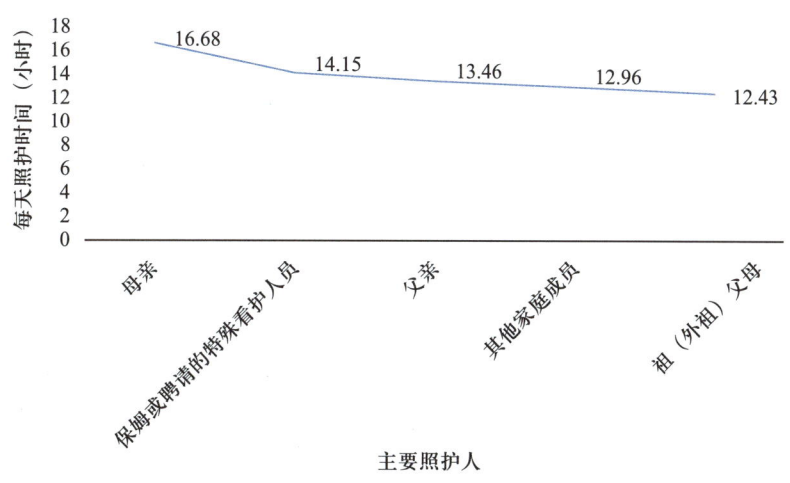

图 3-1-34　主要照护人平均每天照护时间

3. 有86.5%的孤独症儿童家庭承受着中度至重度水平的照护负担　本次调研，其中有133名孤独症儿童家长参与了照护负担的调查。此部分选用王烈等于2006年引进的中文版Zarit护理负担量表（Zarit Burden Interview，ZBI）。该量表在国内外研究中广泛用于照顾者负担的综合评估。量表从主要照顾者社会生活、经济状况、精神状况、健康状况4个方面共22个问题进行定量分析，每个条目按家庭照顾者负担的轻重从0分到4分，其中0分表示从不，4分表示几乎、经常，采取Likert5级评分法。总分0~88分，得分越高，负担越重，总分0~20分为无或极轻度负担，21~39分为轻度负担，40~59分为中度负担，60分及以上为重度负担。研究显示，中文版Zarit护理负担量表Cronbach's α系数为0.87，个人负担维度为0.70，角色负担维度为0.83，具有良好信效度。

本次调研结果显示，ASD患儿家长的照顾负担总分为（52.95±12.10）分。按照量表的分级规则，133例家长中0例为无或极轻度负担，18例（13.5%）为轻度负担，72例（54.2%）为中度负担，43例（32.3%）为重度负担。

ASD患儿照顾者的照顾负担水平不亚于其他严重医疗疾病患者的照顾者。英国一项研究表明，ASD患儿照顾者的负担水平与获得性脑损伤患者照顾者的相当，ZBI-12量表总分分别为（22.66±8.84）分和（21.7±10.1）分，高于癌症（12.0±8.5分）及痴呆（15.1±10.0分）患者照顾者。Yildiz等使用土耳其版本的ZBI量表测量发现，ASD患者的照顾者无论是在总量表得分还是在社会关系受损、经济压力、个人生活窘迫和受损、依赖和紧张与受限等分量表得分上，都显著高于精神分裂症患者照顾者。

五、家庭经济负担

1. 在康复训练中，最让家长苦恼的问题是经济负担重　在评估康复训练过程中的困难时，73.1%的家长认为"康复费用贵，经济负担重"是主要困难。其次是，"康复知识缺乏，不知道家庭干预如何开展",占比 53.7%,以及"当地优质康复资源少,缺少优秀康复师",占比 49.7%;此外,超过 30% 的家长认为有以下困难:"家长心理压力大,缺少专业心理疏导"(46.4%)、"康复师专业度不够,没法帮助孩子进步"(45.6%),"资源支持少,家人和亲朋好友不理解"(32.8%)。

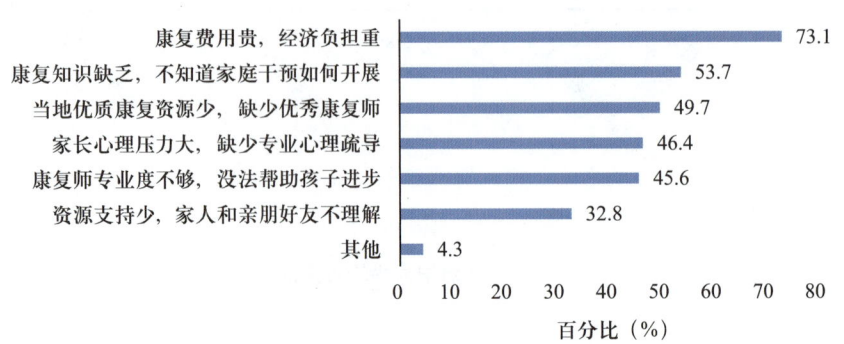

图 3-1-35　在康复训练中,家庭最苦恼的问题

2. 发展障碍儿童家庭的总体经济负担较重　本次调查中,有 340 位家长填答了经济负担问卷。疾病总经济负担可分为直接经济负担和间接经济负担。直接经济负担指由医疗需求和行为产生的经济负担。直接经济负担又包括直接医疗经济负担和直接非医疗经济负担。直接医疗经济负担包括就诊费用、康复费用、药品费用、康复器械费用等;直接非医疗经济负担包括就医交通费、就医餐饮费以及就医临时住宿费。间接经济负担指因为进行医疗和康复而损失的劳动收入或增加的生活方面的支出,包括误工收入、因就医租房或购房费用,以及雇佣保姆的费用。直接经济负担与间接经济负担的总和,占家庭收入的比重,可一定程度反映出因为疾病而带来的一个家庭面临的总体经济压力。

所调查家庭的税后家庭年总收入平均值为 275 471 元(27.5 万元),中位数为 130 000 元(13 万元),即 50% 的家庭税后年总收入在 13 万以上。家庭总经济负担的平均值为 128 578 元(12.9 万元),中位数为 90 000 元(9 万元),即 50% 的家庭总经济负担在 9 万元以上。

340 组家庭总经济负担占家庭收入比重的平均值为 91.57%,中位数是 41.67%,即 50% 的家庭,总经济负担占家庭收入的比重高于 41.67%。

可见,儿童发展障碍给家庭带来的经济负担是较为严重的,在一年的时间内,至少有一半的家庭,因为儿童发展障碍而产生的医疗康复支出,以及其他生活支出,占到家庭总收入的 41% 以上,并有 25% 的家庭总经济负担超出家庭收入比重。约 10% 的家庭总经济负担是家庭收入的 2 倍,最高的达到了 8 倍。

表 3-1-3　总经济负担占家庭收入比重

	税后家庭年总收入（元）	总经济负担（元/年）	总经济负担占家庭收入比重
平均值	275 471	128 578	91.57%
中位数	130 000	90 000	41.67%
最小值	10 000	1000	0.74%
最大值	2000 000	185 1500	812.58%

表 3-1-4　总经济负担占家庭收入比重（四分位）

总经济负担占家庭收入比重		
平均值		91.57%
中位数		41.67%
最小值		0.74%
最大值		812.58%
百分位数	25	17.1%
	50	41.7%
	75	100.1%

3. 康复费用在总经济负担中占比较大　在由儿童发展障碍产生的医疗康复以及生活相关费用中，康复费用占比较大。调查结果显示，康复费用占总经济负担（疾病相关总支出）的平均比例60.62%，中位数是72.75%，即50%的家庭，康复费用占总经济负担的比重在72.75%以上。

表 3-1-5　康复费用占总经济负担的比重

康复费用占总经济负担的比重		
平均值		60.62%
中位数		72.75%
最小值		0.00%
最大值		100.00%
百分位数	25	33.05%
	50	72.75%
	75	91.01%

4. 约20%家长康复费用超出家庭收入　根据调查结果看出，20%的家庭年康复费用超出家庭年收入。

表 3-1-6　年康复费用占家庭收入的比例

平均值	百分位数							
	10	30	40	50	60	70	80	90
81.50%	0%	3%	10%	20%	40%	60%	100%	222%

5. 57.6%的家庭康复费用由家庭自付　在所调查的家庭中，71%的家长表示，除了医保支付和补贴外，需要自费支付康复服务，同时，有57.6%的家长表示，所有康复费用全部由家庭自付。28%的家长表示，接受了残联补贴。使用社会医保和商业医保支付康复服务的比例仅占17%和2%。

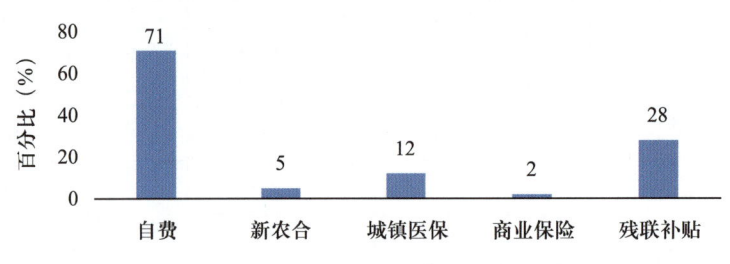

图 3-1-36　在康复训练中，各渠道支付比例

（蓝皮书家庭调查课题组[①]）

---

① 课题组成员包括：吴美琦，余树櫆，木叶沙·斯莱曼，饶颖婷，钟美龄，夏玉雯，马一迪，张耀云，董妍君，张依航，刘顺恺，贾美香，王晓莉，方海，张亚黎，李智文，张乐

第二节 医生调查——多学科协作：儿童发展障碍的诊疗趋势

儿童发展障碍的诊疗离不开一个重要的群体，即医生群体，儿童发展障碍诊疗的走向可以从医生的分析中得出一些启示。蓝皮书课题组调研了89位儿童发展障碍相关科室医生，来看一下他们对诊疗趋势的思考。

一、调查对象

1. 性别比例：女性明显多于男性　在接受调查的医生当中，男女比例差别较大，女医生的比例为91.0%，男医生的比例为9.0%。

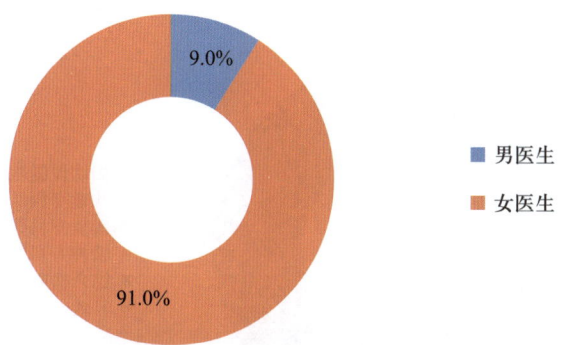

图 3-2-1　调查医生的性别比例

2. 学历结构：本科占比最多　在接受调查的医生中，55.1%的医生为本科学历，占比最高；其次是硕士研究生学历，占总数的38.2%；拥有博士研究生学历的医生占总数的6.7%；没有大专学历的医生。整体而言，医生的学历水平比较高。

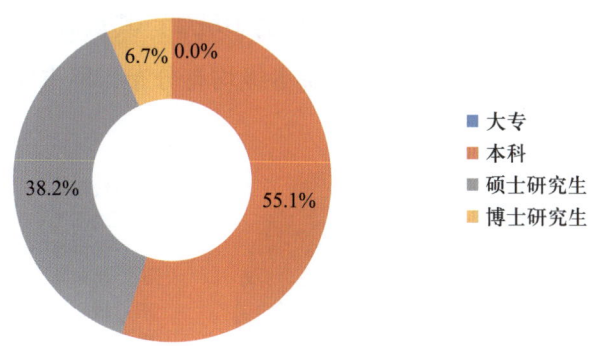

图 3-2-2　调查医生的学历水平

3. 职称结构：中级职称占比最多　拥有中级职称的医生占调查总人数的42.7%，占比最多；其次是拥有副高级职称的调查者，占比24.7%。具备初级职称、正高级职称以及无职称的医生，分别占比19.1%、11.2%和2.3%。

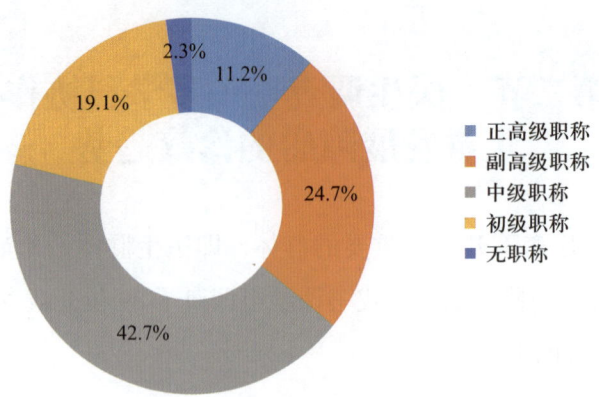

图 3-2-3　调查医生的职称结构

4. 医院类型：来自综合医院的医生占比最多　医生所在最多的医院类型为综合医院，占调查总数的 44.9%；其次为妇幼保健院，占比为 32.6%；儿童专科医院占比紧随其后，为总数的 13.5%；精神专科医院和康复专科医院的占比最少，分别为 2.3% 和 1.1%。

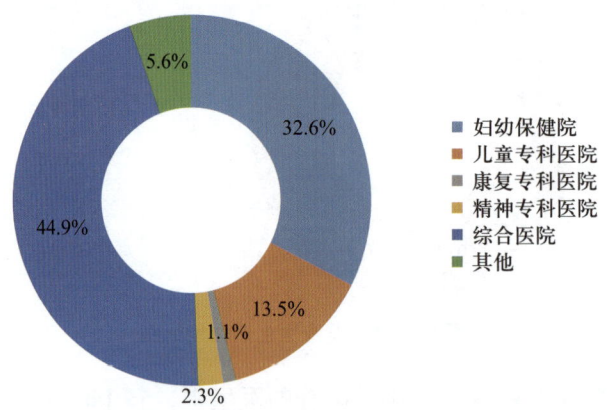

图 3-2-4　调查医生的性别比例

5. 医院级别：来自三级甲等医院的医生占比最多　56.2% 的医生所在的医院为三级甲等，占比最高；二级甲等占比第二，为总数的 19.1%，其次是三级乙等医院，占总数的 7.9%，二级乙等占比为 5.6%，其他类型的医院等级均有分布，但占比都较少。

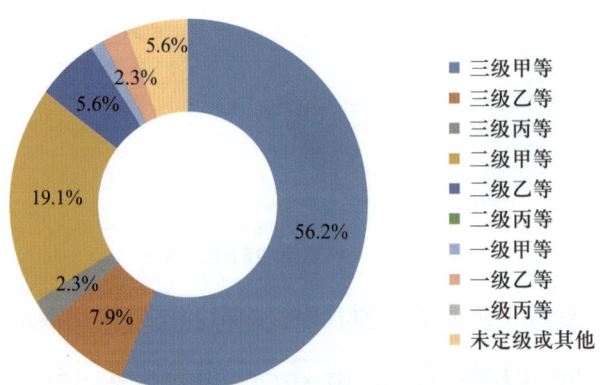

图 3-2-5　调查医生所在医院级别

6. 医院科室：来自儿科/儿保科的医生占比最多　医生主要来自儿科/儿保科，占比为71.9%；其次是康复科，占比为16.9%；精神/心理科占比为7.9%。

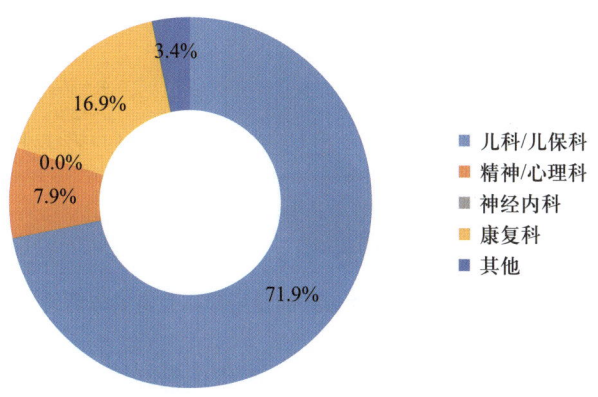

图 3-2-6　调查医生所在医院科室

二、儿童发展障碍诊疗状况

1. 孤独症、多动症、智力障碍、言语障碍儿童占比较多　占比最多的是孤独症谱系障碍儿童，93.3%的医生表示孤独症儿童是其患者，排名第二的是注意缺陷多动障碍儿童，91%的医生表示多动症儿童是其患者。随后，分别有84.3%和83.2%的医生表示，智力障碍儿童和言语语言障碍儿童是其患者。

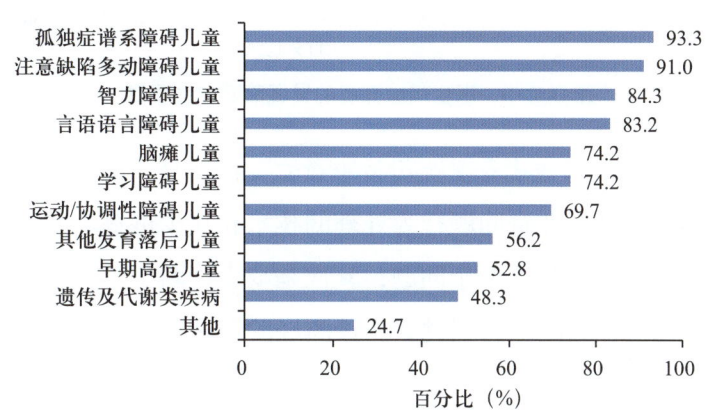

图 3-2-7　调查医生诊疗的发展障碍儿童类型

2. 2～3岁的患者占比最高　多数医生的儿童发展障碍患者的年龄段为2～3岁，这部分医生占接受调查总数的58.4%；其次是接诊4～6岁的儿童发展障碍患者的医生，这部分占比也较多，达到了30.3%；也有7.9%的医生主要患者是0～1岁的儿童发展障碍患者；7～12岁的占比为3.4%。这与家长调查中，儿童平均确诊年龄为2.85岁是较为一致的。

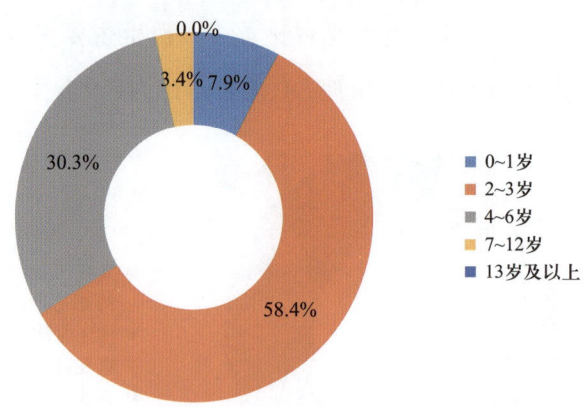

图 3-2-8　调查医生诊疗的发展障碍儿童的年龄段

3. 儿童发育评估为医生最多开展的评估项目　医生门诊正在开展的儿童发展障碍诊断评估项目较多，覆盖了许多种类型。儿童发育性评估占比最高，为 89.9%；其次是孤独症诊断评估，占比也有 79.8%；多动症诊断评估占比也高达 70.8%；开展得最少的是学习障碍干预评估，占比为 36%。

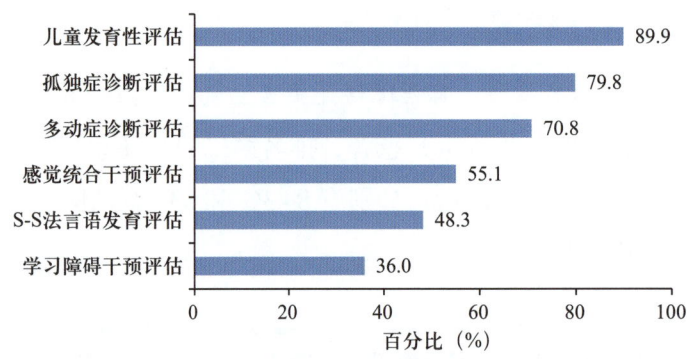

图 3-2-9　医生门诊开展的发展障碍评估项目

4. 缺少儿童问题行为处理技术是医生门诊中最主要的问题　医生在开展临床诊断治疗的过程中，最常见的问题是缺少儿童问题行为处理的技术和缺少讲解给家长的干预计划，分别有 68.5% 和 66.3% 的医生遇到过这两个问题；其次是缺少诊断工具，有 55.1% 的医生遇到过这个问题；同时还有 48.3% 的医生遇到过缺少诊断经验和缺少干预的药物这两个问题。

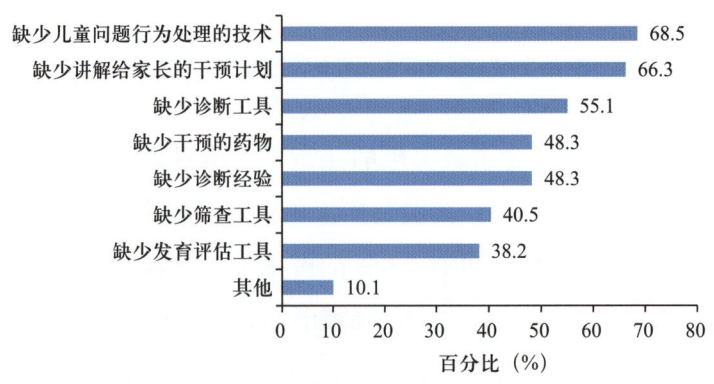

图 3-2-10　医生门诊遇到的困难

5. 超过60%的医生需要在孤独症、学习障碍、多动症的诊断方面得到帮助　大多数医生在诊断疾病时都需要一定的帮助,最多地集中在诊断孤独症/孤独症谱系障碍儿童时,有64%的医生需要帮助;其次是学习障碍儿童和多动症儿童,也分别有62.9%和61.8%的医生在诊断时需要帮助。诊断言语语言障碍儿童时有52.8%的医生会需要协助,诊断智力障碍儿童时也有44.9%的医生需要协助。其他类型的疾病也会面临需要协助的情况,但是相对较少。

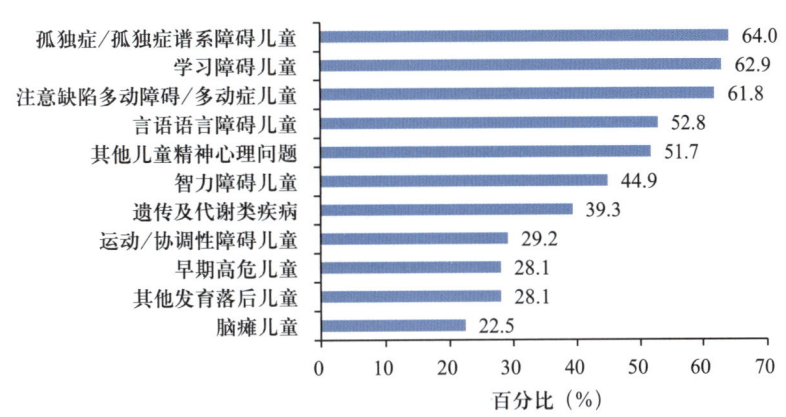

图 3-2-11　医生需要的儿童发展障碍诊断的帮助

6. 本地优质康复资源:近50%的医生认为当地资源一般　46.1%的医生认为当地的相关资源一般,占比最多;此外,30.3%的医生认为患者可以接触到较为丰富且优质的资源;也有15.7%的医生认为所在地拥有非常丰富且优质的资源。与此同时,有7.8%的医生认为,当地康复资源较差甚至是没有相关的资源,完全不可以满足孩子的康复需求。

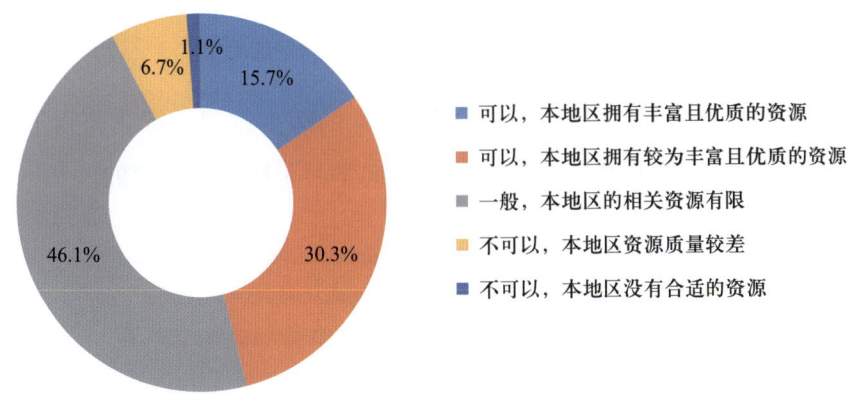

图 3-2-12　医生对本地康复资源的态度

7. 超过半数的医生表示,家长反馈当地康复机构的效果一般　从医生门诊家长反馈看,当地机构的康复效果整体而言比较一般,占比53.9%。另外,34.8%的家长认为效果较好,也还有1.1%的家长认为效果非常好。与此同时也有10.1%的家长认为效果欠佳甚至是很差。

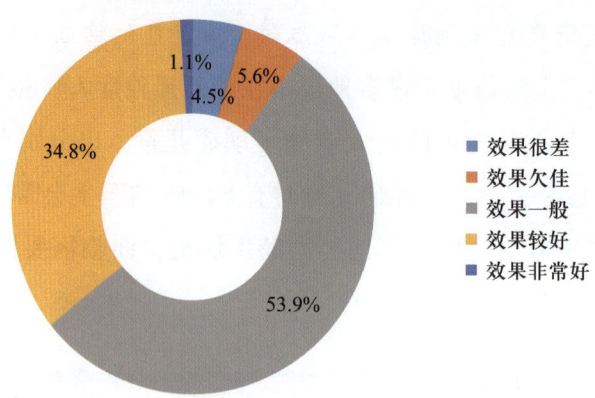

图 3-2-13 医生对本地康复机构服务效果的看法

8. 医生希望进一步提升临床诊疗能力和家长指导策略　大多数医生对于临床实践能力的提升培训非常感兴趣，这部分医生占比达 89.9%，其他类型如临床研究能力的提升培训也有 67.4% 的医生希望获得这方面的支持；还有 61.8% 的医生希望能够获得继续教育项目和论文发表方面的支持。

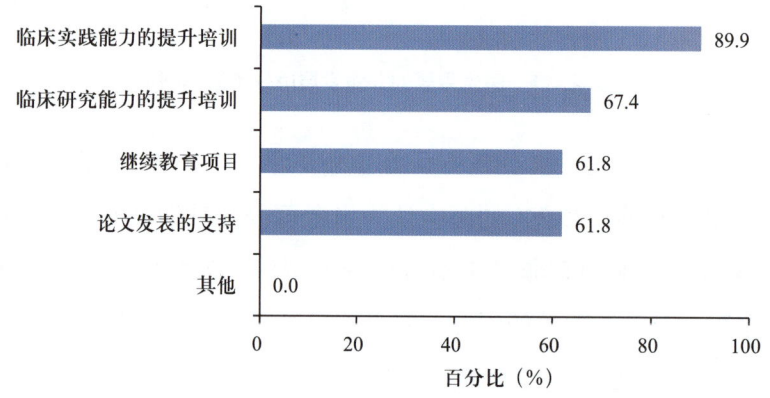

图 3-2-14 医生希望进一步提升的能力

87.6% 的医生希望了解临床家长指导策略，82% 的医生希望了解非药物干预/康复教育的技术，80.9% 的医生希望聆听个案分析。临床方向学习是医生最渴望的。

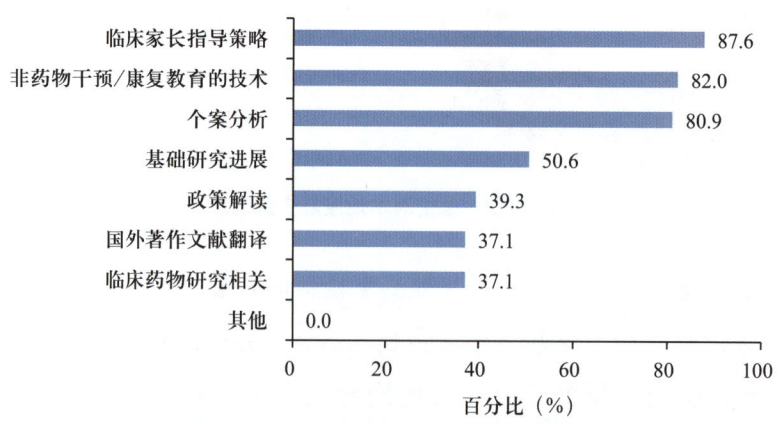

图 3-2-15 医生希望阅读的文章类型

三、多学科协作：儿童发展障碍的诊疗趋势

1. 大部分发展障碍儿童都需要多学科治疗　74.2% 的医生赞同大部分发展障碍儿童都需要多学科联合治疗，16.9% 的医生认为一半左右的发展障碍儿童都需要多学科联合治疗，9.0% 的医生认为只有少部分发展障碍儿童才需要多学科联合治疗。

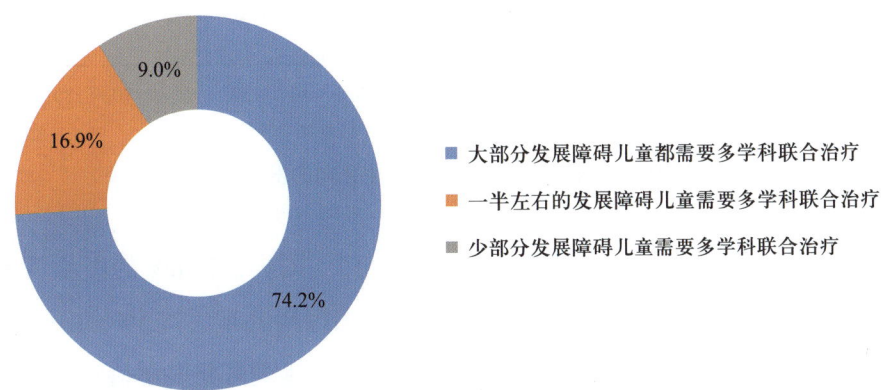

图 3-2-16　医生对发展障碍儿童多学科治疗的看法

2. 37.1% 的医生所在科室开展过多学科治疗　虽然超过 70% 的医生认为大部分发展障碍儿童需要多学科治疗，但只有 37.1% 的医生所在的科室开展过儿童发展障碍多学科联合治疗，62.9% 的医生所在的科室没有开展过多学科的治疗活动。

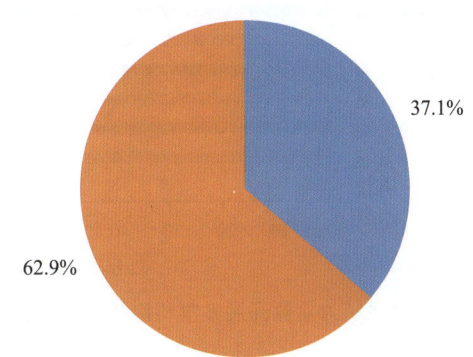

图 3-2-17　调查的医生是否开展过多学科治疗

3. 孤独症儿童受到了多学科治疗的最多关注　在开展过多学科联合治疗的科室中，67.7% 的医生表示开展过孤独症儿童多学科治疗，占比最高。其次是早期高危儿童，有 54.8% 的占比；言语语言障碍儿童，有 51.6% 的占比；多动症儿童、智力障碍儿童、遗传及代谢类疾病儿童均有 48.4% 的占比；脑瘫儿童、运动/协调性障碍儿童以及其他类型的发育落后儿童分别有 41.9% 的占比。

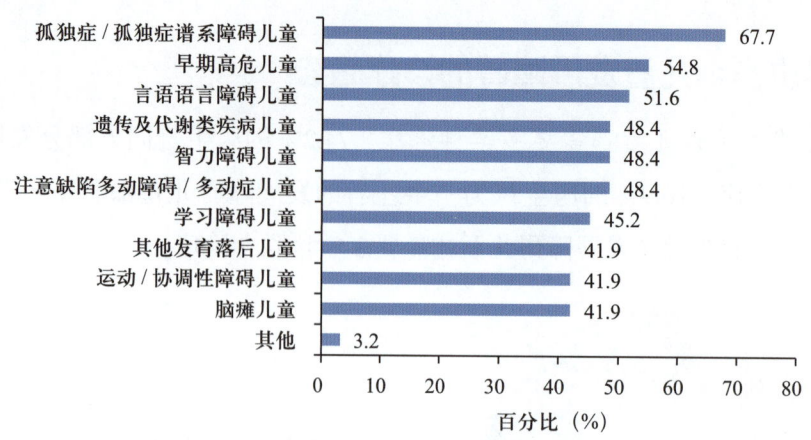

图 3-2-18 开展过多学科治疗的医生面向的发展障碍儿童

4. 约 80% 的医生认为孤独症儿童需要多学科治疗 同样，79.8% 的医生认为，孤独症谱系障碍儿童需要多学科治疗，占比最高；其次是智力障碍儿童，77.5% 的医生认为智力障碍儿童需要多学科治疗，70.8% 的医生认为言语语言障碍儿童需要多学科治疗。其他诸如多动症儿童、脑瘫儿童、遗传及代谢类疾病儿童也有较多医生认为需要多学科治疗，占比都在 60% 左右。

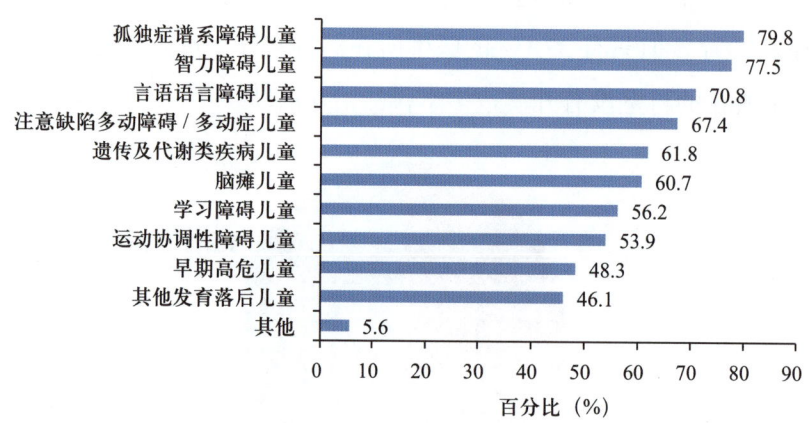

图 3-2-19 医生认为需要开展多学科治疗的儿童发展障碍

5. 言语治疗、感统治疗、心理治疗排在前 3 位 在多学科联合治疗中，94.4% 的医生认为儿童发展障碍需要言语治疗，排名最高。92.1% 的医生认为儿童发展障碍需要感统治疗，排名第二，89.9% 的医生认为儿童发展障碍需要心理治疗，排名第三，随后依次是应用行为分析（86.5%）、营养干预（86.5%）、作业治疗（83.2%）、物理治疗（82%）。认为儿童发展障碍需要中医治疗、西医药物治疗以及物理因子治疗的医生占比相对较少。

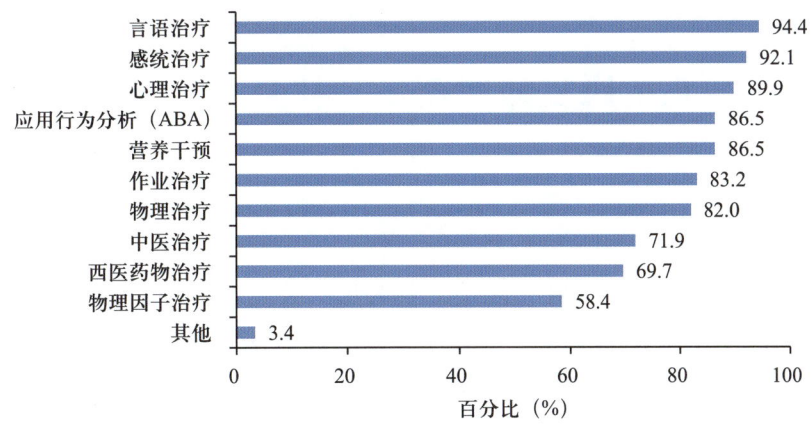

图3-2-20　医生认为儿童发展障碍需要的治疗项目

（蓝皮书医生调查课题组[①]）

[①] 课题组成员：吴美琦，余树懋，木叶沙·斯莱曼，张誉元

第三节 儿童康复师调查——社会支持的重要力量

一、儿童康复师分类

从 2020 年开始，蓝皮书课题组一直关注中国儿童康复师群体的职业现状，包括性别结构、年龄结构、学历结构、薪资水平、职业幸福感、职业认同感等，并公布有关这一新兴职业的重要发展数据。总体来看，随着我国儿童发展障碍康复需求的逐步旺盛，儿童康复师队伍也快速发展壮大，社会地位不断提升。他们是"健康中国"实践的重要力行者，也是给予发展障碍儿童家庭支持的重要力量。

本次调查通过北大医疗脑健康行为发展教研院的职业教育平台和社群发布，共有来自全国 30 个省份的 936 名儿童康复行业一线从业者参与了调研，调研群体不包括儿童康复机构的管理者。

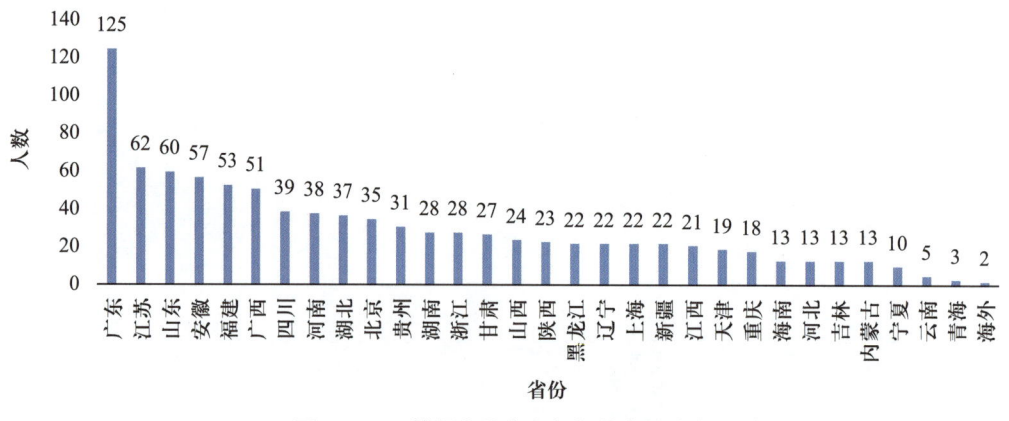

图 3-3-1 被调查儿童康复师的省份分布

作为一个新兴职业，儿童康复师是随着人们对儿童期发展障碍各类疾病的认识更加清晰而发展和成长的。2022 年度康复师调查的亮点是将儿童康复师做了学科区分。根据专业和使用技术的不同，将儿童康复师分为 ABA 应用行为干预师、儿童作业治疗师、儿童言语治疗师，以及儿童心理健康咨询师等。对于儿童康复职业的细分有利于看到更丰富的儿童康复师的结构。通过细分专业的调查可以发现，ABA 应用行为分析师、儿童作业治疗师、儿童言语治疗师、儿童心理健康从业者各自的职业情况、职业需求，以及交叉的职业特征。这在一定程度上顺应了国内儿童康复治疗师群体愈加专业，每个分支学科发展愈加庞大的趋势。

1980 年，美国第三版《精神障碍诊断统计手册》(The Diagnostic and Statistical Manual of Mental Disorders，DSM-Ⅲ)正式将孤独症从精神分裂症分离出来。1987 年，加州大学洛杉矶分校的洛瓦斯（Lovaas）教授发表了他的第一篇应用行为分析（Applied Behavior Analysis，

ABA）在孤独症患者干预中的效果论文。应用行为分析技术（ABA）随之问世，让孤独症儿童家长看到了希望。根据北京市孤独症儿童康复协会大事记记载，应用行为分析（ABA）技术于2002年传入中国，逐渐成为国内治疗孤独症的主要手段。ABA应用行为分析师也成为帮助孤独症儿童康复的重要职业群体。

在儿童言语语言障碍方面，早期国内传统观念认为言语语言发育障碍的孩子只是"贵人语迟""性格内向"等，因此并没有形成干预的需求。然而，随着人们对儿童早期发展的重视，对儿童言语发育落后的关注，逐渐形成了对儿童言语治疗师的需求。根据2022年度蓝皮书家长调查显示，对于发展障碍儿童，家长普遍认为孩子需要言语治疗。如，对于发育迟缓儿童，88%的家长认为孩子需要言语治疗；对于孤独症儿童和言语语言障碍儿童，分别有86%的家长认为孩子需要言语治疗。言语治疗师在一般儿童发育迟缓、语言发育迟缓、孤独症儿童的康复中都扮演十分重要的作用。

对于多动症、孤独症、脑瘫等儿童来说，融入社会，参与社会活动是他们的终极目标，儿童作业治疗师应运而生。20世纪50年代初期，应用于成年人的作业治疗方法（Occupational Therapy，OT）开始进入儿童领域，着重于小儿麻痹、脑瘫等儿童的康复治疗，同一时期，身为作业治疗师和神经科学家的安娜·吉恩·艾尔斯博士（Dr. Anna Jean Aryes）创立了感统学说。1975年，美国为了提高残疾儿童的能力，使这些孩子能够积极参与正常学校的活动，许多公立学校为数以千计的作业治疗师提供了就业机会，制定了《残疾儿童教育法案》（Education for All Handicapped Children Act），为儿童作业治疗师带来了更多的就业机会。在中国，随着儿童早期教育理念的发展以及儿童康复观念的转变，以"更多的活动参与"为理念的儿童作业治疗受到追捧，为身心障碍儿童融入学校、融入社会创造了机会，对专业儿童作业治疗师的期待愈发增多。根据美国著名的企业点评与职位搜索网站Glassdoor的职业排名榜显示，2018年美国最高薪资排名榜中，作业治疗师位居第4位。儿童作业治疗师的职业前景值得期待。

2022年度，蓝皮书课题组调查了ABA应用行为分析师289名，占比30.9%；儿童言语语言治疗师271名，占比28.9%；儿童作业治疗师161名，占比17.2%；儿童青少年心理健康工作者68名，占比7.3%；其他相关职业167名，占比15.7%。

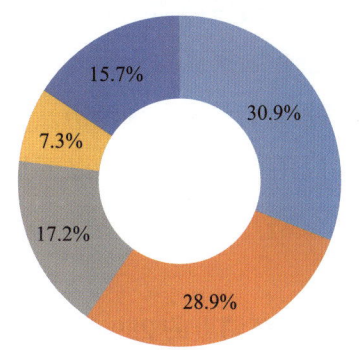

图 3-3-2　儿童康复师类型占比

二、ABA 应用行为分析师调查：迈向规范化培养

ABA 应用行为分析师的出现，最初是瞄准孤独症群体。应用行为分析认证委员会（Behavior Analyst Certification Board，BACB）于 1998 年，由 Jerry Shook 在美国佛罗里达州建立。BACB 认证的行为分析师包括三个级别，注册行为技术员（Registered Behavior Technician，RBT）、注册助理行为分析师（Board Certified Assistant Behavior Analyst，BCaBA）、注册行为分析师（Board Certified Behavior Analyst，BCBA）。根据 BACB 的规定，高中学历毕业，通过学习和考试，可申请 RBT 资格；大学本科学历毕业，通过学习和考试，可申请 BCaBA 资格；硕士学历毕业，可通过学习和考试，申请 BCBA 资格。另一个更高的级别是博士级应用行为分析师（BCBA-D）。一般情况下，获取 BCBA 资格需要一年的理论课程学习和实操学习时间。2013 年，BACB 第一次提供了中文考试，国内的孤独症康复从业者通过学习国内机构提供的课程，然后申请 BACB 的考试，可以成为注册行为分析师。因此，2013 年以后，国内涌现了一批国际注册行为分析师。根据 BACB 统计数据显示，截至 2022 年 12 月，中国大陆和香港地区 BCBA-D 持证人数有 9 人、BCBA 持证人数合计有 521 人、BCaBA 人数合计有 696 人。而从 2023 年 1 月开始，BACB 不再接受美国和加拿大以外的个人认证申请。BACB 开发出了一套新的国际支持系统，以支持其他国家的行为分析认证组织构建自己国家的资格认证项目。

在美国，应用行为分析已经纳入学历教育。立志于从事该职业的人员，除了可以通过培训和考试成为应用行为分析师，还可以接受应用行为分析的学历教育。佛罗里达理工学院、鲍尔州立大学、北得克萨斯大学、西密歇根大学等 6 所美国高校开设了应用行为分析本科课程。佛罗里达理工学院、范德堡大学、南加州大学、罗切斯特大学等 25 所美国高校开设了应用行为分析硕士课程。南佛罗里达大学、西蒙斯大学、佛罗里达理工学院、西密歇根大学 4 所美国高校开设了应用行为分析博士课程。

目前，中国国内尚没有高校开办应用行为分析学历教育，但有不少高校和机构提供应用行为分析师的培训和认证。如，北京大学医学部继续教育学院和北大医疗脑健康联合开发的 VCS（Verified Course Sequence）课程，提供高级应用行为分析师（类比美国 BCBA）的培训，并由国家卫健委能力建设和继续教育中心提供认证。北大医疗脑健康提供的孤独症康复师从业规范课程（类比美国 RBT 课程），由北京市孤独症儿童康复协会和国家孤独症康复研究中心给予认证。因此，中国的 ABA 应用行为分析师具有比较多元的教育背景和受训经历。

2022 年儿童发展障碍康复行业调查项目调查了 289 名 ABA 应用行为分析师，以下是调查结果。

（一）教育背景

1. 教育学类专业背景人员是 ABA 应用行为分析从业的主力军　在调查的 289 名 ABA 应用行为分析师中，46% 毕业于教育类专业，占比最高；其次是康复类专业（28.6%）；医疗类

专业和心理类专业也占一定比例，分别是 5.2% 和 7.0%。同时，也存在着一些社会工作专业的从业者，占比为 3.5%。因此，很大一部分特殊教育专业背景的人员，或康复专业背景的人员，接受了应用行为分析课程的培训，考取了国内外的从业资质或认证，从而成为了以 ABA 为主要干预方法的孤独症儿童康复师。对于康复机构来说，特殊教育专业和康复专业的学生也是招聘的主要对象。

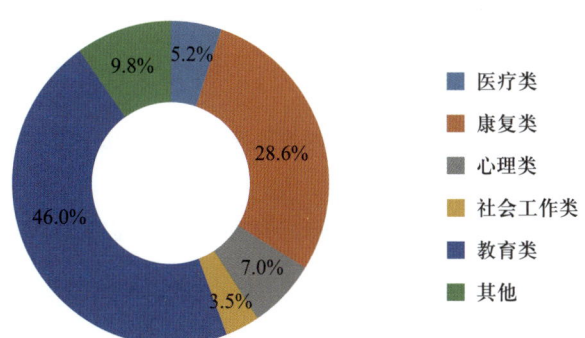

图 3-3-3　ABA 应用行为分析师教育背景占比

2. 学历背景呈菱形结构：本科学历在 ABA 应用行为分析师中占比一半以上　在调查的 289 名 ABA 应用行为分析师中，55.4% 的从业人员是本科学历，占比达一半以上；然后依次是大专学历（38%）、高中/中专学历（5.9%）、硕士研究生学历（0.7%）。本次调查，没有博士研究生学历人员参与。从学历结构上看，呈现以本科为主的菱形结构。相比之下，美国的 ABA 应用行为分析师学历呈现沙漏形结构。根据美国 BACB 的统计数据显示，截至 2022 年底，美国博士级注册应用行为分析师（BCBA-D）有 2552 人，注册应用行为分析师（BCBA）即硕士学历人员有 52 457 人，助理应用行为分析师（BCaBA）即本科学历人员有 4107 人，应用行为分析技术员（RBT）即高中及大专学历有 131 812 人。博士学历、硕士学历、本科学历、大专及以下学历分别占比 1.3%、27.5%、2.2%、69%。

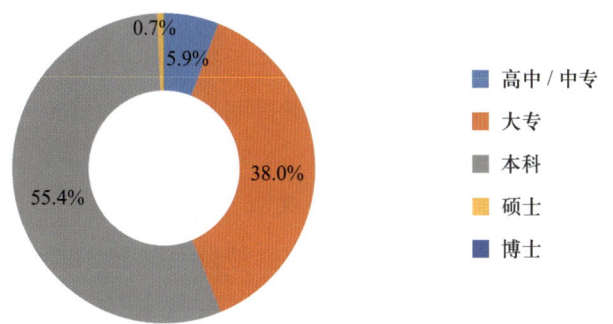

图 3-3-4　ABA 应用行为分析师学历占比

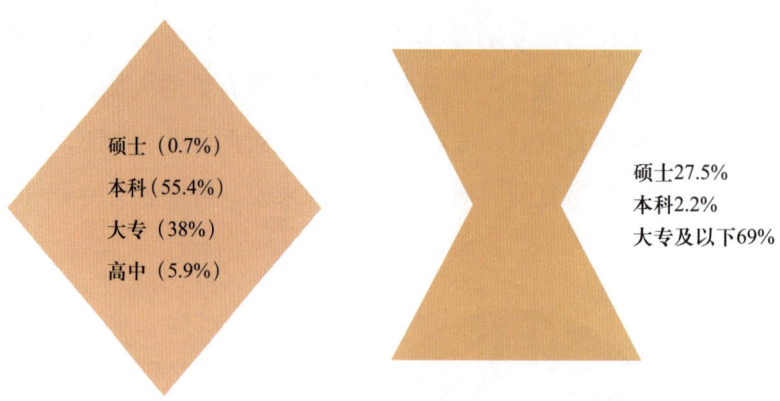

图 3-3-5　中国、美国 ABA 应用行为分析师学历结构对比

3. 建立行业委员会势在必行　调查显示，57.5% 的被调查国内 ABA 应用行为分析师考取了从业上岗证，接近六成；17.8% 的 ABA 应用行为分析师考取了 A-PKU 孤独症高级行为干预师证书，13.4% 的 ABA 应用行为分析师考取了 A-PKU（VB-MAPP 评估）专业证书，19.5% 的 ABA 应用行为分析师考取了其他 A-PKU 证书。持有国际认证的 BCBA/BCaBA/RBT 证书的仅有 4.1%。值得注意的是，尚有 19.2%（约 20%）的行为分析师没有考取任何 ABA 相关技能证书，但在从事 ABA 应用行为干预的相关工作。虽然当前中国国内有各类培训课程，但仍缺乏统一的认证标准，想要进一步加强国内 ABA 应用行为分析师人才队伍的规范化，成立国内的行业委员会势在必行。

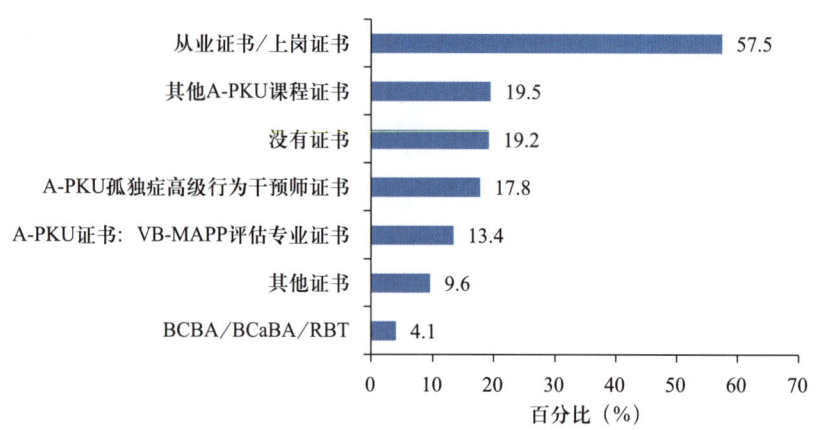

图 3-3-6　ABA 应用行为分析师持有专业证书情况

4. ABA 应用行为分析师同时持有其他多类证书　调查结果显示，49.3% 的 ABA 行为分析师持有教师资格证，30.8% 的 ABA 行为分析师持有康复治疗证书，另有 8.6% 持有心理咨询师证、5.1% 持有社工证、3.8% 持有护士证、3.1% 持有心理治疗师证，1.7% 持有医师证。

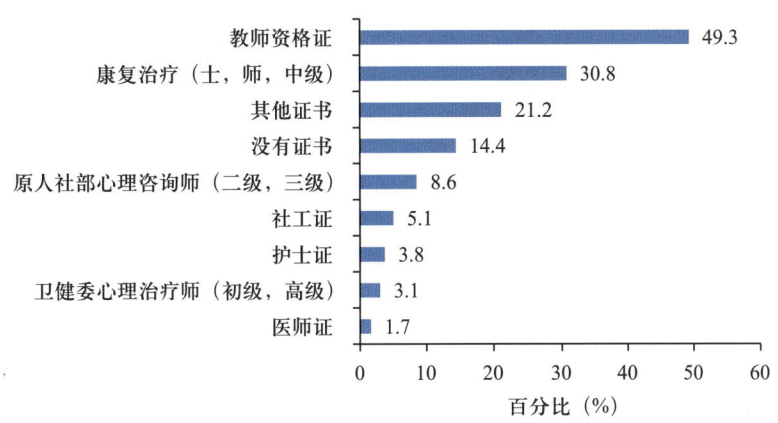

图 3-3-7　ABA 应用行为分析师持有其他证书情况

（二）就业情况

1. 就职机构：多元的就业场景　ABA 应用行为分析技术的应用领域是广泛的，包括在不同的环境中与心理障碍的成人和儿童合作，如学校、工作场所、家庭和医院等。研究表明，持续的 ABA 服务可以显著改善孤独症儿童的行为和技能，并减少对特殊服务的需求。

根据对 289 名 ABA 应用行为分析师的调查，国内 ABA 应用行为分析师的工作场景具有多元性。其中，康复机构占比最多。50.5% 的 ABA 应用行为分析师就职于残联定点康复机构，12.9% 的 ABA 应用行为分析师就职于非残联定点康复机构，就职于康复机构的占比共计 63.4%。另有，8.4% 就职于特教学校，各有 1.4% 就职于普教学校和幼儿园；同时，8.4% 就职于医疗机构，其中 3.5% 就职于专科康复医院、4.9% 就职于其他类型的医院。

超过一半的被调查 ABA 行为分析师在残联定点康复机构就职的原因在于，国家通过残联定点康复机构为孤独症儿童提供康复补贴，在全国范围内，孤独症儿童在残联定点机构接受康复服务，可以获得 1.2 万～3.6 万元不等的康复费用减免。同时，孤独症儿童康复项目尚没有纳入医保，再加上医院编制对专业背景的限制，医院就职的 ABA 应用行为分析师较少。

此外，随着我国特殊教育制度的健全，孤独症儿童的受教育权利得到进一步发展。无论是在普校还是特殊学校，都需要一定量的 ABA 应用行为分析师，帮助孤独症儿童融入学校生活，助力孤独症儿童完成学业。《"十四五"特殊教育发展提升行动计划》提到，鼓励创办专门的孤独症儿童特教学校、探索孤独症儿童培养方式、研制孤独症儿童教育指南、坚持融合教育，建立陪读制度以及建立孤独症职业教育机制等，为 ABA 应用行为分析师进入学校工作提供了政策机遇。

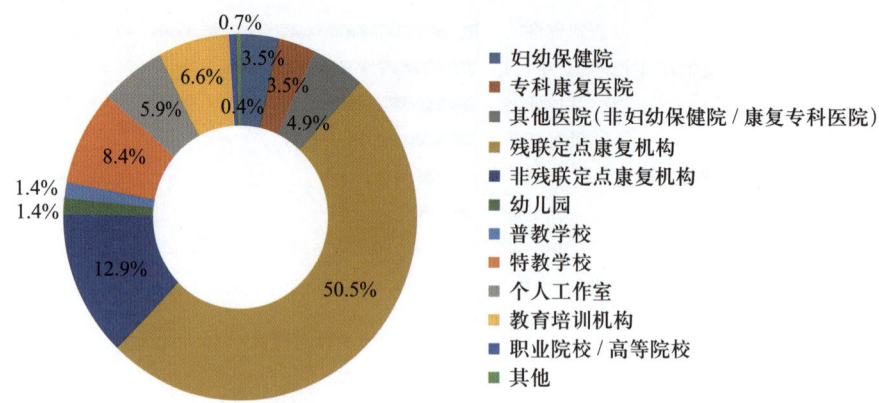

图 3-3-8　ABA 应用行为分析师的就职机构

2. 就职岗位：陪伴孤独症儿童康复、学习、社会融入的全程　调研发现，ABA 应用行为分析师从事的岗位有两类。一类是以提供 ABA 相关服务为主要工作内容的岗位，如，孤独症儿童康复师、特殊教育老师、融合老师、影子老师等；另一类是以提供 ABA 服务为辅助工作内容的岗位，如心理治疗师、护士、医生等。

（1）医疗机构：康复治疗师占比最高　在医疗机构中，55.9% 的 ABA 应用行为分析师担任康复治疗师，32.4% 的 ABA 应用行为分析师担任特教教师（部分妇幼保健院也有特教教师的岗位编制），同时，各有 5.9% 的 ABA 应用行为分析师担任心理治疗师和护士。

可见，为了更好地帮助孤独症儿童，除了孤独症儿童康复治疗师，为孤独症儿童提供服务的医生、护士、心理治疗师也在学习 ABA 应用行为分析技术，并考取了相关证书。ABA 应用行为分析是一门适宜医疗部门的医生、护士、康复师等多专业人员学习的技术。

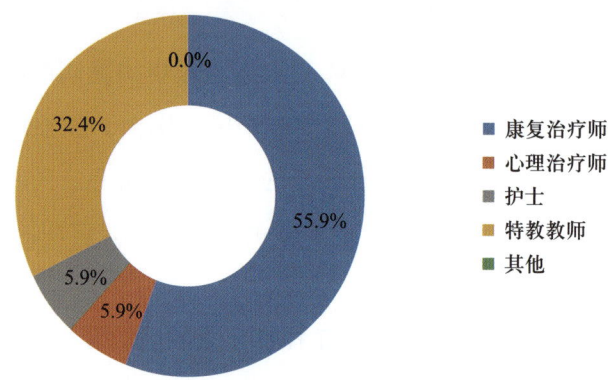

图 3-3-9　ABA 应用行为分析师医院任职岗位

（2）康复机构：特教教师占比最高　在康复机构中，68.7% 的 ABA 应用行为分析师为特教教师，25.8% 的 ABA 应用行为分析师为康复治疗师。特教教师和康复治疗师都是康复机构中的一线从业者，她们直接为孤独症儿童提供服务，如个训课程和集体课程，岗位内容没有本质区别。

另外，分别有 7.7%、7.1%、5.5% 的 ABA 应用行为分析师担任组长、主管和督导；组长、主管和督导主要从事对一线从业者的指导工作。

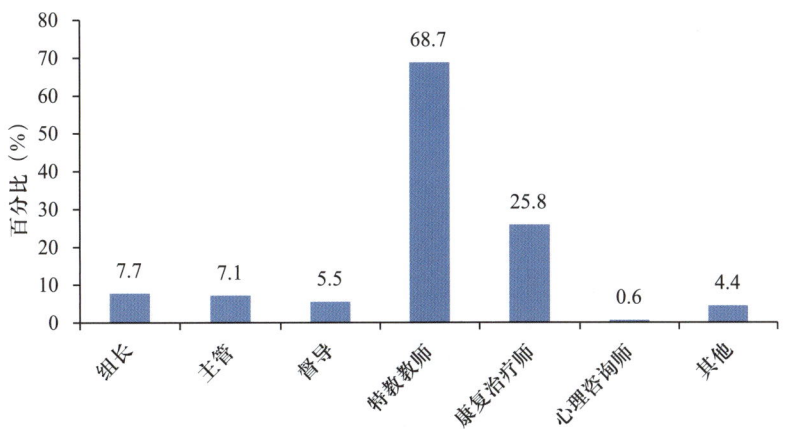

图 3-3-10　ABA 应用行为分析师康复机构任职岗位

（3）幼儿园：特教教师占比最高　在幼儿园，所调查的 75% 的 ABA 应用行为分析师为特教教师，占据了绝大多数。25% 的 ABA 应用行为分析师任职其他岗位。

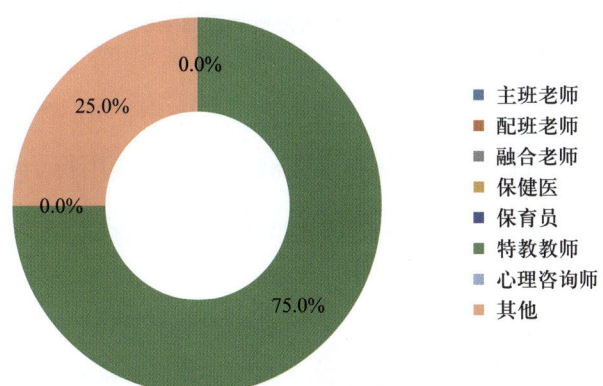

图 3-3-11　ABA 应用行为分析师幼儿园任职岗位

（4）普教学校：学科教师占比最高　在普通学校，ABA 应用行为分析师担任学科教师占比 28.6%，占比最高。担任特教助理（影子老师）占比 25%，担任资源教师占比 14.3%。由此可见，目前在普通学校，学科教师仍是提供特殊儿童服务的主力军，全职的影子老师、资源教师仍较少。

影子老师最早出现在 20 世纪 50 年代初的美国教室，称为教育助理（Educational Assistant）或教学助理（Teaching Assistant）。她们是在历经适当的培训与在专业老师的监管下给予特殊教育服务和相关性服务的老师。影子老师协同学科老师为特殊需要的孩子给予教学，保证孩子专心在课堂上，帮助孩子塑造学习和人际交往技能，纠正孩子的问题行为，帮助孩子构建合理的行为规范，同时能够依据孩子的状况来拟定个性化教学支持。他们在专业特殊教育工作者的带领和督导下成为了个别化教育服务方案中十分关键的一部分，同时在全年龄的特殊需要支持项目中饰演着愈来愈关键的作用。

资源教室教师（Resource Room Teacher）是在学校的资源教室工作的教师。她们在目前条件下，承担有特殊教育需要儿童的测量、咨询、教育、教学等任务。这些教师既可以是特殊儿童的直接教育者（如文化补救教学者、特异行为训练者），也可以是辅助教师，即在普通班级上课时是普通老师的助手，也可能是其他老师的咨询者、特殊儿童及其家长的咨询者等等。

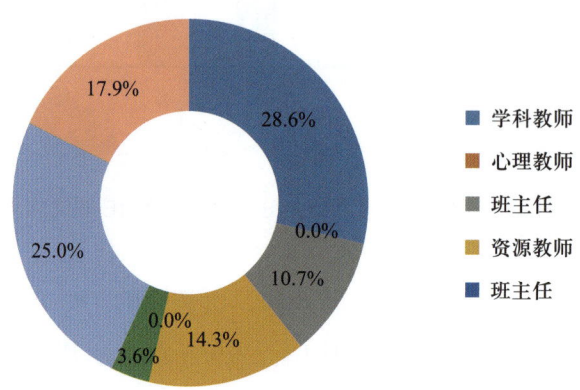

图 3-3-12 ABA 应用行为分析师普通学校任职岗位

（5）个人工作室：个训服务占比最高 在个人工作室中，76.5% 的 ABA 应用行为分析师提供个训服务（非入户），占据了绝大多数，11.8% 的 ABA 应用行为分析师提供融合特教助理服务，5.9% 的 ABA 应用行为分析师提供入户训练。

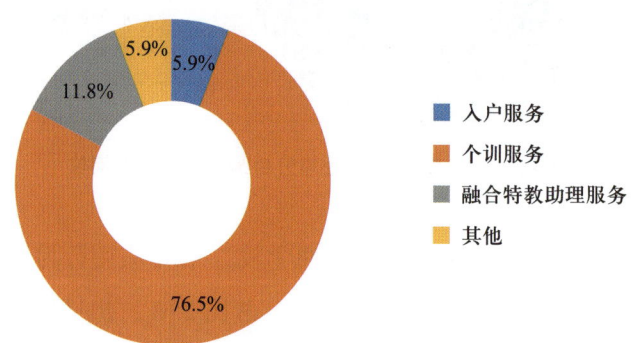

图 3-3-13 ABA 应用行为分析师个人工作室岗位

（三）工作内容

1. 服务对象：孤独症儿童占比最高 98.6% 的被调查 ABA 应用行为分析师表示，其主要服务的儿童类型为孤独症谱系障碍儿童，分别有 56.5% 的被调查 ABA 应用行为分析师表示，其主要服务的儿童是智力障碍儿童和言语语言障碍儿童。然后是注意缺陷多动障碍儿童（43.9%），学习障碍儿童（25.1%）。

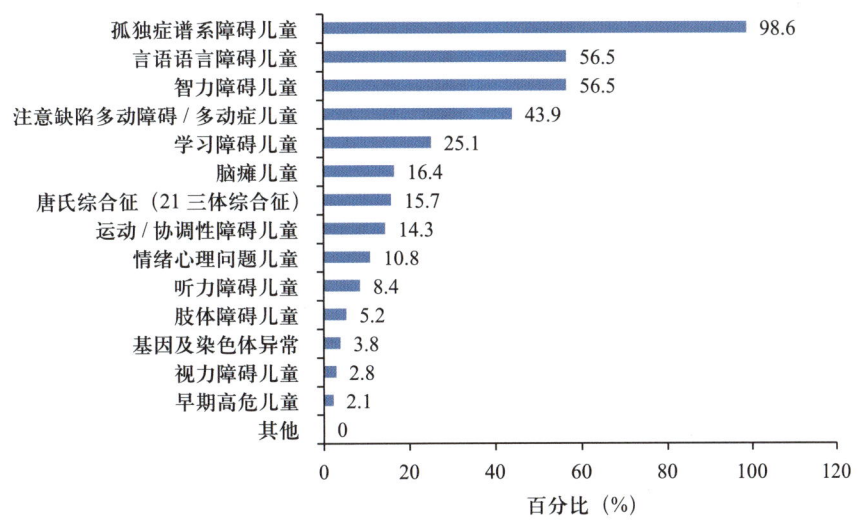

图 3-3-14　ABA 应用行为分析师的主要服务对象

2. 服务对象年龄：集中在 4～6 岁　89.9% 的治疗师表示，其服务对象的年龄段在 4～6 岁；46.7% 的治疗师表示，其服务对象的年龄段在 2～3 岁；另外，27.2% 的治疗师表示，其服务对象的年龄段在 7～12 岁。

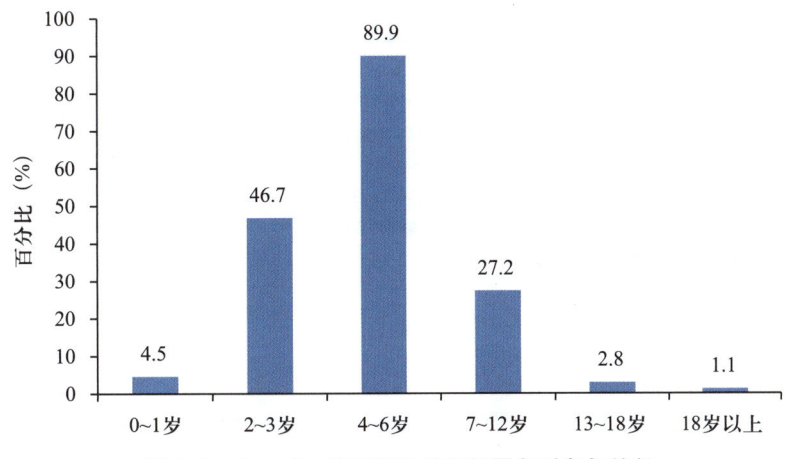

图 3-3-15　ABA 应用行为分析师服务对象年龄段

3. 评估工具：VB-MAPP 和 PEP-3 是使用最多的评估工具　58.5% 的治疗师使用 VB-MAPP 评估工具，50.5% 的治疗师使用 PEP-3 评估工具。其他评估工具使用频率相对较少，其中，使用所在机构的自研评估工具的占比 22.7%，使用 ABLLS-R 评估工具的占比 7.7%，使用 EFL 评估工具的占比为 1.4%，使用 PEAK 评估工具的占比 2.4%，双溪个别化教育评估有 5.6% 的治疗师在使用。

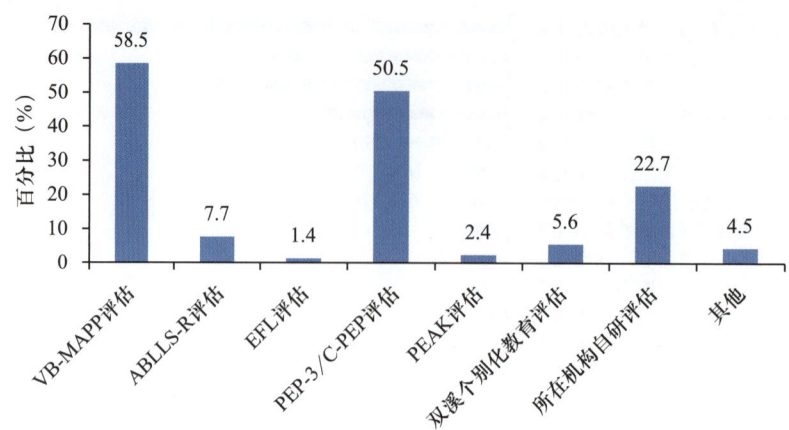

图 3-3-16　ABA 应用行为分析师使用的评估工具

4. 治疗方法：回合式教学法、自然情境教学和语言行为训练排名前三　在专业工作中使用的 ABA 相关治疗方法方面，治疗师们在工作中运用的最多的方法是回合式教学法，有 95.9% 的治疗师会使用；其次是自然情境教学法，有 78.1% 的治疗师会选择使用；语言行为训练，有 57.5% 的治疗师会选择使用。其他，如关键反应训练（40.4%）、社交技能训练（38.4%）、图片交换沟通系统（37%）、正面行为支持（36%）等也有一定的应用比例。

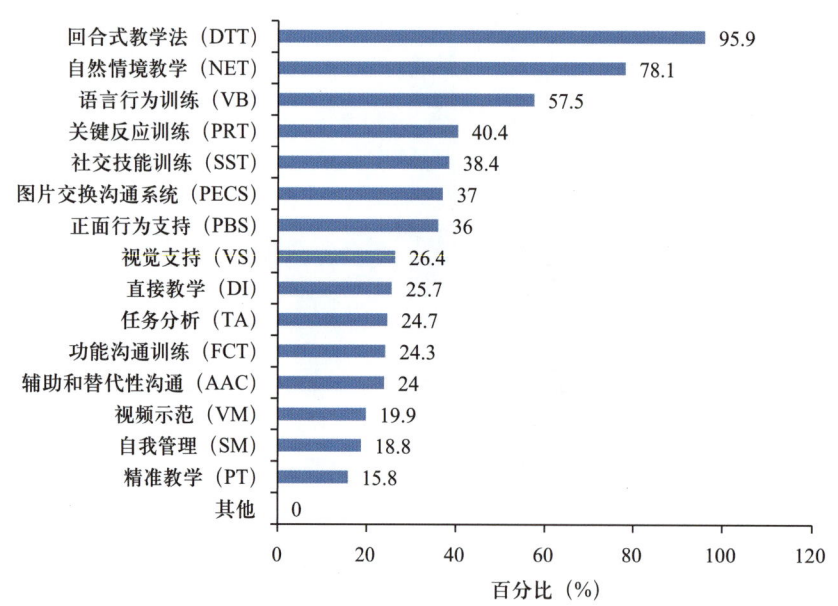

图 3-3-17　ABA 应用行为分析师使用的治疗方法

5. 辅助治疗方法：超过半数使用跨学科方法，言语语言治疗占比最高　在教学工作中，使用其他治疗方法作为辅助的情况，有超过一半的 ABA 应用行为分析师会采用其他的治疗方法来进行辅助治疗。75.3% 的治疗师会辅助使用言语语言治疗技术，60.3% 的治疗师会辅助使用感统治疗，27.4% 的治疗师会辅助使用执行功能训练治疗，22.3% 的治疗师会辅助使用作业治疗，15.8% 的治疗师会辅助使用心理咨询相关技术，8.2% 的治疗师会辅助使用物理治疗。

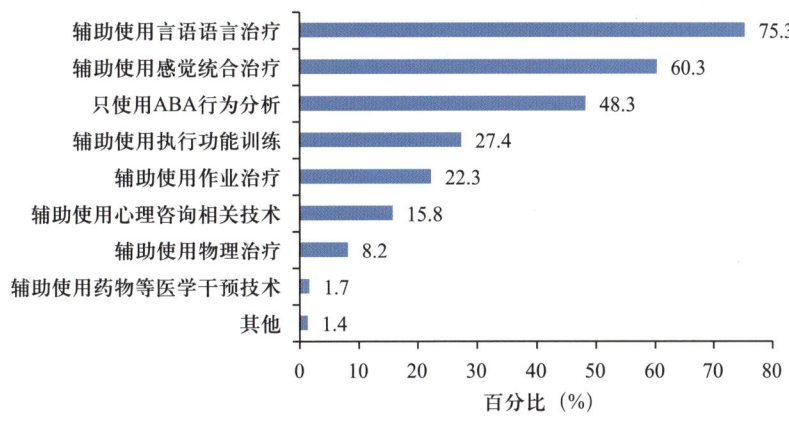

图 3-3-18　ABA 应用行为分析师使用的辅助治疗方法

(四) 继续教育情况

1. VB-MAPP 评估培训最受欢迎　VB-MAPP 是 ABA 应用行为分析师最受欢迎的评估培训。62% 的治疗师进行过 VB-MAPP 评估的相关培训，47.3% 的治疗师也接受过 PEP-3 的评估培训。其他评估类型的培训则相对较少，所在机构的自研培训占比 24%，ABLLS-R 评估培训有 9.6% 的治疗师学习过，双溪个别化教育评估为 6.5%，EFL 评估、PEAK 评估均有不足 5% 的治疗师学习过，分别占总数的 2.7% 和 3.1%。

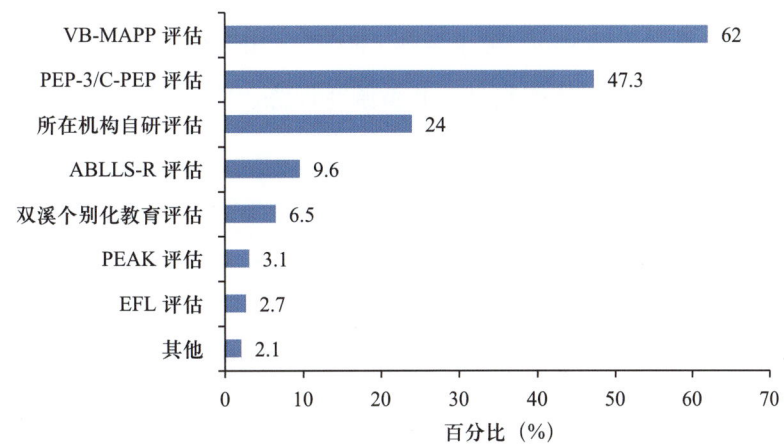

图 3-3-19　ABA 应用行为分析师参与的评估培训项目

2. 回合式教学法培训最受欢迎　ABA 应用行为分析师们参与过的干预方法相关培训较多，最主要的是回合式教学法、自然情境教学法以及语言行为训练。回合式教学法有 93.7% 的治疗师学习过，自然情境教学法也有 69% 的治疗师学习过，语言行为训练则有 53.7% 的从业者接受过相关的培训。接受过其他方法培训的相对较少。

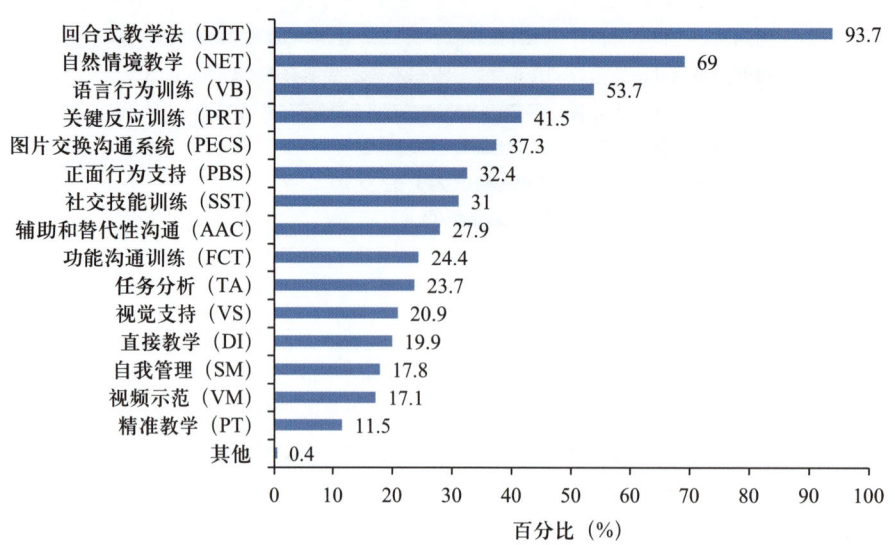

图 3-3-20　ABA 应用行为分析师参与的评估方法培训项目

3. 社交技能教学是 ABA 应用行为分析师下一步最希望学习的内容　治疗师们对于 ABA 领域内的知识都有非常强的求知欲，对于相关技术的学习有非常强的渴求，每一门细分技术都有 50% 左右的治疗师想进行学习，其中不乏 60% 以上的治疗师想学习的技术，包括了社交技能教学（65.2%）、儿童游戏训练（64.1%）、应用行为分析理论（63.8%）、语言行为训练（63.4%）。而其余细分的技术同样受到大家的欢迎，包括 VB-MAPP 评估（59.2%）、问题行为管理（56.8%）、认知技能教学（53.3%）、影子老师（50.5%）、IEP 计划制定（48.8%），以及多学科联合教学（47.7%）的技术。社交技能教学、儿童游戏训练、应用行为分析理论排名前三。

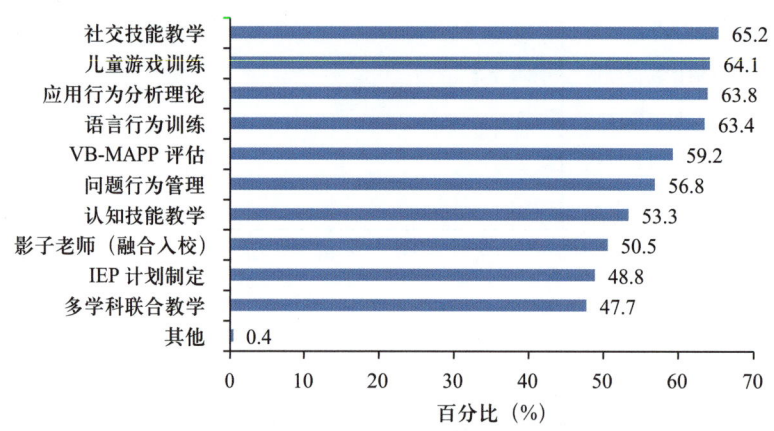

图 3-3-21　ABA 应用行为分析师未来倾向的培训内容

4. 言语语言治疗是 ABA 应用行为分析师最希望学习的其他学科技术　对于 ABA 应用行为分析师来说，普遍学习热情较高，想要学习的技术种类较多。76.3% 的治疗师想学习言语语言治疗技术，占比最高，是最想学习的技术；超过 50% 的治疗师对感觉统合训练、执行功能训练、心理咨询相关技术有学习的热情；其他技术想学习的 ABA 应用行为分析师同样不在少数，作业治疗占比 39.4%，婴幼儿早期康复占比 33.5%，运动康复治疗占比 29.6%，物理治疗技术占比 25.4%。

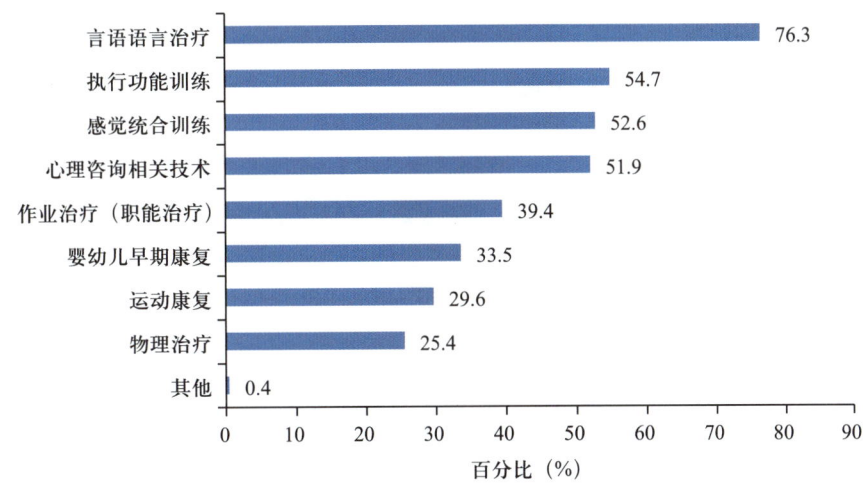

图 3-3-22　ABA 应用行为分析师未来希望学习的其他学科内容

三、言语语言治疗师调查：市场需求广阔

言语和语言治疗师是为在沟通、饮食和吞咽方面有困难的儿童和成人提供改变生活的治疗、支持和护理的职业。言语和语言治疗师帮助的儿童包括：轻度、中度或重度学习困难，产生声音有特殊困难，听力障碍，唇腭裂，口吃，语音障碍，选择性缄默症，发展性语言障碍等。

国内培养言语语言治疗师的学校和专业较少，大部分只能提供专科和本科教育，而能够提供硕士研究生教育的非常少，只有北京语言大学、华东师范大学、上海中医药大学等可以提供硕士教育。美国的言语语言治疗师，一般称为言语语言病理学家，所有州都要求言语语言病理学家要有执照，执照通常要求至少获得认证项目的硕士学位，在完成项目期间和之后获得的监督临床经验，并通过考试。

美国的言语语言病理学家可以获得美国言语语言听力协会提供的言语语言病理学临床能力证书（CCC-SLP）。为了保持 CCC-SLP 证书，言语语言病理学家必须完成指定时数的继续教育。在学校工作的言语语言病理学家可能还需要教师资格证。根据 2021 年的数据统计，美国言语语言病理学家约有 159 800 个工作岗位。其中，教育服务部门提供 40% 的工作岗位，物理、职业、语言治疗师和听力学家的办公室提供 24% 的工作岗位，医院提供 14% 的工作岗位，护理和住宿护理设施提供 4% 的工作岗位。言语语言病理学家通常作为团队的一部分工作。有些人在不同的学校或机构之间多点工作。

2022 年度儿童发展障碍康复行业调查对国内 271 名儿童言语语言治疗师进行了调查，得到以下调研结果。

（一）受教育情况

1. 超过半数言语治疗师持有本科学位，但持有硕士学位的不超过 3%　58% 的从业人员是本科学历，占比达一半以上；其次是大专学历（32.3%）、高中/中专学历（7.4%）、硕士研究生学历（2.2%），没有博士研究生学历从业人员。从学历结构上看，与国外相比，我国言语治疗师的普遍学历仍较低。

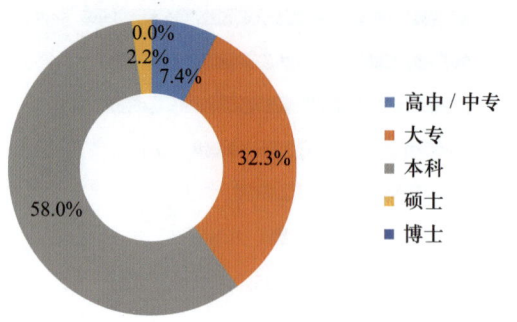

图 3-3-23 言语治疗师的学历

2. 超过 40% 的言语治疗师毕业于教育类专业 根据从业人员的教育背景来看，各类专业均有，教育类专业仍是主体，有 40.2% 的从业者来自教育类专业，其次是康复类专业（35.7%），医疗类专业和心理类专业也占一定比例，分别是 13% 和 1.5%。同时，也存在着一些社会工作类专业的从业者，占比为 4.1%。

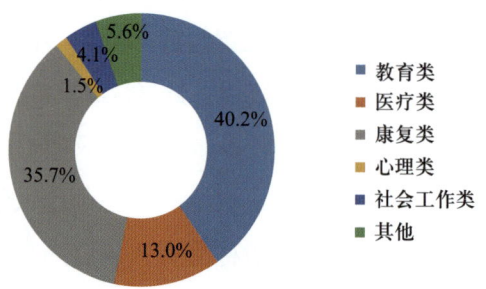

图 3-3-24 言语治疗师的教育背景

3. 岗位证书方面：康复治疗师、教师资格证持有者占比较高 获得康复治疗师证书的言语治疗师达 47.7%，占比最高。其次，40.9% 的言语治疗师取得了教师资格证，而像其他的证书，例如医师证（2.5%）、护士证（6.5%）、心理咨询师证（5%）、社工证（5.4%）、心理治疗师证（2.5%）获得的都较少，还存在 11.1% 的言语治疗师未持有相关证书。

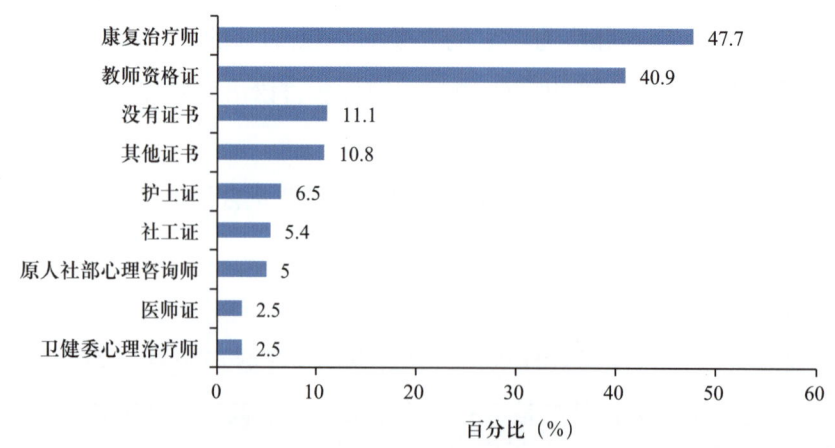

图 3-3-25 言语治疗师的岗位证书情况

4. 技能证书方面：约 40% 持有上岗证书　由于我国没有严格的言语治疗师从业准入要求，很多言语治疗师通过考取行业协会或研究机构提供的从业证书、课程证书等执业。38.7% 的言语从业者拿到了从业上岗证，24.4% 考取了 A-PKU 儿童言语治疗师高级证书，13.6% 考取了其他 A-PKU 课程证书，3.6% 考取了其他国家的职业资格证书，1.4% 考取了美国 SLP 言语语言病理学家执业资质。还有 34.1% 没有任何相关的技能证书。

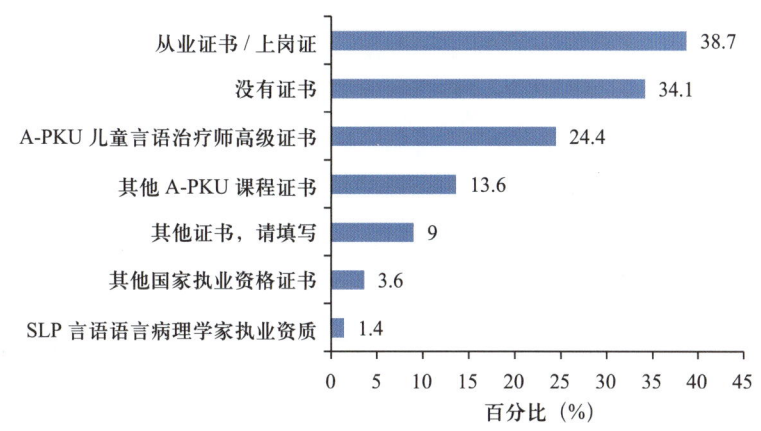

图 3-3-26　言语治疗师的技能证书情况

（二）工作情况

1. 大部分言语治疗师在康复机构工作　国内言语治疗师主要在康复机构工作，其次是医疗机构、教育机构。45% 的言语治疗师的工作单位为残联定点康复机构，其他的工作单位占比分别为非残联定点康复机构（10.4%）、妇幼保健院（11.5%）、其他类型的医院（11.9%）、专科康复医院（4.8%）、特教学校（3%）、幼儿园（2.2%）、普教学校（0.7%）。这一点与美国有所不同，美国言语治疗师主要在教育服务系统工作，占比 40%，同时可以在多个机构同时执业。

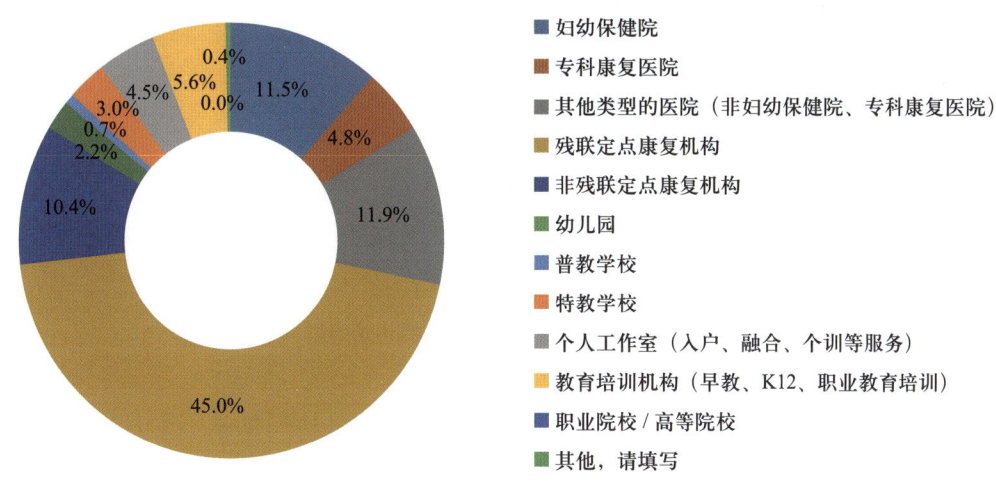

图 3-3-27　言语治疗师的工作单位

2. 主要服务言语语言障碍儿童　言语治疗师主要服务儿童类型为言语语言障碍儿童，占比达到88.9%；孤独症/孤独症谱系障碍儿童占比同样较高，也达到了84.6%。其他类型的儿童也都有分布，但相对较少。

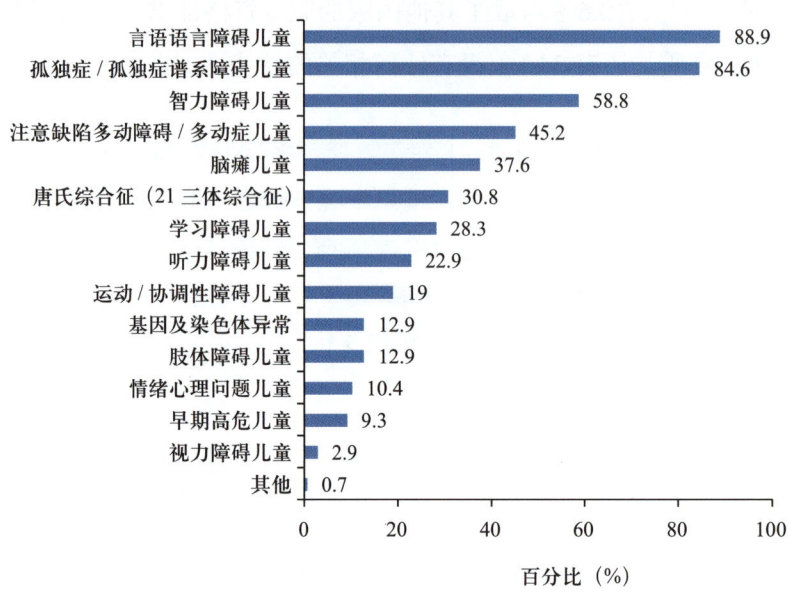

图 3-3-28　言语治疗师的服务对象

3. 语言发育迟缓、孤独症相关语言障碍、发音障碍是言语治疗师干预的主要问题　在言语语言障碍的治疗中，治疗师治疗的主要言语语言障碍包括语言发育迟缓（96.7%）、孤独症相关语言障碍（69.5%）、机能性的发音障碍（60.6%）。

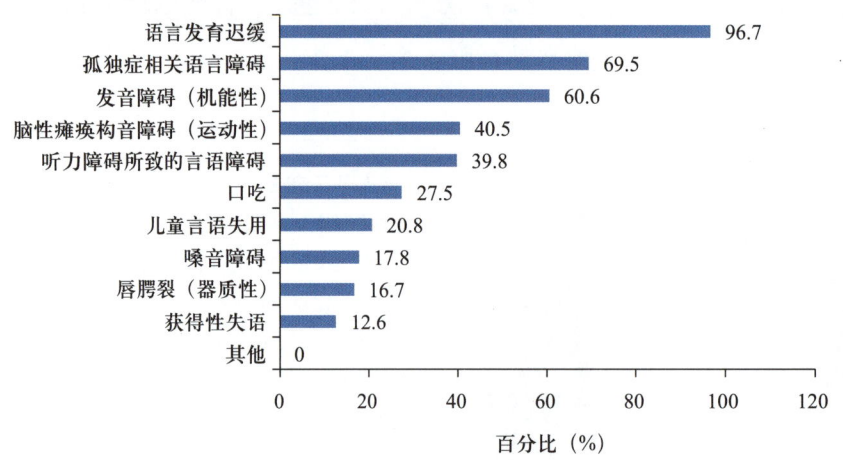

图 3-3-29　言语治疗师的主要干预问题

4. 患儿的言语治疗平均周期为半年以上　患儿的治疗平均周期从1个月到13个月以上均存在，具体的时间周期根据患儿自身的情况而有所不同。但多数治疗周期集中在7~12个月（30.5%的患儿）和4~6个月（29.7%的患儿）。

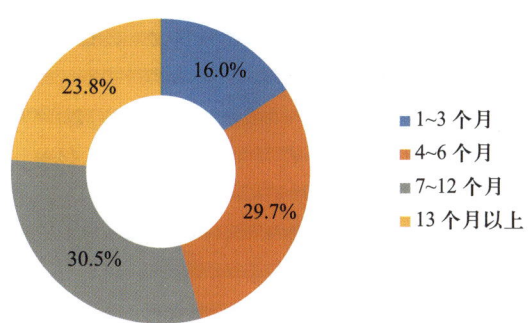

图 3-3-30 患儿言语治疗平均周期

5. S-S 语言发育迟缓评估是言语治疗师最常用的评估工具 言语治疗师在工作中使用的评估方法多种多样，从常见的 VB-MAPP 评估、华东师大的相关语言评估等到所在机构自研的评估都有。但是最主要使用的还是 S-S 语言发育迟缓评估，有 66.3% 的言语治疗师都会使用这种评估。值得关注的是，机构自研的评估工具也占比较多。目前，国内言语治疗行业缺乏统一标准的评估工具。

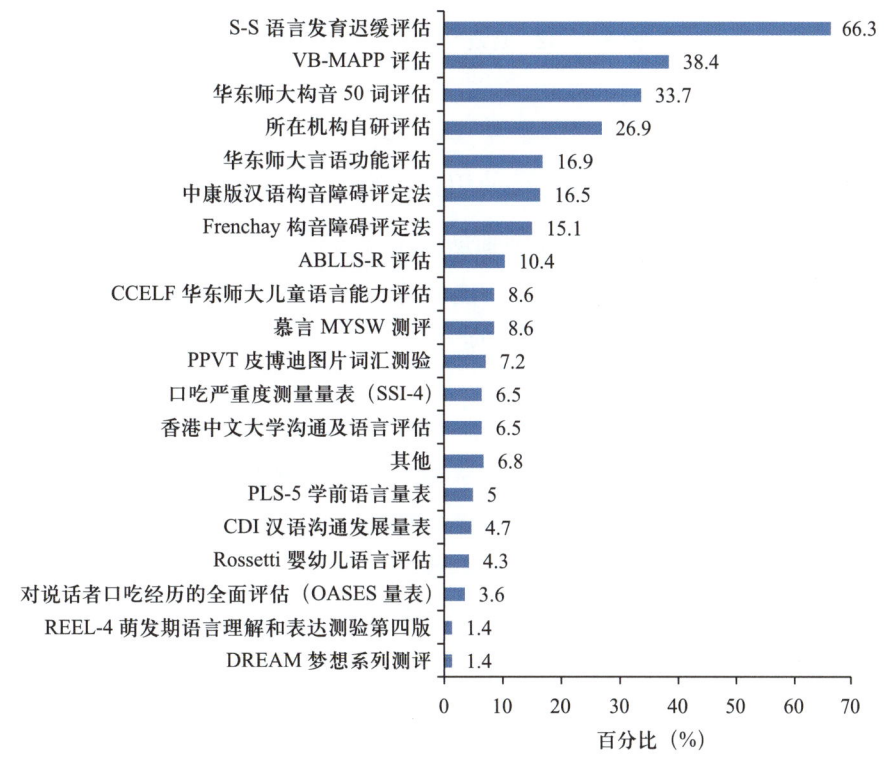

图 3-3-31 言语治疗师常用评估工具

6. 回合式教学法是言语治疗师最常用的治疗方法 治疗师们在工作中运用最多的方法是回合式教学法，有 78.9% 的治疗师会使用；其次是自然情境教学法，有 74.2% 的治疗师会选择使用。其他像地板时光、传统治疗法、音系治疗法等多种训练方法使用率都相对较低。

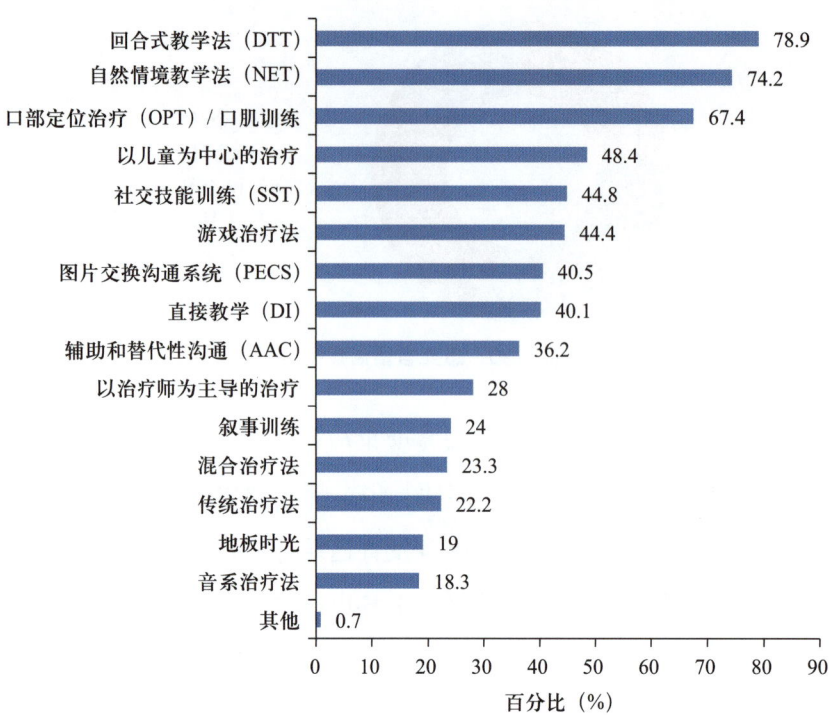

图 3-3-32 言语治疗师常用治疗方法

7. ABA应用行为分析是言语治疗师最常用的辅助治疗方法 有65%的言语治疗师会采用其他的治疗方法来进行辅助治疗。在这些使用其他治疗方法的治疗师中，83.3%的治疗师会辅助使用ABA行为分析，67.7%的治疗师辅助使用感觉统合治疗，37.9%的治疗师辅助使用作业治疗，31.6%的治疗师辅助使用执行功能训练治疗，24.9%的治疗师辅助使用心理咨询相关技术，23.4%的治疗师辅助使用物理治疗。

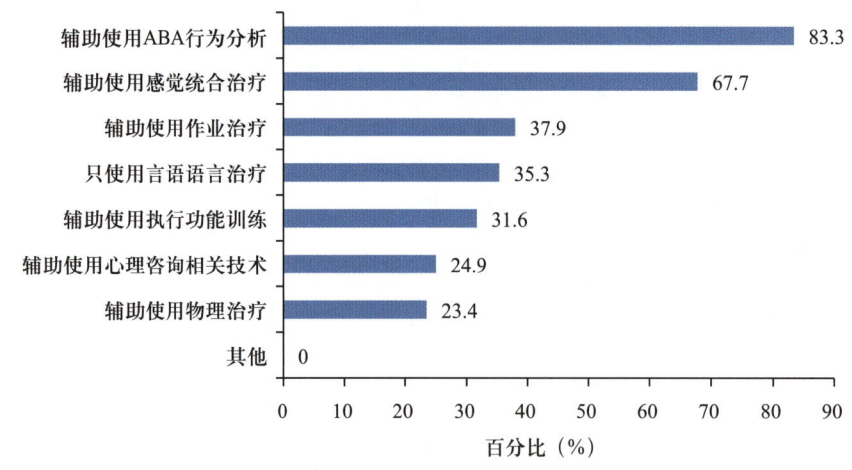

图 3-3-33 言语治疗师常用辅助方法

8. 工作中遇到的问题：家长急于求成 治疗师们认为，当前言语语言障碍治疗存在的问题较多，但大部分集中在治疗外部，对于治疗本身的效果比较肯定。他们认为最主要的问题是患儿家长的经济问题，其他像整个体系的合作交流、社会的关注、培训机制的完善与否、多学科合作治疗的开展等问题也是他们认为普遍存在的。

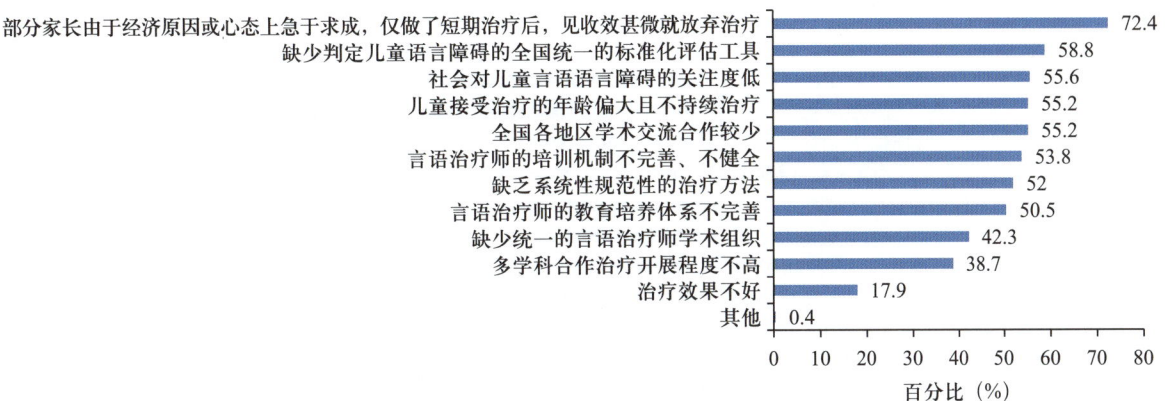

图 3-3-34　言语治疗师工作中的问题

（三）培训情况

1. 评估培训方面：S-S 语言发育迟缓评估培训最受欢迎　62.4% 的治疗师进行过 S-S 语言发育迟缓评估的相关培训，43.4% 的治疗师进行过 VB-MAPP 评估的相关培训。对于其他众多类型的评估，治疗师大多都没有接受过相关的培训。

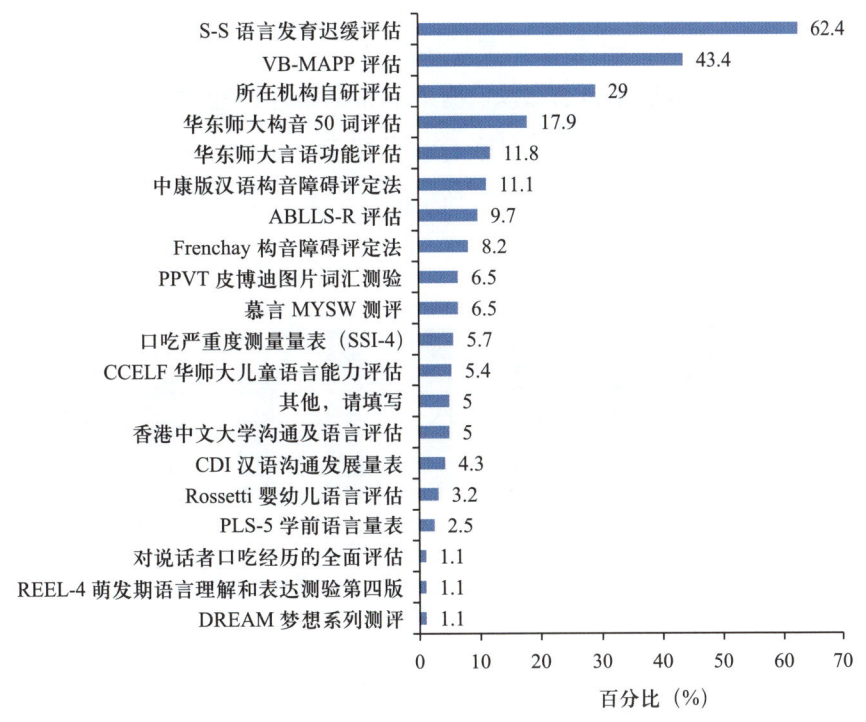

图 3-3-35　受言语治疗师欢迎的评估培训

2. 干预方法方面：回合式教学法相关培训最受欢迎　言语治疗师们参与过的干预方法相关培训较多，最主要的是回合式教学法、自然情境教学法以及口部定位治疗训练。回合式教学法有 72.8% 的治疗师学习过，自然情境教学法也有 62% 的治疗师学习过，口部定位治疗则有 58.4% 的治疗师接受过相关的培训。针对其他的干预方法，接受过培训的治疗师相对较少。

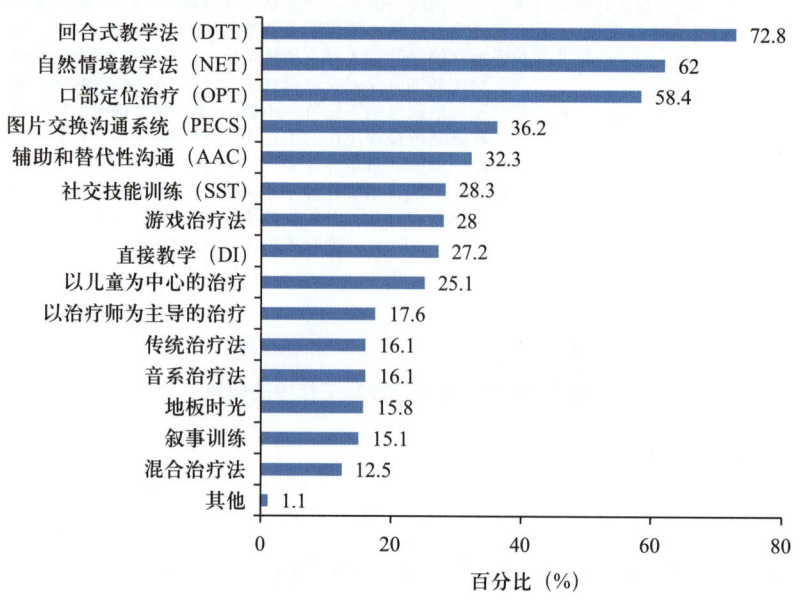

图 3-3-36　受言语治疗师欢迎的治疗方法培训

3. 言语治疗师最希望学习口部定位治疗以及多学科联合治疗技术　言语治疗师们对于语言治疗领域内的知识有非常强的求知欲。有 63.8% 的治疗师想学习口部定位治疗，占比最高；其次，61.3% 的治疗师想学习多学科联合教学技术；60.9% 的治疗师希望学习构音障碍评估。而对于传统疗法，仅有 30.1% 的治疗师想进行相关的学习。

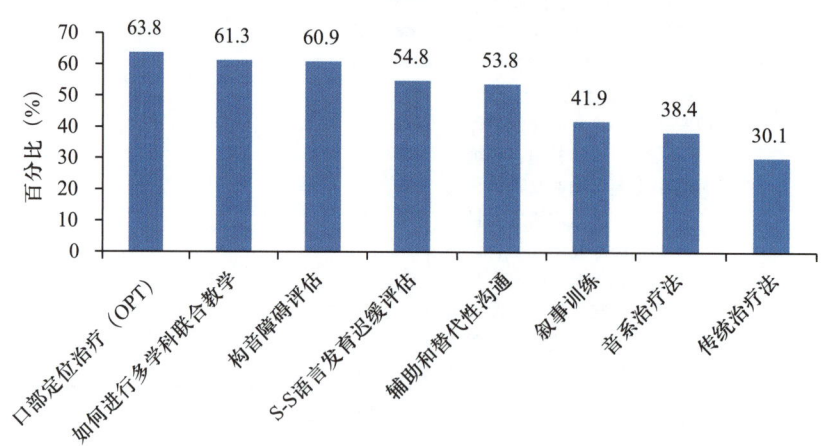

图 3-3-37　言语治疗师希望学习的治疗技术

4. 言语治疗师希望跨学科学习 ABA 应用行为分析技术　对于辅助治疗技术，72.1% 的治疗师想学习 ABA 应用行为分析技术，占比最高；其次，55.8% 的治疗师对于心理咨询技术有学习的热情，50.6%的治疗师希望学习婴幼儿早期康复，49.8%的治疗师希望学习执行功能训练。

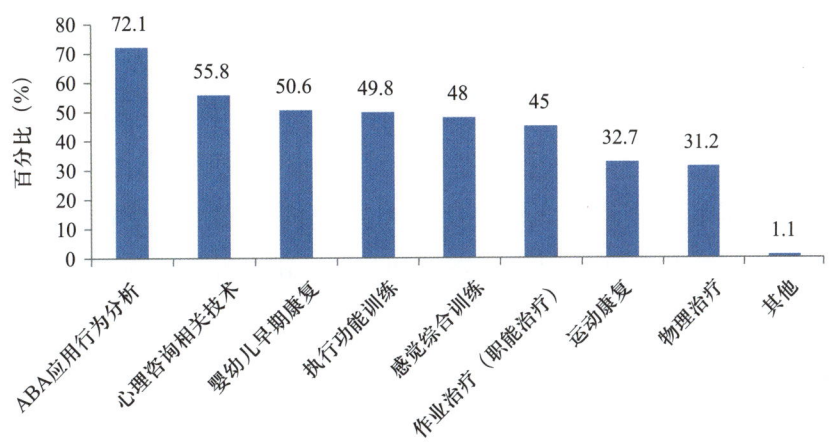

图 3-3-38　言语治疗师希望学习的辅助治疗技术

四、儿童作业治疗师调查：未来大有可为

每个人都有自己的职业或工作要做，儿童的"职业"就是成长、学习、做作业和玩耍。作业疗法（OT）（也称"职业疗法"）帮助有身体、感觉或认知障碍的孩子做日常事情，比如吃饭、穿鞋和袜子，专注于学习、写作业、玩玩具或与其他孩子玩耍。

儿童作业治疗师创造活动，帮助孩子们找到方法去做那些因为疾病或残疾而对他们来说很困难的事情。例如，帮助患有脑瘫的孩子使用轮椅或其他设备，从而帮助他们去上学。再如，帮助孤独症儿童学习如何与他人互动，帮助有感觉处理障碍的孩子找到以更舒适和适当的方式与环境互动的方法。一些作业治疗师会去到儿童家里，看看儿童是如何处理日常事务的，比如吃饭或刷牙。

在教育环境中，儿童作业治疗师评估残疾或特殊儿童的能力，修改教室设备以适应残疾或特殊儿童，并帮助特殊儿童参与学校活动。作业治疗师也可以为患有或可能患有发育迟缓的婴幼儿提供早期干预治疗。

随着康复医学在中国的发展与深入，康复治疗也逐渐为大众所熟知，但是康复医学专业细分方向的发展却依然很薄弱，作业治疗作为康复医学的重要组成部分，也屡屡被忽视。目前，在许多大型医院的康复科，作业治疗只是提供手部精细动作的训练，没有发挥出作业治疗应有的作用。国内能够提供作业治疗本科学位的职业院校或高校也非常少，作业治疗主要是涵盖在康复治疗学中教授，没有作为一个独立学科分离出来，硕士学位点也很少。

比较而言，美国的作业治疗职业发展较好，其已经有上百年的历史。在美国担任作业治疗师至少需要职业治疗硕士学位，一些治疗师还拥有博士学位，作业治疗师也必须执照从业。治疗师必须通过NBCOT考试才能使用"注册职业治疗师"（Occupational Therapist

Registered，OTR）的头衔，同时必须参加继续教育课程以保持认证。美国职业治疗协会还为那些想要展示他们在某个实践领域（如儿科、心理健康或低视力）有先进或专业知识的治疗师提供了许多委员会和专业认证。

美国劳工部门统计数据显示，2021年，美国职业治疗师有13.39万份工作岗位。作业治疗师的最大雇主是医院，占比30%；物理、作业、语言治疗师和听力学家的办公室，占比26%；小学和中学，占比12%；家庭保健服务，占比8%；专业护理设施，占比7%。大多数作业治疗师都是全职工作。根据需要，他们可以在晚上或周末工作，以适应患者的日程安排。

2022年度儿童发展障碍康复行业调查组调查了161名儿童作业治疗师，以下是调查结果。

（一）受教育情况

1. 超过半数作业治疗师持有本科学位，但持有硕士学位的不超过3% 52.8%的从业人员是本科学历，占比达一半以上；其次是大专学历（38.4%）、高中/中专学历（6.3%）、硕士研究生学历（2.5%），没有博士研究生学历从业人员。

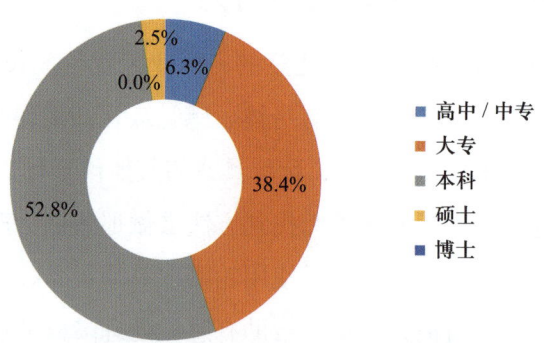

图 3-3-39　儿童作业治疗师的学历

2. 超过30%的作业治疗师毕业于康复类专业 根据从业人员的教育背景来看，34.6%的从业者来自康复类专业，占比最高，其次是教育类专业（34.6%），医疗类专业和心理类专业也占一定比例，分别是14.5%和4.4%。同时，也存在着一些社会工作类专业的从业者，占比为5%。

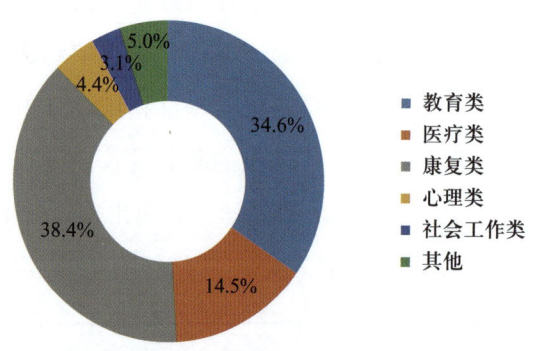

图 3-3-40　儿童作业治疗师的教育背景

3. 岗位证书方面：康复治疗师、教师资格证持有者占比较高　42.6%的作业治疗师取得了康复治疗证书，获得教师资格证的从业者为34.6%。而像其他的证书，例如护士证（6.8%）、原人社部心理咨询师证（4.9%）、医师证（4.3%）、社工证（3.7%）、卫健委心理治疗师证（2.5%）获得的都较少，存在12.4%的作业治疗从业者并没有相关的证书。

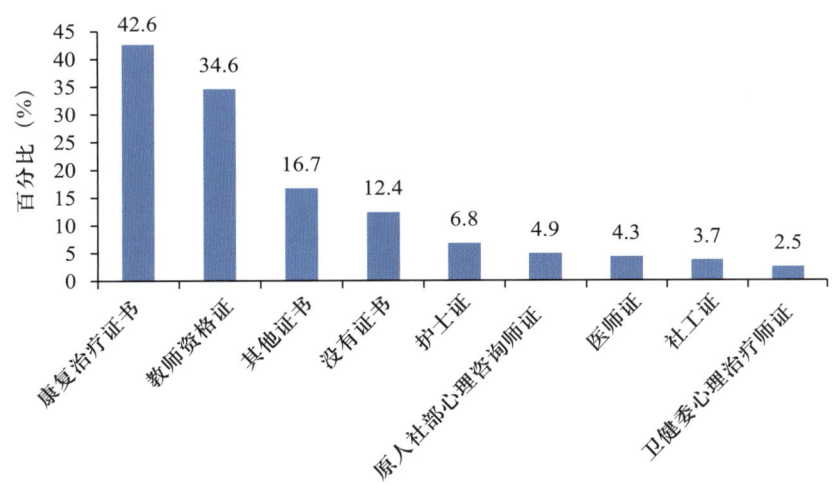

图 3-3-41　儿童作业治疗师的岗位证书情况

4. 技能证书方面　获得证书的从业者主要获得的证书是A-PKU儿童感觉统合治疗高级证书，占比19.8%，其次是其他的A-PKU课程证书。没有人获得美国注册作业治疗师证书，获得美国CLASI（The Couaborative for Leadership in Ayres Sensory Integration）艾尔斯感觉统合治疗师证书和其他国家职业资格证书（如日本作业疗法士）的均为4.3%。

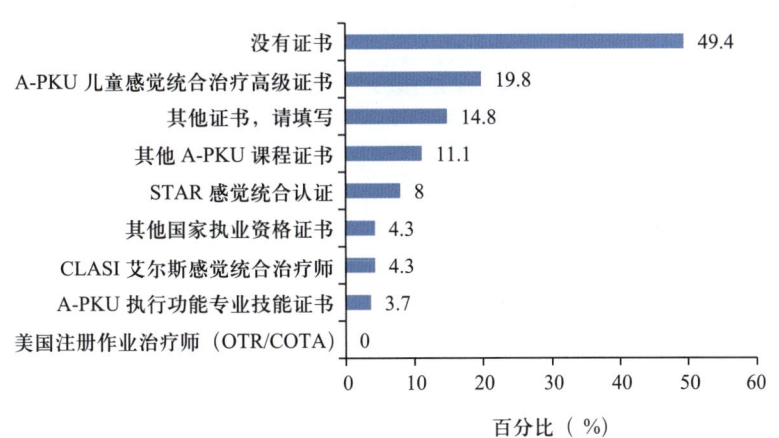

图 3-3-42　儿童作业治疗师的技能证书情况

（二）工作情况

1. 大部分作业治疗师在康复机构工作　42.8%的ABA治疗师的工作单位为残联定

点康复机构，其他的工作单位占比分别为非残联定点康复机构（13.8%）、以早教为主的教育培训机构（12%）、其他类型的医院（9.4%）、专科康复医院（5%），以及特教学校（4.4%）等。

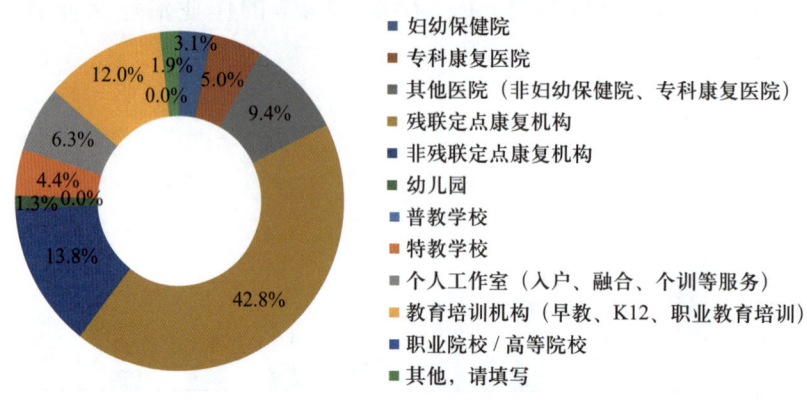

图 3-3-43　儿童作业治疗师的工作单位

2. 主要服务孤独症谱系障碍儿童　89.5% 的儿童作业治疗师主要服务的儿童为孤独症谱系障碍儿童，占比最高；服务多动症儿童、运动/协调性障碍儿童、智力障碍儿童的治疗师占比也较高，分别为 71.6%、57.4%、57.4%。其他类型的发展障碍儿童，像学习障碍、脑瘫、情绪心理问题、听力障碍等类型也均有治疗，但占比相对较少。

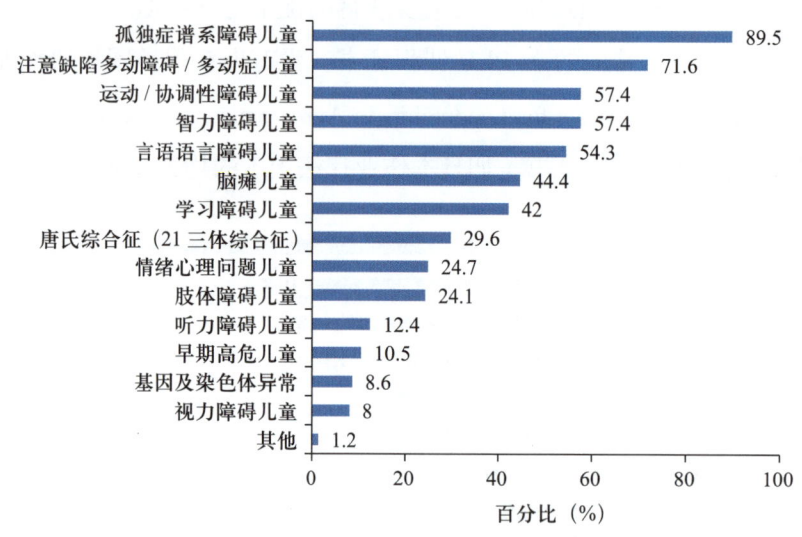

图 3-3-44　儿童作业治疗师的服务对象

3. 服务对象年龄段：4~6 岁的孩子占比最多　84.9% 的治疗师服务的对象都集中在 4~6 岁；2~3 岁的服务对象紧随其后，占比 62.3%；7~12 岁的小孩占比也达 45.3%；0~1 岁的小孩占比则为 13.2%，12~18 岁以及 18 岁以上的服务对象则更少，分别占服务对象总数的 3.8% 和 0.6%。

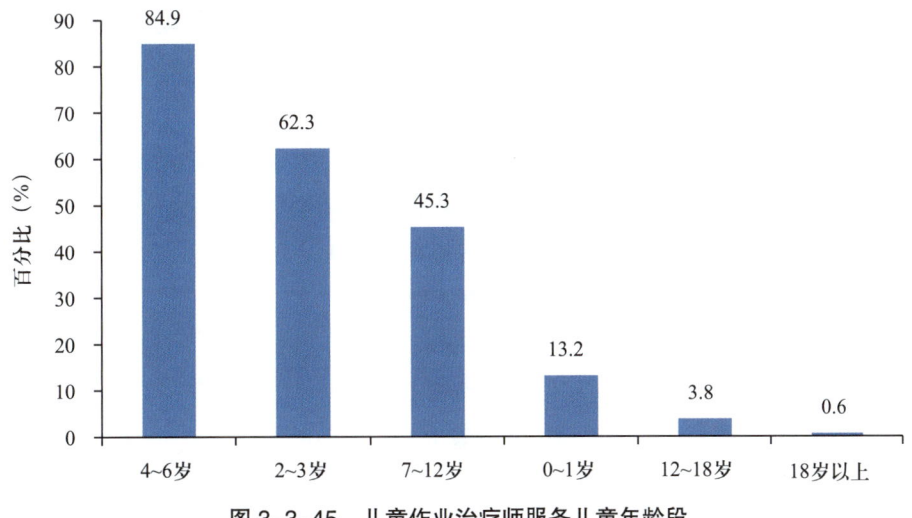

图 3-3-45　儿童作业治疗师服务儿童年龄段

4. 儿童发育行为评估量表是作业治疗师最常用的评估工具　58.6% 的作业治疗师使用儿童发育行为评估量表来进行评估工作，这个评估量表为作业治疗师进行评估工作的主要量表工具，其他类型的量表工具相对而言使用的都较少。27.8% 的治疗师也会选择 Peabody 运动发育量表来进行评估。

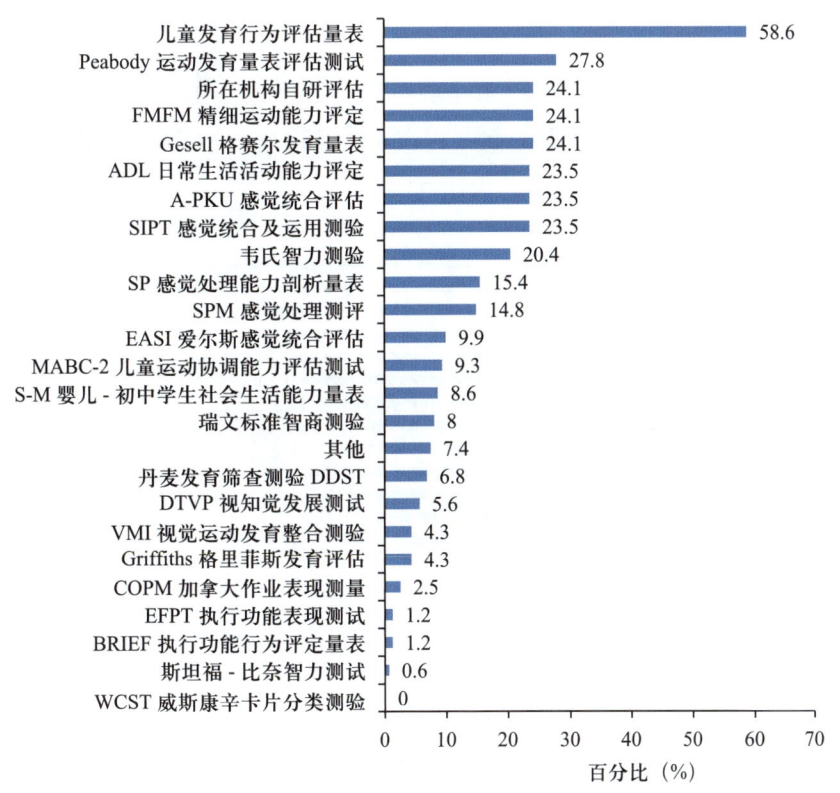

图 3-3-46　儿童作业治疗师常用评估工具

5. 感觉统合治疗是作业治疗师最常用的干预方法　治疗师们在工作中运用最多的方法是感觉统合治疗，有 85.2% 的治疗师会使用；其次是多感觉刺激疗法，有 42% 的治疗师会选择使用。手功能康复疗法、人类－环境－作业活动模式，以及执行功能训练分别有 30.9%、25.9%、23.5% 的治疗师会使用。

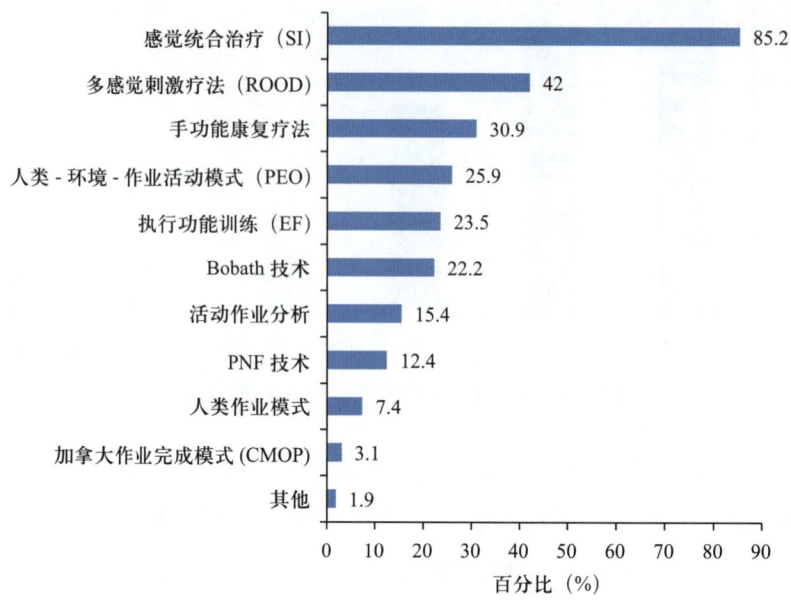

图 3-3-47　儿童作业治疗师常用干预方法

（三）培训情况

1. 评估培训方面：儿童发育行为评估工具培训最受欢迎　作业治疗师们进行过的评估培训主要集中在儿童发育行为评估量表的学习，占比为 45.1%，A-PKU 感觉统合评估，占比为 32.1%，所在机构自研评估占比也较高，占比 23.5%。

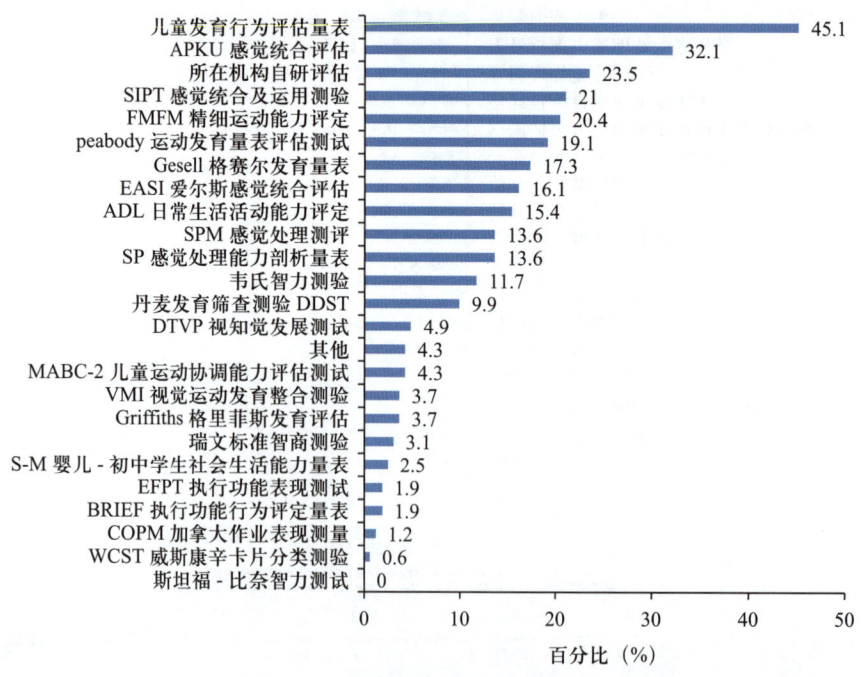

图 3-3-48　受儿童作业治疗师欢迎的评估工具培训

2. 干预方法方面：感觉统合治疗培训最受欢迎 作业治疗师参与过的培训最多的是感觉统合治疗，占比为 83.3%，其次是多感觉刺激疗法，也有 28.4% 的治疗师进行过培训。手功能康复疗法培训，占比 24.1%，同时，Bobath 技术，占比 19.8%。

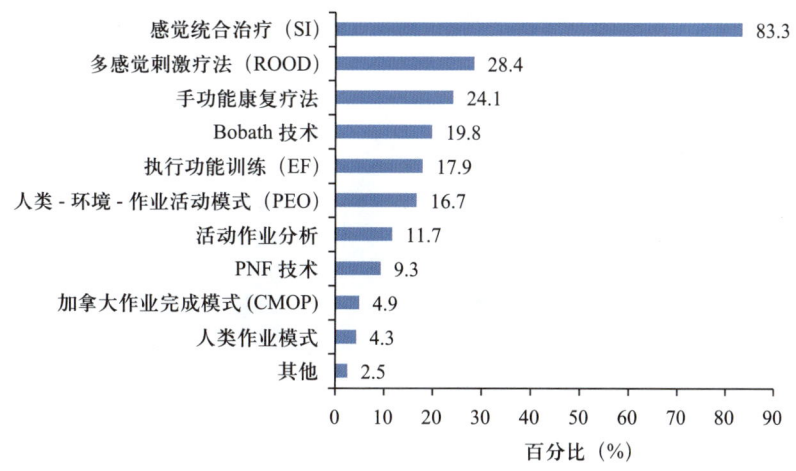

图 3-3-49 受儿童作业治疗师欢迎的干预方法培训

3. 作业治疗师希望接受感觉统合训练、注意力个别化训练等培训 治疗师们对于相关知识都有较强的求知欲，感觉统合治疗有 72.8% 的治疗师想进一步学习，注意力个别化训练也有 60.5% 的治疗师想学习，51.2% 的治疗师想学习 ASD 儿童作业治疗，50.6% 的治疗师想学习注意力结构化训练，48.8% 的治疗师想了解学习障碍儿童作业治疗，也还有 48.2% 的治疗师想学习 ADHD 儿童作业治疗。

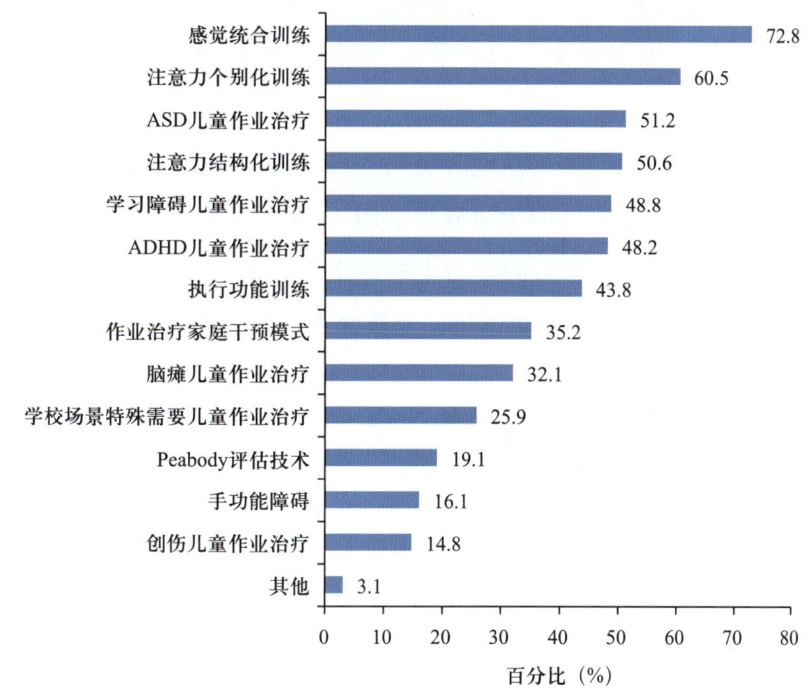

图 3-3-50 儿童作业治疗师希望接受的培训课程

4. 作业治疗师最希望学习的跨学科知识是言语语言治疗　66.7% 的作业治疗师想学习言语语言治疗技术，占比最高，是最想学习的技术；超过 50% 的治疗师同样对 ABA 应用行为分析（62.3%）、心理咨询相关技术（53.5%）、运动康复治疗（55.4%）有学习的热情；其他技术想学习的治疗师同样不在少数，物理治疗技术占比约 22.6% 以及婴幼儿早期康复占比则是为 35.9%。

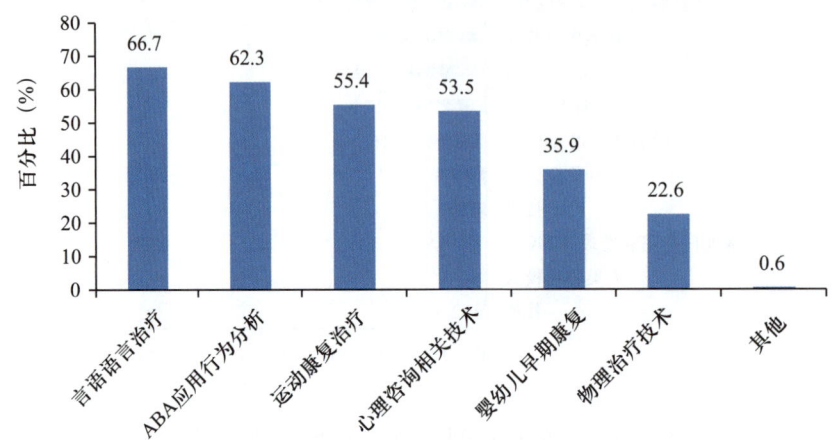

图 3-3-51　儿童作业治疗师希望学习的辅助技术方法

五、儿童青少年心理健康工作者调查：学校教育是不可或缺的部分

心理健康工作者，这一职业的从业者通过观察、解释和记录人们彼此之间以及环境之间的关系来研究认知、情感和社会过程以及行为，利用自己的发现来帮助改进个人认知和行为。他们可以解决学生的学习和行为问题，为学生和家庭提供咨询。国内的儿童青少年心理健康工作者主要包括以儿童为服务对象的临床心理治疗师、学校心理辅导师以及心理咨询师。

（一）受教育情况

1. 本科学历占比最高　64.7% 的从业人员是本科学历，占比最高，其次是硕士研究生学历（14.7%）、大专学历（13.2%）、博士研究生学历（7.4%），没有高中/中专学历的从业者。从事儿童青少年心理健康相关工作者的学历水平整体非常高，本科及以上学历占据了绝大多数，其中甚至不乏硕士以及博士研究生学历，受教育水平和知识水平是非常高的。

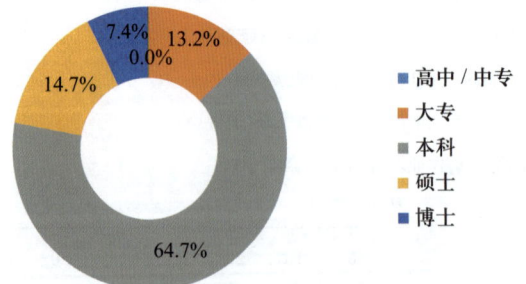

图 3-3-52　儿童青少年心理健康工作者的学历水平

2. 儿童青少年心理健康工作者主要来自教育类专业　根据从业人员的教育背景来看，48.5%的从业者来自教育类专业，占比最高，其次是心理类专业（27.9%），医疗类专业和康复类专业也占一定比例，分别是8.8%和5.9%。同时，也存在着一些社会工作类专业的从业者，占比为1.5%。

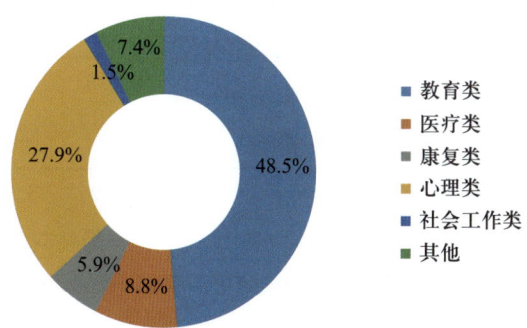

图 3-3-53　儿童青少年心理健康工作者的教育背景

3. 岗位证书方面：超过60%的从业者取得教师资格证书　65.7%的从业者都取得了教师资格证书，获得心理咨询师证书的从业者为22.9%，获得心理治疗师证书的从业者为12.9%；而像其他的证书，例如医师证（4.3%）、护士证（5.7%）、康复治疗证书（10%）、社工证（7.1%）获得的都较少，还有8.6%的儿童心理健康从业者并未持有相关的证书。

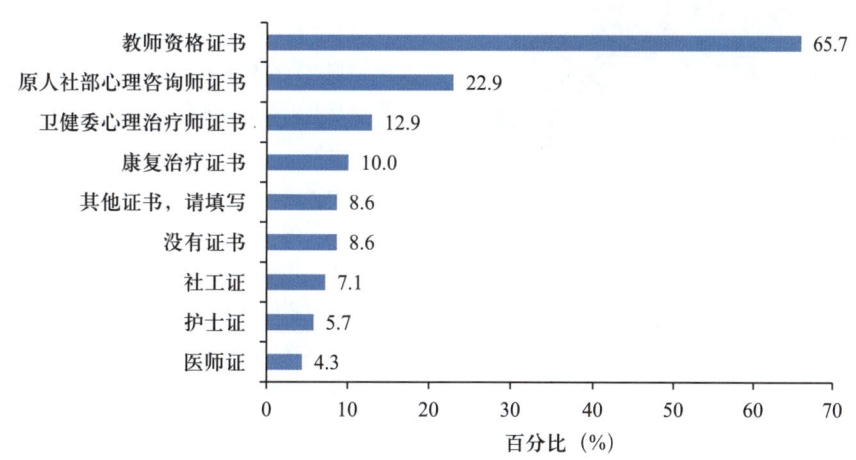

图 3-3-54　儿童青少年心理健康工作者的岗位证书情况

4. 技能证书方面：22.9%的从业者取得心理咨询专项技能证书　大部分相关的从业者获得的证书集中在心理咨询领域：有22.9%的从业者持有心理咨询专项技能证书（如沙盘治疗等），持有社会机构长程心理咨询师培训证书的有17.1%，持有其他A-PKU课程证书的有15.7%，持有中国心理学会注册心理咨询师证书的有12.9%，持有中国心理卫生协会注册心理咨询师证书的有11.4%，持有A-PKU儿童青少年心理工作者从业技能证书的有8.6%。

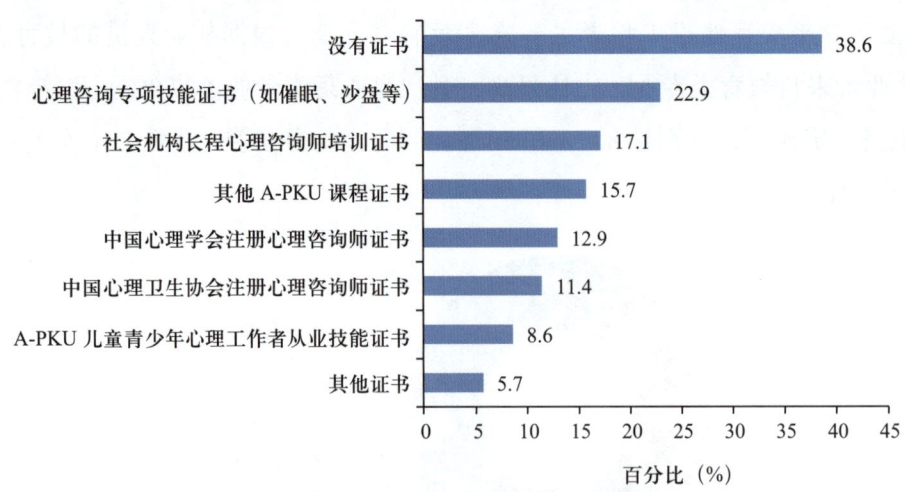

图 3-3-55 儿童青少年心理健康工作者的技能证书情况

（二）工作情况

1. 儿童青少年心理健康工作者主要在普教学校工作 有41.2%的从业者在普教学校工作，占比最高。其次是特教学校（11.8%）、教育培训机构（10.3%）、残联定点康复机构（8.8%）等，还包括妇幼保健院、专科康复医院、幼儿园、职业院校/高等院校等。

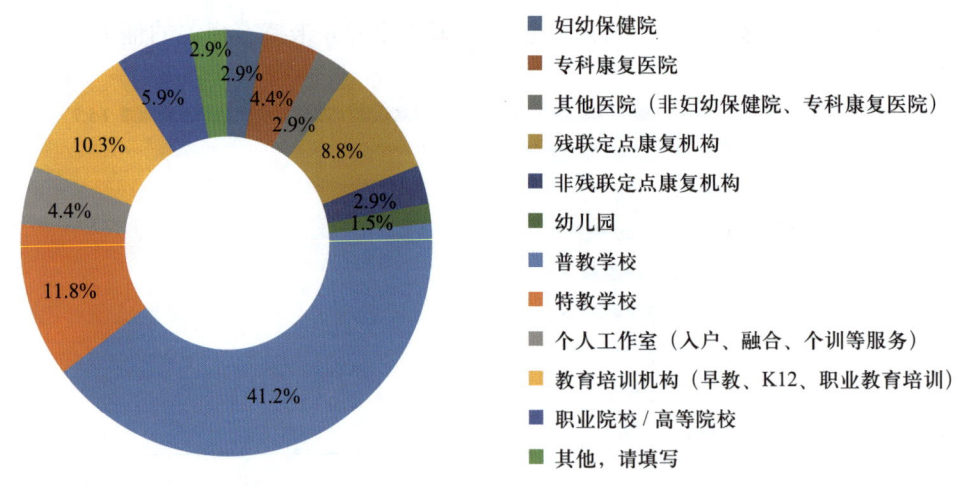

图 3-3-56 儿童青少年心理健康工作者的工作单位

2. 主要服务孤独症儿童和情绪心理问题儿童 主要服务儿童类型为孤独症谱系障碍儿童，54.3%的从业者会对这个类型的儿童进行服务；其次是情绪心理问题儿童（48.6%）和多动症儿童（41.4%），其他的类型也有一定的占比，如学习障碍儿童（34.3%），智力障碍儿童（32.9%）、言语语言障碍儿童（30%）等等。

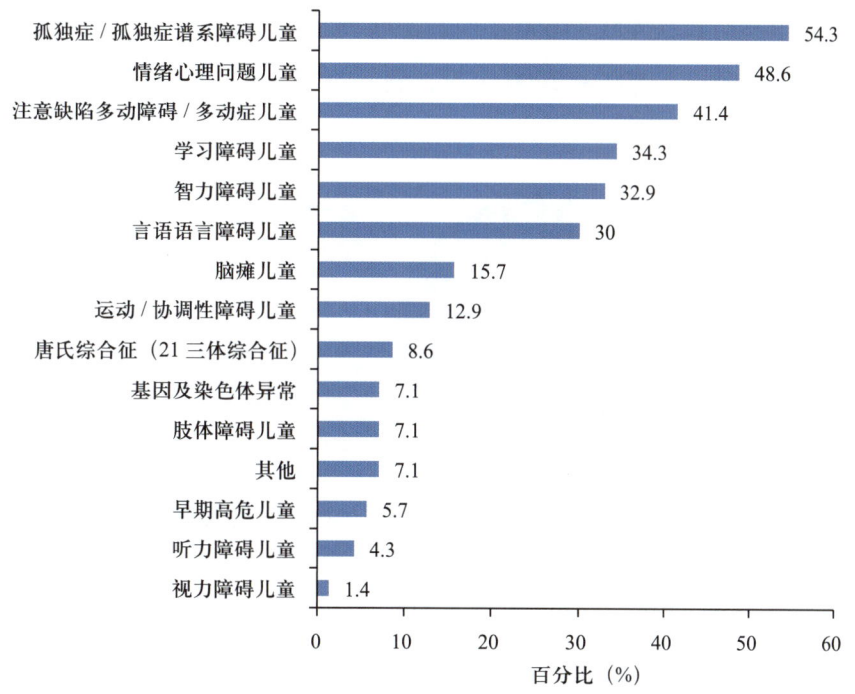

图 3-3-57 儿童青少年心理健康工作者服务的对象

3. 儿童青少年心理健康工作者干预对象年龄集中在 7～12 岁 64.7% 的从业者服务的对象都集中在 7～12 岁；4～6 岁的服务对象紧随其后，占比 44.1%；12～18 岁的小孩占比也达 35.3%；2～3 岁的小孩占比则为 19.1%，0～1 岁以及 18 岁以上的服务对象则更少，均占服务对象总数 5.9%。

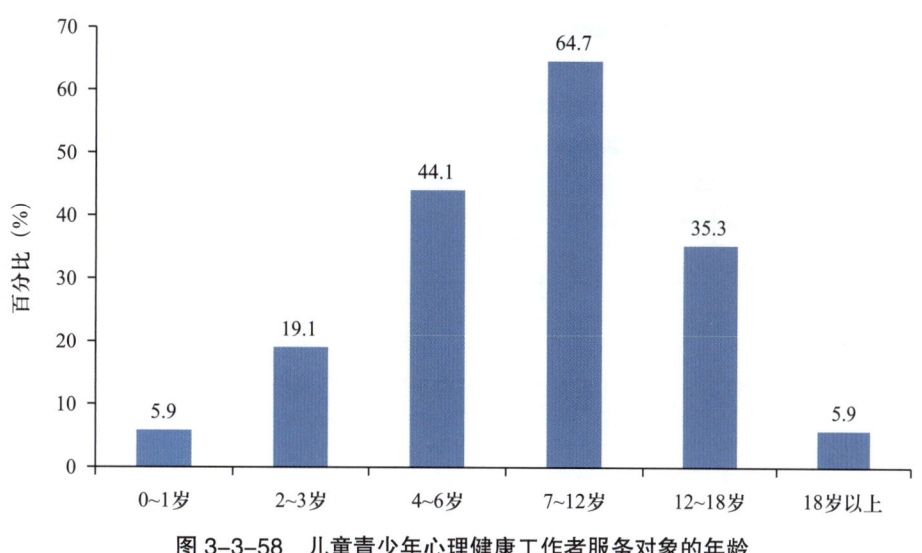

图 3-3-58 儿童青少年心理健康工作者服务对象的年龄

4. 儿童青少年心理健康工作者提供个案服务时长 200 小时以下占比最高 47.1% 的从业者提供的个案服务时长在 200 小时以下，22.1% 的从业者的个案时长在 200～400 小时，

8.8%的从业者的个案时长在400~600小时，2.9%的从业者的个案时长在600~800小时，5.9%的从业者的个案时长在800~1000小时，剩下的13.2%的从业者的个案时长在1000小时以上。

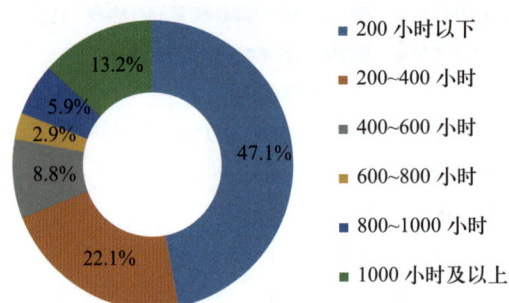

图3-3-59 儿童青少年心理健康工作者提供个案服务时长

5. 儿童青少年心理健康工作者干预最多的是学习困难和情绪问题 在从业者服务的青少年中，他们的心理问题表现非常多样化，有许多种类型，64.3%的从业者表示儿童青少年主要是一般情绪问题和学习困难、厌学问题。随后依次是人际交往问题、行为问题、发展障碍、焦虑和抑郁、校园霸凌问题等。

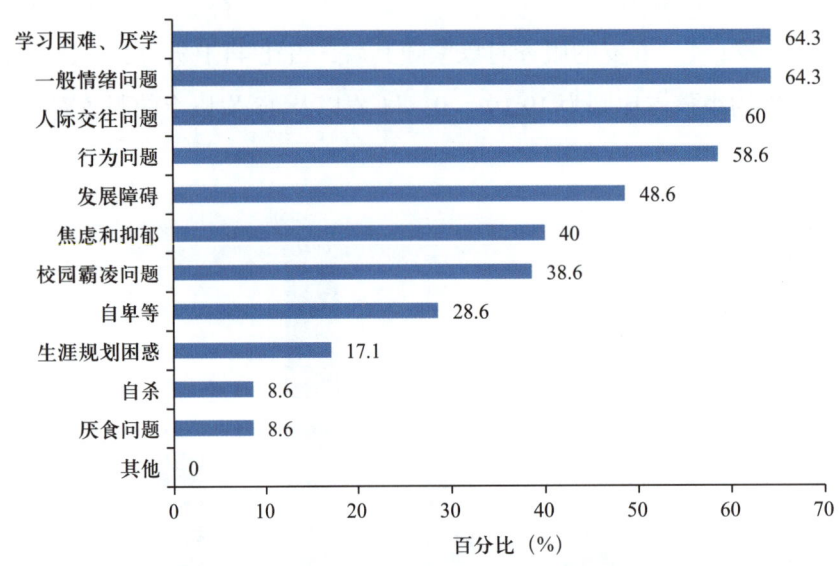

图3-3-60 儿童青少年心理健康工作者干预最多的问题

6. 儿童青少年心理健康工作者最常用的干预方法为沙盘治疗 从业者使用的咨询方法多样化，提供了许多种类的咨询服务。最主要的治疗干预手段为沙盘治疗，占比达38.6%；其次是儿童青少年精神分析，占比也有37.1%；游戏治疗也使用得较多，占34.3%。其他的干预方法像感觉统合治疗、家庭治疗、ABA应用行为分析、情绪聚焦疗法、CBT认知行为治疗、人本主义疗法等咨询技巧与方法也有使用。

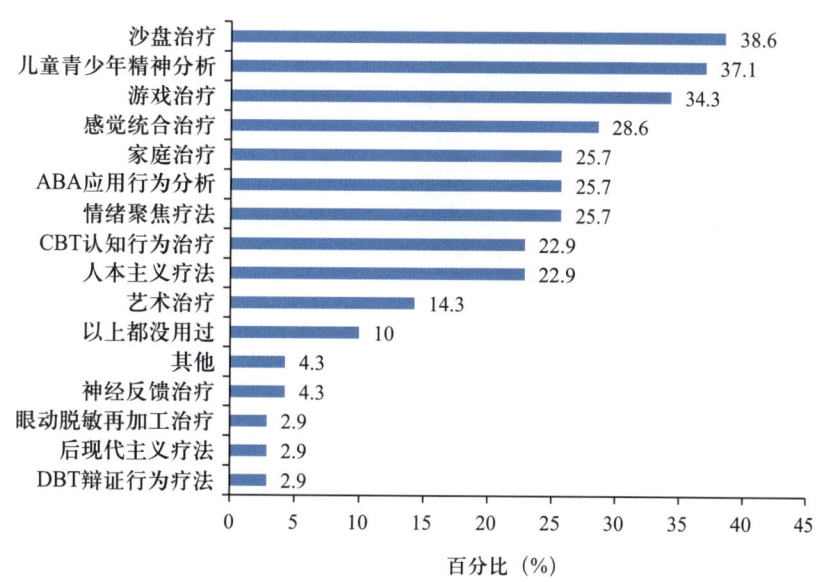

图 3-3-61　儿童青少年心理健康工作者常用干预方法

7. 半数的儿童青少年心理健康工作者认为知识和技能储备不能满足需求　有10.3%的从业者认为自己当前的知识和技能储备能够满足青少年心理健康服务的需求，同样也有相同比例和人数的从业者认为不能。也有39.7%的从业者认为自己当前的知识和技能储备能够满足大部分需求，同样，也有39.7%的从业者认为自己当前的知识和技能储备只能够满足小部分需求。

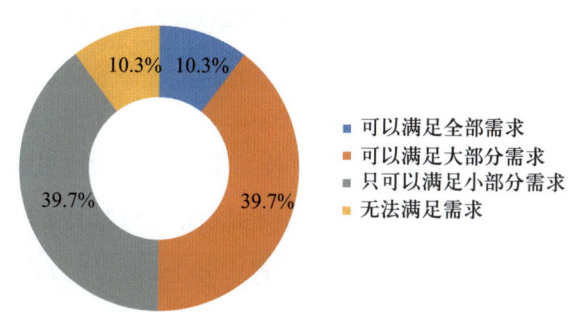

图 3-3-62　儿童青少年心理健康工作者对当前知识技能的满足程度

（三）培训情况

1. 儿童青少年心理健康工作者每年在培训上花费5000～10 000元占比最多　30.9%的从业者花费了5000～10 000元，占比最高。27.9%的从业者今年培训花费在1000元以内，16.2%的从业者花费了1000～3000元用于培训，19.1%的从业者则是花费了3001～5000元，1.5%的从业者花费在10 001～20 000元，还有4.4%的从业者花费超过了20 000元。

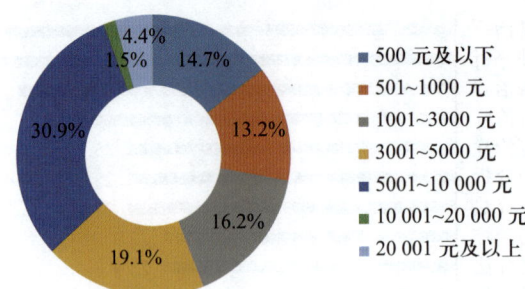

图 3-3-63　儿童青少年心理健康工作者的培训花费

2. 儿童青少年心理健康工作者最看重培训是否符合岗位要求　儿童青少年心理健康工作者在进行进修课程学习的时候看重课程中的许多部分，例如是否符合个人兴趣（70.6%），占比最高，其次分别为是否提供证书（66.2%）、课程内容搭配（61.8%）、是否符合工作岗位的要求（50%）、知名讲师（42.7%）以及教育学分的有无（11.8%）。

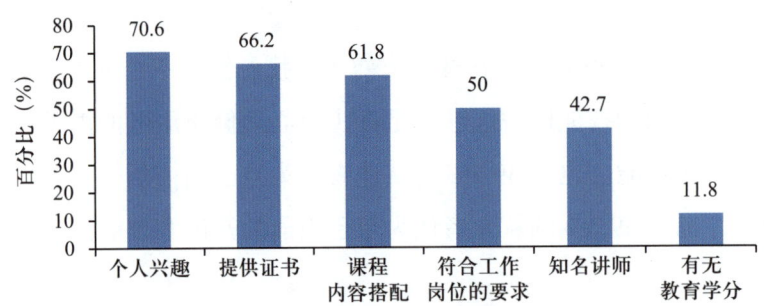

图 3-3-64　儿童青少年心理健康工作者看重的培训内容

（四）困难和需求

1. 儿童青少年心理健康工作者希望在干预技术上得到帮助　儿童青少年心理健康工作者在提供服务时会遇到一些困难，集中在一些具体的层面。例如有 57.1% 的从业者在干预技术方面存在困难，55.7% 的从业者在具体评估儿童青少年心理健康方面遇到过困难。除此之外，转介、伦理和法律方面的困难也时有发生。

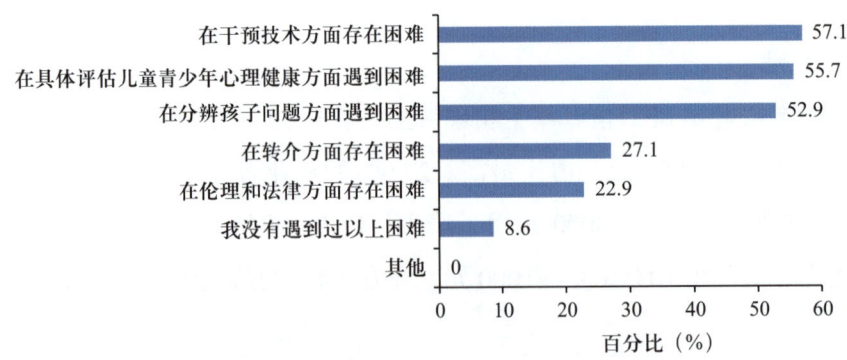

图 3-3-65　儿童青少年心理健康工作的困难

2. 儿童青少年心理健康工作者在服务学习困难儿童时遇到困扰　儿童青少年心理健康工作者在服务特定的青少年群体时会遇到一些困难，例如学习困难、厌学的青少年群体，有44.3%的从业者遇到过困难；41.4%的从业者在处理青少年行为问题时遇到过困难；40%的从业者在处理儿童焦虑、抑郁问题时遇到过困难。

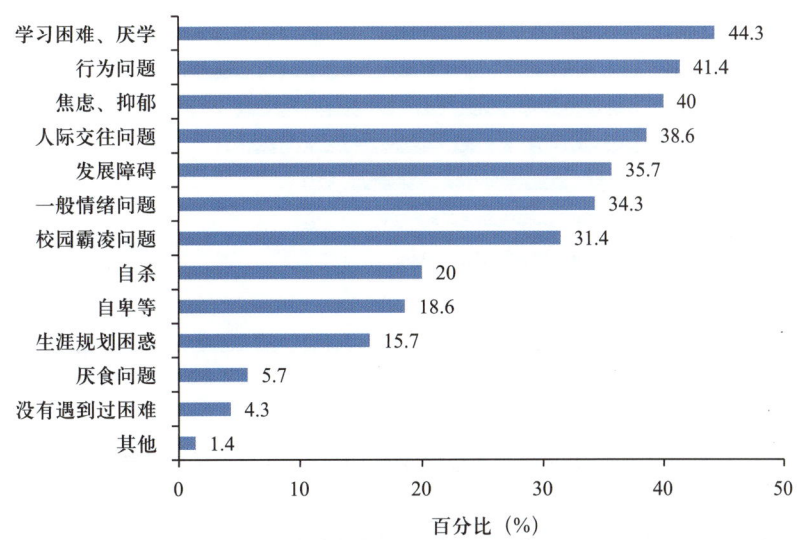

图3-3-66　儿童青少年心理健康工作者认为比较棘手的问题

3. 儿童青少年心理健康工作者最期待提升沙盘和精神分析技术　儿童青少年心理健康工作者想获得提升的技术最主要的是沙盘治疗，占比达41.4%；其次是儿童青少年精神分析，占比也有40%；家庭治疗也用得较多，占到了35.7%。其他的干预方法像游戏治疗、ABA应用行为分析、CBT认知行为治疗、情绪聚焦疗法、DBT辩证行为治疗等技术方法也有不少从业者想继续学习并获得提升。

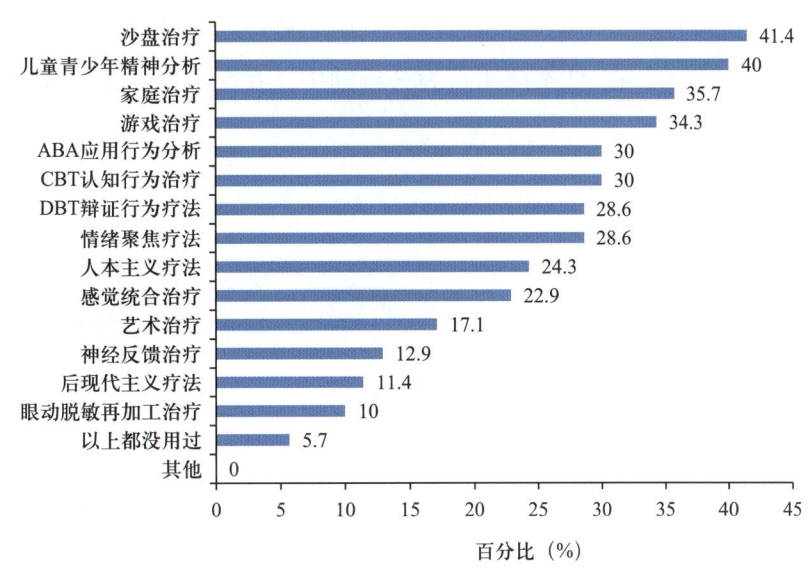

图3-3-67　儿童青少年心理健康工作者希望提升的技术

4. 其他学科技术：儿童青少年心理健康工作者最希望学习言语治疗技术 61.8%的从业者想学习言语语言治疗技术，占比最高，是最想学习的技术；同样也有许多从业者对感觉统合训练（51.5%）、ABA行为分析（45.6%）有学习的热情；其他技术想学习的从业者同样不在少数。

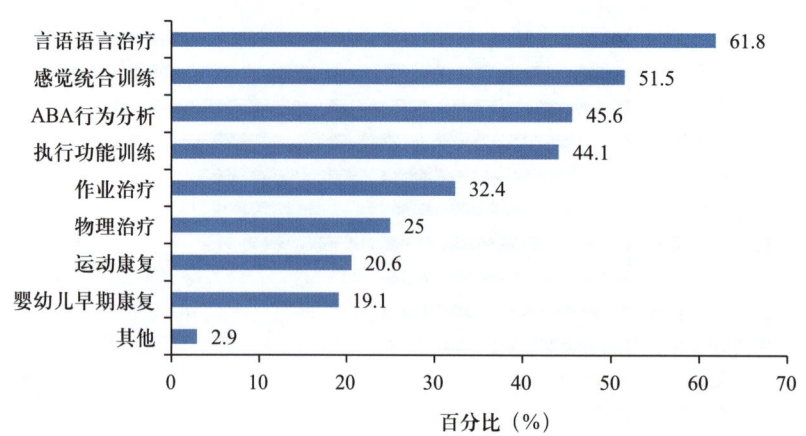

图 3-3-68 儿童青少年心理健康工作者希望学习的辅助技术

六、2020—2022 年：儿童康复师职业发展趋势比较

2022年是课题组开展调查的第三年。通过三年的比较数据，本文将呈现儿童发展障碍康复相关职业的发展趋势，为进入儿童康复行业的从业者给予一些启示，为儿童康复相关机构、政策部门认识儿童康复师群体提供一些参考。课题组希望携手从业者、管理者、政策实践者一同，促进儿童发展障碍康复行业发展。

1. 在数量上，女性占绝对优势，男性占比有上升趋势 2022年，从业人员女性占比88.5%，男性占比11.5%，女性从业人员远远多于男性。与2020年、2021年的调查结果比较，男性的占比有上升的趋势，但男女占比基本维持在1∶9。根据美国ZIPPIA职业分析网站2021年调研数据显示，在ABA应用行为分析师中，女性占比71.1%，男性占比28.9%，男女占比约为3∶7。

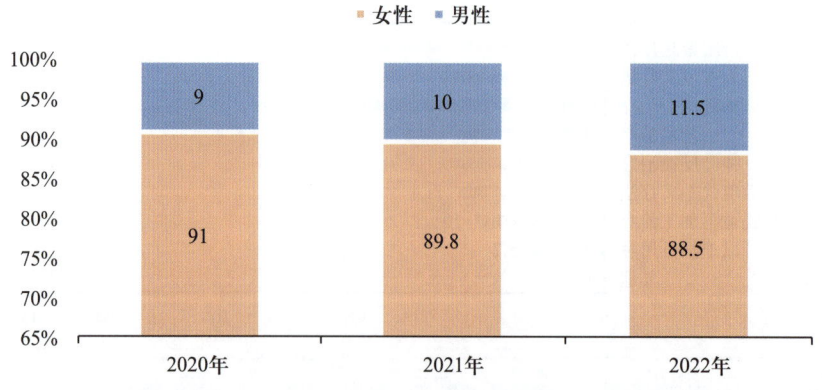

图 3-3-69 2020—2022年儿童康复师性别占比变化趋势

2. 整体学历有所提升 2022年调查显示，本科学历儿童康复师占比最高，为56.6%；其次是大专学历（32.7%），高中/中专学历（6.3%），硕士研究生（3.3%），博士研究生（0.9%）。与2020年、2021年的调查结果比较，本科、硕士、博士学历的占比都有增加。其中，本科学历占比增加最为明显。

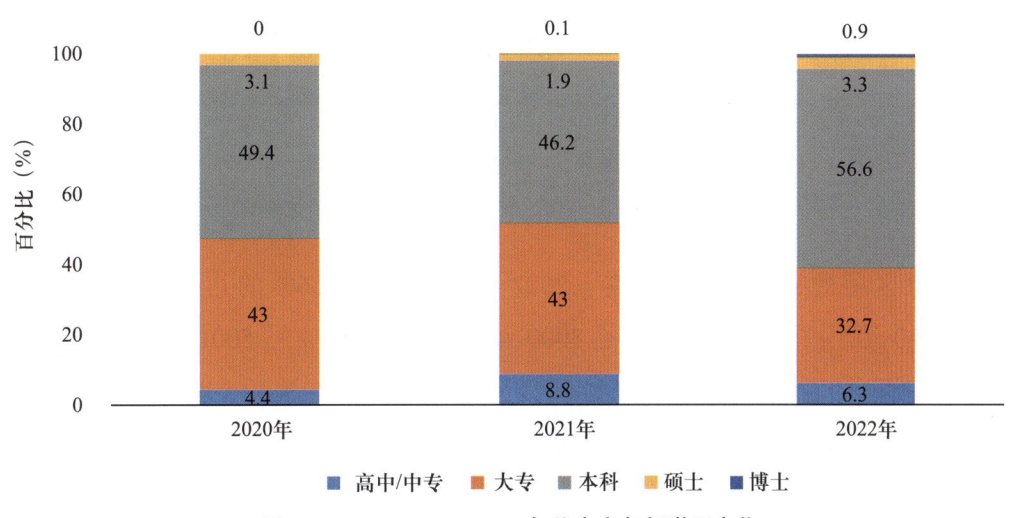

图3-3-70　2020—2022年儿童康复师学历变化

3. 教育类专业是儿童康复师主要来源 2022年调查显示，来自教育类专业的儿童康复师占比最高，为42.7%，其次是康复类专业（29.6%），其他专业（12.3%），医学专业（9.8%），心理学专业（5.6%）。与2020年、2021年的调查结果比较，教育类、康复类、医学类专业背景的人员占比都有增加。心理类专业背景的人员占比减少。教育类专业是儿童康复师的主要来源。

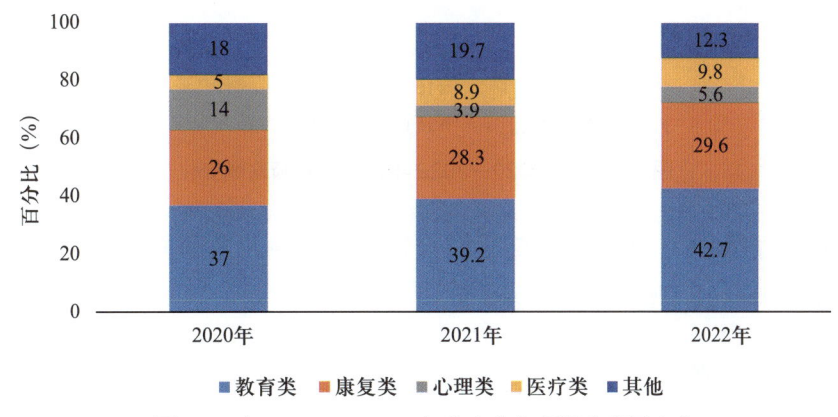

图3-3-71　2020—2022年儿童康复师教育背景变化

4. 儿童康复师主要就职于康复机构 2022年调查显示，50.3%的儿童康复师就职于康复机构（包括残联定点康复机构和非残联定点机构），18.5%的儿童康复师就职于医疗机构，14.1%的儿童康复师就职于学校。与2020年和2021年相比，就职于学校的儿童康复师占比有所提升，而就职于康复机构、医疗机构的儿童康复师占比有所下降。

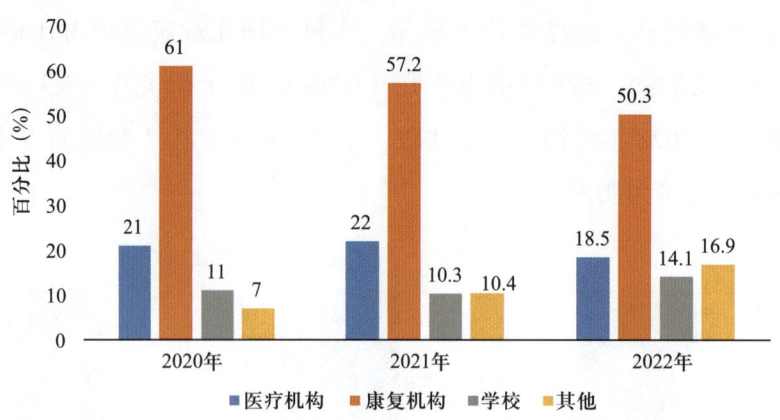

图 3-3-72　2020—2022 年儿童康复师就职单位变化

5. 儿童康复师的薪酬有上升趋势　2022 年调查显示，36% 的儿童康复师收入位于税后 3001～5000 元，占比最高，其次是 3000 元及以下（25.4%）、5001～7000 元（22.5%）、7001～10 000 元（9.6%），与 2020 年和 2021 年相比，收入在税后 5000 元以上的占比在增加，5000 元以下的占比在减少，整体看，收入有上升的趋势。

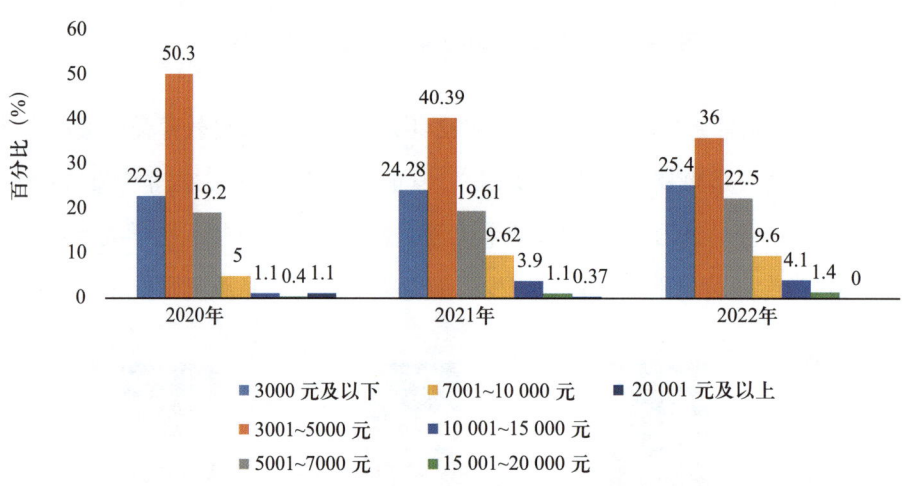

图 3-3-73　2020—2022 年儿童康复师薪酬变化

（1）男性平均薪酬高于女性：2022 年调查显示，男性儿童康复师平均工资为税后 5856 元，女性儿童康复师平均工资为税后 5209 元。

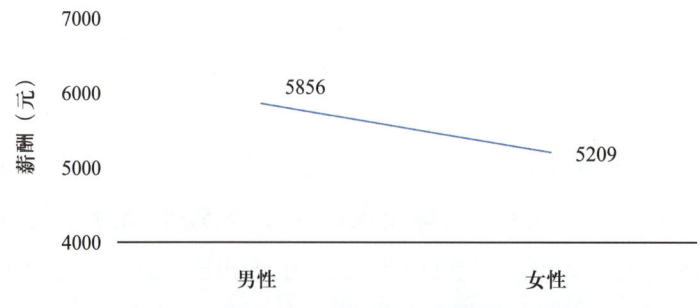

图 3-3-74　2022 年不同性别的儿童康复师薪酬差异

（2）儿童康复师的薪酬随学历的升高而提升：2022年调查显示，研究生学历的儿童康复从业者平均薪酬为税后7513元，本科学历的儿童康复从业者平均薪酬为税后5487元，大专学历的儿童康复从业者平均薪酬为税后4696元。儿童康复从业者的薪酬水平随着学历的升高而提升。

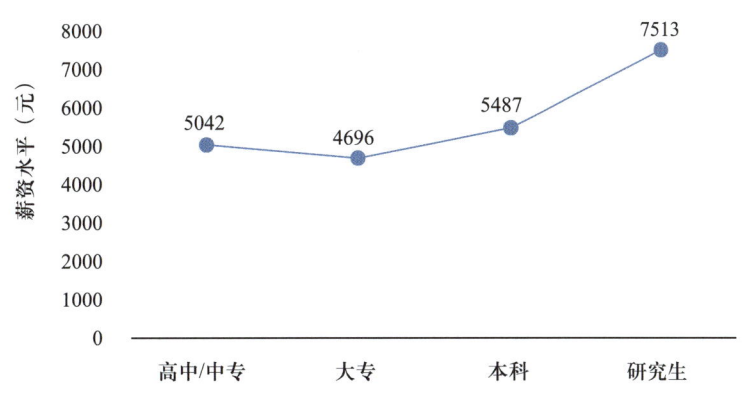

图 3-3-75　2022年不同学历的儿童康复师薪酬差异

（3）心理学类教育背景的儿童康复从业者薪酬最高：2022年调查显示，心理学类教育背景的儿童康复从业者平均薪酬为税后6173元，是最高的。其次是医疗类教育背景（5391元）、康复类教育背景（5258元）和教育类专业背景（5173元）。

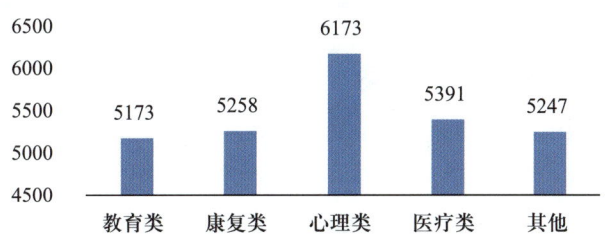

图 3-3-76　2022年不同教育背景的儿童康复师薪酬差异

（4）教育体系工作的儿童康复从业者薪酬相对较高：2022年调查显示，除了个人工作室外，儿童康复师在幼儿园、普教学校、特教学校就职的薪酬水平相对较高，分别为税后6148元、6035元、5782元。非残联定点单位的儿童康复师薪酬高于残联定点单位。医疗机构的儿童康复师薪酬水平相对较低，排名依次为妇幼保健院、其他医院、专科康复医院。

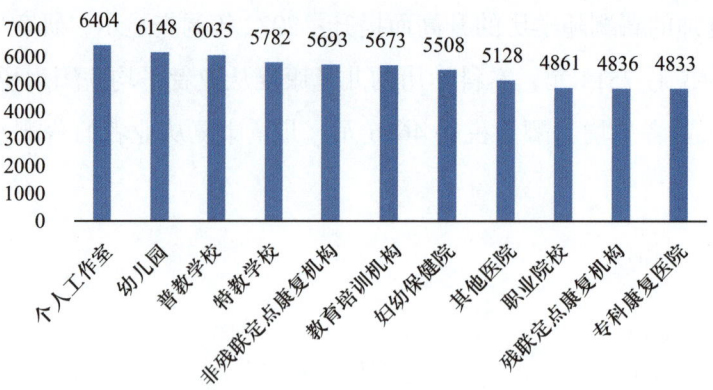

图 3-3-77　2022 年不同工作系统的儿童康复师薪酬差异

（5）言语语言治疗师薪酬水平最高：2022 年调查显示，儿童言语语言治疗师平均薪酬最高，为税后 5474 元；其次是，儿童作业治疗师，为税后 5225 元；ABA 行为干预师，为税后 5161 元；其他儿童康复相关职业为税后 5003 元。

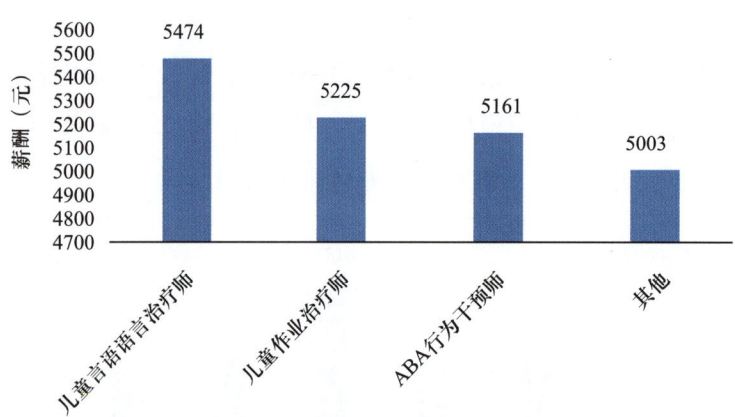

图 3-3-78　2022 年儿童康复师薪酬差异

第四节　医疗机构调查——数字技术将与医疗深度结合

为了深度理解儿童发展障碍的诊疗趋势，2022 年度项目组对全国范围内 40 位儿童保健、儿童康复科室负责人进行了调研，并对 7 位科室负责人开展了访谈。调研主要通过中国妇幼保健协会儿童脑科学与脑健康促进专委会平台开展，有来自省级、地级市、县级市的各类医院相关科室负责人参与了调研。

在调研中，我们看到儿童发展障碍领域疾病谱变化的趋势，儿童康复的异军崛起以及数字化技术对行业的渗透，本节对 2022 年度医院科室负责人调查结果进行报告。

一、调查对象

1. **性别比例均衡**　医院负责人中，女性负责人与男性负责人的占比较为均衡，女性负责人占负责人总数的 52.6%，男性负责人占负责人总数的 47.4%。

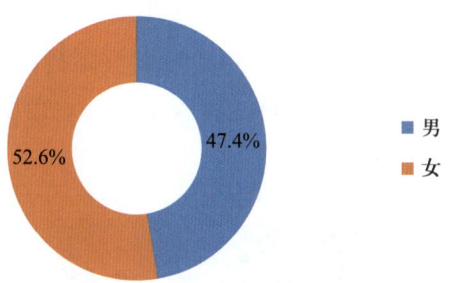

图 3-4-1　医疗机构科室负责人性别比

2. **本科学历占比最高**　68.4% 的负责人为本科学历，占比最高；其次是硕士研究生学历，也占到了总数的 21.1%；拥有博士研究生学历的负责人也较多，占总数的 7.9%；大专学历占比 2.6%，是占比最少的。

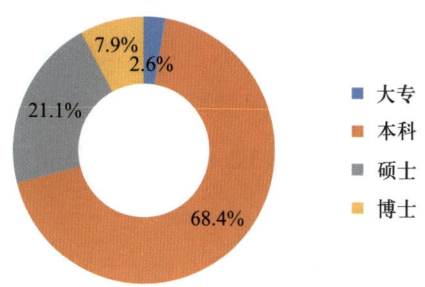

图 3-4-2　医疗机构科室负责人学历水平

3. **副高级职称占比最高**　受调查的医院负责人都具有职称。具备初级职称的负责人占比最少，仅为 18.4%；中级职称的负责人占调查总人数的 23.7%；占比最多的职称为副高级职称，占到了总数的 34.2%；高级职称和中级职称占比相同，都为 23.7%。

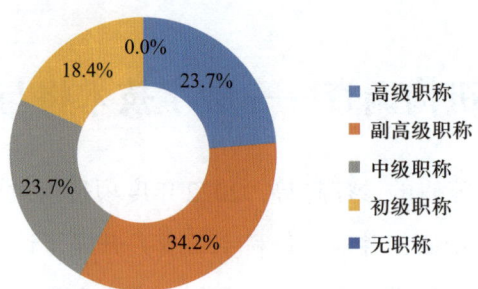

图 3-4-3 医疗机构科室负责人职称情况

二、调查科室

1."健康服务"取向：儿童康复科、儿童保健科占比较高　调研主要面向与儿童发展障碍相关的科室负责人，包括，儿童保健科、儿科、儿童康复科、儿童精神科、儿童神经科等。实际参与的40位科室负责人，主要来自儿童康复科、儿童保健科。儿童康复科，占比为57.9%；其次是儿科/儿保科，占比为29%；比较少的是儿童精神/心理科和神经内科，占比同为5.3%。

儿童发展障碍是一类神经发育性疾病，同时也是慢性疾病，它通常起病于儿童2～6岁之间，在医疗体系中，服务该类疾病的科室主要为儿童保健和儿童康复科室，此外，儿童精神科、神经内科也占一定比例。由此可见，对儿童发展障碍的干预当前更多以"健康取向"为主，以"医疗取向"为补充，儿童精神科、儿童神经内科提供服务的比例相对较少，发展障碍儿童的干预要大量依靠健康服务科室。

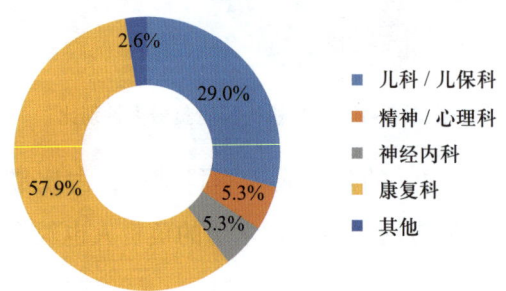

图 3-4-4 医疗机构负责人科室背景

2. 干预的主阵地：妇幼保健院　调查显示，儿童发展障碍干预的主阵地为各级妇幼保健院。在受调查负责人的工作单位中，妇幼保健院的占比最高，为42.1%；其次是儿童专科医院，为23.7%；然后是综合医院，占比为13.2%；最少的是精神专科医院，占比仅为5.3%。

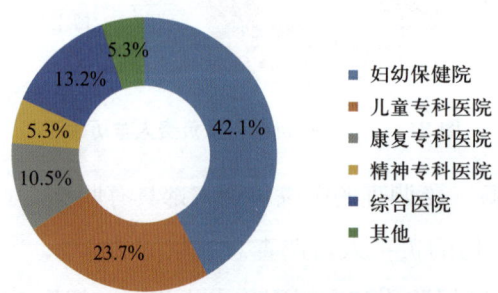

图 3-4-5 医疗机构负责人医院背景

三、疾病谱变化趋势

1. 儿童发展障碍在儿科疾病中的占比升高　儿童保健科室的工作内容通常包括，儿童健康管理、儿童早期发展、儿童康复、儿童发育行为、儿童口腔、儿童眼保健、儿童听力、儿童营养、高危儿管理等。服务范围更广的儿童保健科室的工作内容还会包括儿科、中医保健等。

2022年的调研中，课题组采访了6位来自不同省份分布省市县三级的儿童保健科负责人。她们均表示，科室儿童发展障碍相关疾病的工作量比之前有所增多，这与儿童发展障碍患病率的提升密不可分。同时，儿童发展障碍相关工作量与科室主攻方向，科室负责人主攻方向有关，对于以儿童发展障碍的诊疗干预为特色的儿童保健科室，儿童发展障碍相关工作比例占比可高达80%，对于以儿童发展障碍诊疗为专长的科室负责人，其儿童发展障碍相关工作占其全部工作的比例达到50%。

根据访谈结果，在省级妇幼保健机构儿童保健科室，儿童发展障碍的门诊量约占20%；同时，在市县级妇幼保健机构儿童保健科室，儿童发展障碍的门诊量约占10%。省级和市县级妇幼保健机构儿童发展障碍门诊量的差距，可能在于诊疗能力的不同，相对来讲，儿童发展障碍的诊疗难度较高，家长倾向于到更高一级的医院进行诊疗。

2. 孤独症门诊量占比有逐年升高的趋势　在访谈中，负责人们普遍反映孤独症儿童的门诊量有升高的趋势，特别是近些年，随着国家对出生缺陷、高危儿管理的重视，脑瘫等发展障碍的儿童呈现减少的趋势，而孤独症、言语语言障碍以及多动症等呈现升高的趋势。

问卷调研中，受调查负责人的科室接诊儿童中发展障碍类型较多，各种类型均有分布。占比最多的是孤独症谱系障碍儿童，89.5%的负责人表示，其接诊的儿童中有孤独症儿童；其次是言语语言障碍儿童和其他发育落后儿童。其中，84.2%的负责人表示，其接诊儿童中有言语语言障碍儿童；79.0%的负责人表示，其接诊儿童中包括其他发育落后儿童，以上排名前三位。

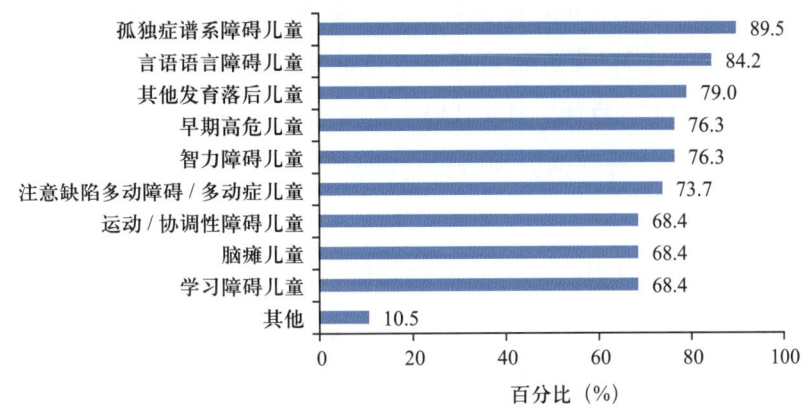

图3-4-6　发展障碍儿童的门诊量

3. 言语语言障碍和其他儿童发育落后的周门诊量较高　针对周门诊量的调研结果显示，言语语言障碍和其他儿童发育落后的周门诊量较高。言语语言障碍儿童周门诊量在 10～50 人的占比为 36.8%，占比最高。周门诊量在 10 人以下的医院数量占总数的 29%，51～100 人的占医院总数的 10.5%。每周接诊 101～300 人的为 5.3%，有 10.5% 的医院周门诊量在 301～500 人之间；7.9% 的医院周接诊量在 500～1000 人。

其他发育落后儿童周门诊量在 10～50 人的占比为 43.4%，占比最高。周门诊量在 10 人以下的医院数量占总数的 25.6%，51～100 人为 15.8%。每周接诊 101～300 人和 301～500 人的为 5.1%；500～1000 人和 1000 人以上，两个区间的占比均为 2.6%。

孤独症儿童周门诊量为 10 人以下的占比最高，为 33.3%；其次是 10～50 人，占比 28.2%；51～100 人占比 15.4%。多动症儿童周门诊量在 10 人以下的占比 59%，10～50 人的占比 23.1%，51～100 人的占比为 5.1%。

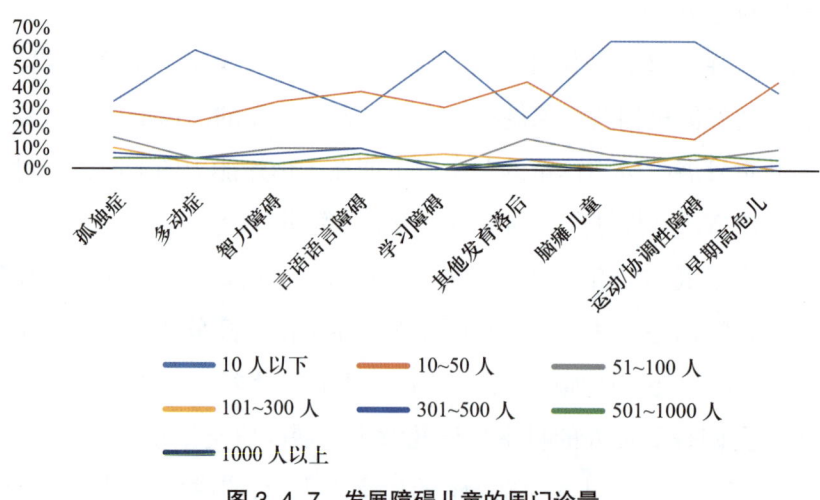

图 3-4-7　发展障碍儿童的周门诊量

4. 供给端：孤独症诊断与儿童发育性评估占比最高　相应地，从供给端可以看到，孤独症的诊断评估以及儿童发育性评估，在科室评估项目中占比最高。在儿保科室中，评估项目种类很多，包括：智力发育评估，如格赛尔发育量表、韦氏智力量表、儿童发育行为评估等；运动发育评估，如，AIMS 婴儿运动量表、Peabody 运动发育量表、0～1 岁神经运动；孤独症筛查诊断，如，ABC、克氏、M-CHAT、CARS、ADOS 等；多动症评估，如，Conners 量表、注意力评估、感觉统合评估、视听整合测试等；语言发育评估，如语言发育筛查量表、S-S 法等等。

调研结果显示，科室正在开展的儿童发展障碍诊断评估项目较多，覆盖了许多种类型。孤独症诊断评估和儿童发育性评估占比最高，均为 84.2%，其次是感觉统合干预评估，占比也有 81.6%，S-S 法言语发育评估占比也高达 79%，68.4% 的医院也进行了多动症评估诊断，开展得最少的是学习障碍干预评估，占比为 52.6%。

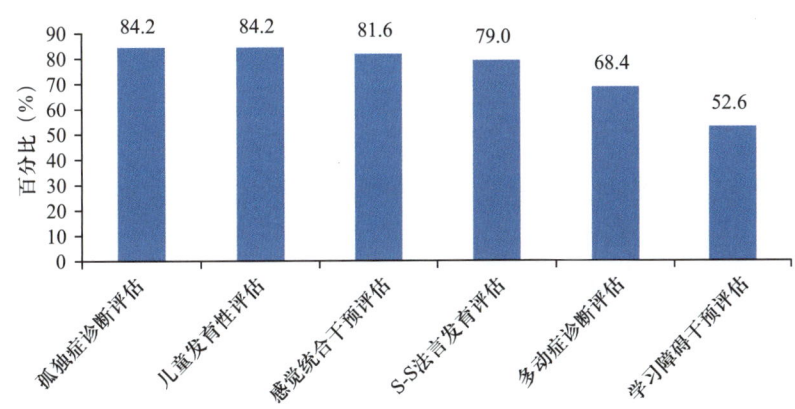

图 3-4-8　各类儿童发展障碍评估量占比

四、儿童康复异军突起

1. 儿童康复逐渐独立发展　在对 7 位科室负责人的访谈中我们发现，6 个儿童保健科已开辟了儿童康复区域并开展了儿童康复服务，有 1 家医院儿童康复已从儿童保健科中独立出去，单独运营，并且运营的效益良好。在疫情之下，该科室保持了稳步增长，后续计划进一步扩展床位数。同时，在 40 个参与问卷调查的科室中，儿童康复科占比也最高。

调研结果显示，关于发展障碍儿童的转介方式，主要是转介到本科室的康复干预中心，有 65.8% 的科室会选择这种方法，然后也有 36.8% 的科室会选择转介到本院的康复干预中心，而转介到合作医院的康复干预中心和外部合作机构的康复干预中心占比较少。可见，开展儿童康复业务以及成立儿童康复科室已是普遍趋势。

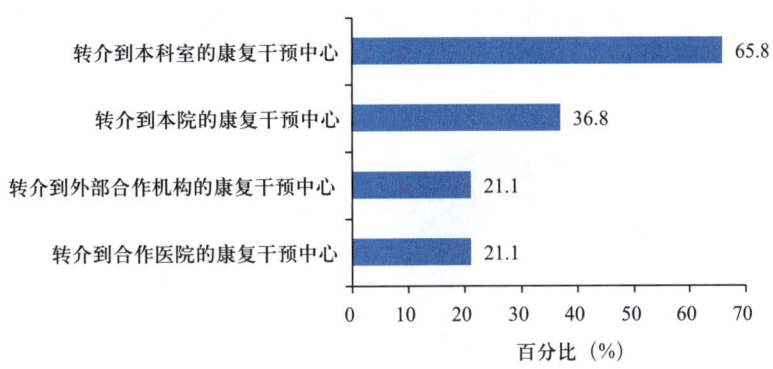

图 3-4-9　发展障碍儿童的转介方式

2. 干预指导性评估是下一阶段的发展重点　访谈中，我们发现科室已经不再满足于提供儿童发展障碍相关的筛查、诊断评估，而是在积极探索开展干预指导性评估，如针对孤独症儿童开展 VB-MAPP 评估、PEP-3 评估；针对言语语言障碍儿童开展 S-S 法评估，针对多动症儿童开展感觉统合评估，还有医疗机构研发了自己的评估工具，在临床上广泛使用。

无论是对于儿童保健科医生给予干预建议，还是儿童康复科医生制订康复计划，干预指导性评估的价值都在日益凸显。

五、数字化技术渗透行业

1. 数字化技术在儿童发育性评估中渗透率最高 65.8%的科室负责人表示已经在使用数字化诊断评估系统。在被问及科室正在使用哪些数字化儿童发展障碍诊断评估系统时，65.8%的科室负责人表示在使用数字化儿童发育性评估，占比最高；其次数字化孤独症诊断评估、多动症诊断评估、感觉统合干预评估，分别有50%的科室在使用。此外，使用数字化学习障碍干预评估和S-S法言语发育评估的比例较低，分别占39.5%和31.6%。

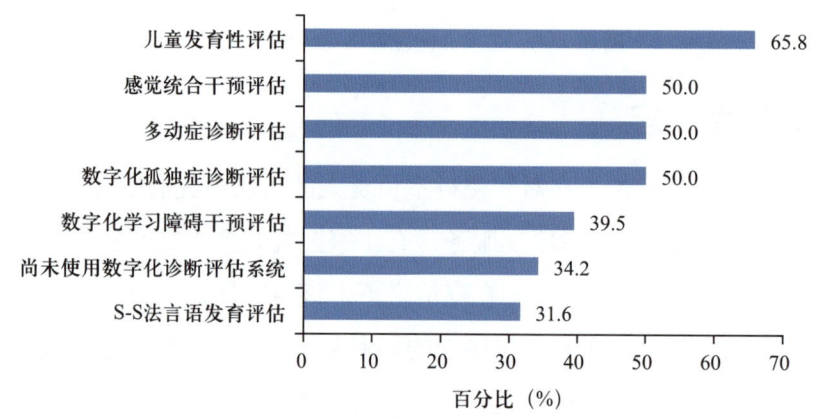

图 3-4-10 调查医疗机构科室在使用的数字化系统

2. 数字化技术的渗透率有待提升 科室虽然持续在数字化系统中进行支出，但平均每年的支出费用不高。76.3%的科室平均每年在数字化系统方面的支出在5万元以下，13.2%的科室平均每年在数字化系统方面的支出为5万~10万元，支出在10万~15万元的科室，以及15万~20万元的科室，分别占比7.9%和2.6%。

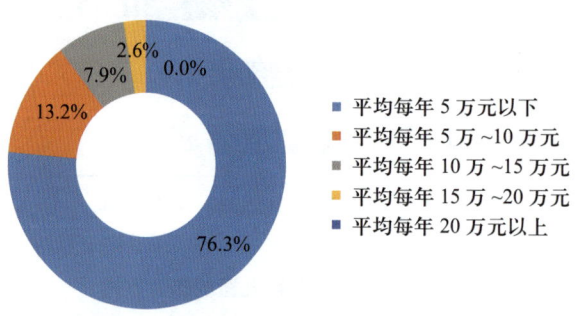

图 3-4-11 调查医疗机构科室数字化系统平均年支出

3. 65.8%的科室负责人认为缺乏诊断评估的数字化系统 科室在儿童发展障碍诊断评估领域遇到困难最多的是缺乏开展相关诊断评估的信息化系统，有66.7%的科室负责人表明面临着这个问题；其次是缺乏开展相关诊断评估的专家指导，有64.1%的科室负责人面临这个问题；再次是缺乏开展相关诊断评估的专业人员，有48.7%的医院面临这个问题；最后才是场地的问题，只有23.1%的医院有这个问题。

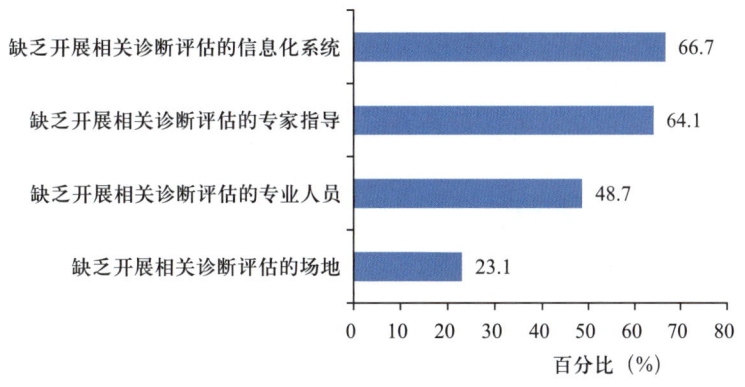

图 3-4-12　调查医疗机构科室负责人遇到的困难

4. 数字化儿童发育性评估的期待值最高　数字化儿童发育性评估是科室负责人最需要的，平均得分为 6.21。随后，数字化系统的需要程度依次为孤独症诊断评估系统（6.1），多动症诊断评估系统（6.03），感觉统合干预评估系统（6）、学习障碍干预评估系统（6），以及 S-S 法言语发育评估系统（5.87）。这一定程度说明了为什么数字技术在儿童发育性评估中渗透率最高。

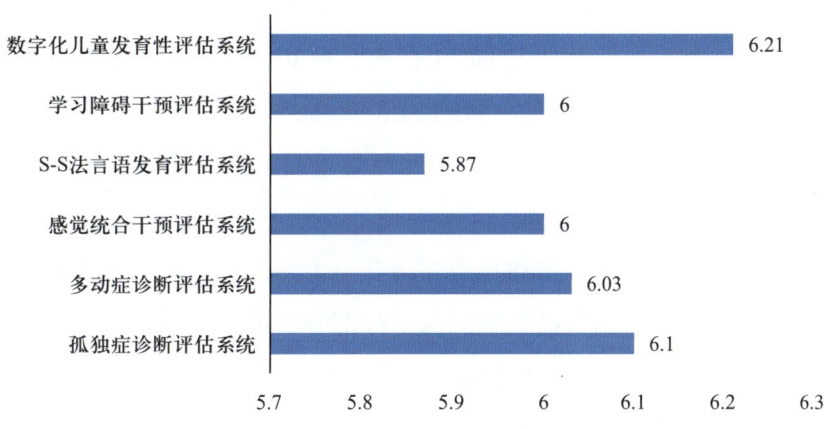

图 3-4-13　调查的医疗机构科室最需要的数字化评估工具

5. 近 20% 的调查科室在研发数字化评估系统　81.6% 的调查科室其数字化儿童发展障碍评估系统是从外部进行采购的，13.2% 的科室是进行合作研发数字化儿童发展障碍评估系统，另外 5.3% 的科室是进行自主研发数字化儿童发展障碍评估系统。

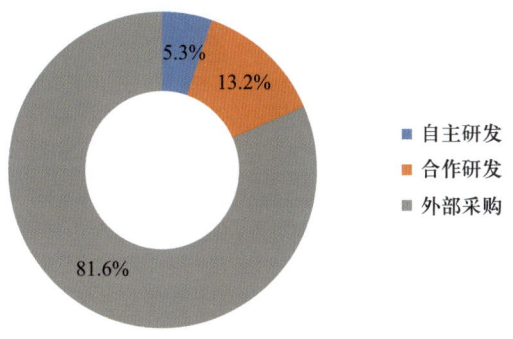

图 3-4-14　医疗机构数字化评估系统的来源

6. 发展空间广阔：90%的医疗机构在寻求新的业务发展 儿童发展障碍的诊疗康复行业仍处于蓬勃发展阶段。89.5%的科室下一步发展计划是寻找新的业务增长点，提高门诊量，占比最高；还各有5.3%的科室想要维持现有业务规模或是收缩现有业务规模。

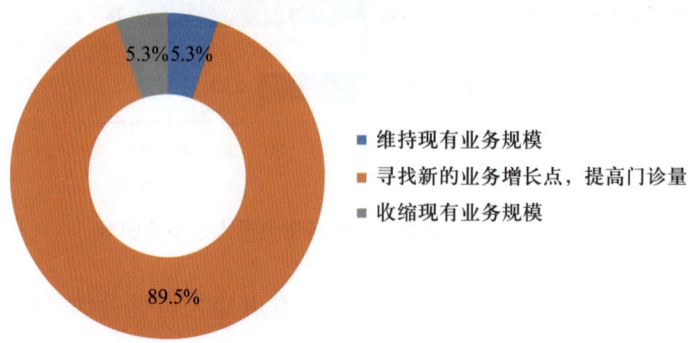

图 3-4-15 医疗机构数字化评估系统的来源

六、政策支持

从与科室负责人的访谈中，课题组了解到，目前，在医院进行的儿童发展障碍评估项目以家庭自费为主，而一个孩子首次评估的费用在 500～1000 元不等。在某些省份，当孩子被认定患有慢性病后，可享受医保报销。而在北上广深等经济较发达的地区，儿童接受发展障碍评估可以享受 50%甚至全部报销，如深圳 2022 年 8 月通过新政策，发展障碍儿童每三个月接受一次评估，可以由康复补贴报销。

在医疗康复服务方面，医保报销和自费相结合为主要付费模式，大部分省市可以做到由医保报销住院治疗部分，由家庭自己支付门诊治疗部分。少数经济发达地区，如深圳，发展障碍儿童可以得到更好的康复支持。具体地，7 岁以下残疾儿童每年可得到政府补贴 5 万元，同时，家庭全年自费不超过 2 万元，可以得到覆盖全年的康复服务。

总体来看，国家对发展障碍儿童的医疗康复有普惠性的政策支持，同时，筛查、定期评估等服务在逐步纳入公共卫生、医保或康复救助服务，发展障碍儿童的福利保障体系正在日趋完善。

（蓝皮书医疗机构调查课题组[①]）

---

① 课题组成员：吴美琦，余树懋，吉莹，董跃辉

第五节　儿童康复机构调查——降本增效，加快复苏

蓝皮书课题组在2022年底对儿童康复机构进行了调查。随着疫情退去，儿童康复机构也在重整旗鼓，加快调整业务方向和经营策略。随着《0～6岁儿童孤独症筛查干预服务规范（试行）的通知》出台，儿童康复的需求可能会进一步提升，康复机构一方面在提高技术能力，另一方面也为进一步拓展市场寻找机会。本报告对90份有效问卷进行分析。

一、调查对象

1. 性别比：女性占比较高　本次调研面向康复机构的管理者和负责人进行，结果呈现女性负责人的占比远超男性负责人，达总数的71.6%，男性负责人占负责人总数的28.4%。

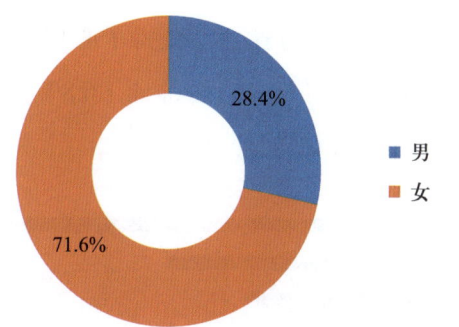

图3-5-1　调查儿童康复机构管理者的性别比

2. 学历结构：本科学历占比最高　50%的负责人为本科学历，占比最高；其次是大专学历，也占到了总数的33%；硕士研究生学历占总数的12.5%，高中/中专和博士研究生学历占比同为2.3%。

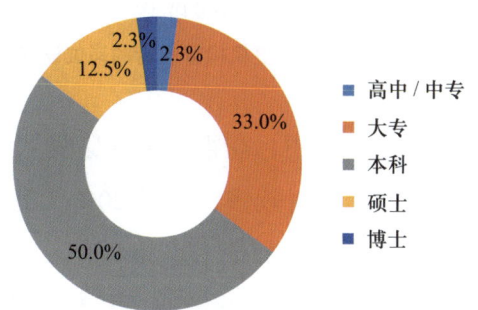

图3-5-2　调查儿童康复机构管理者的学历水平

3. 专业背景：教育学占比最高　根据儿童康复机构的教育背景来看，各类专业均有分

布，但教育类专业占比最多，占比44.3%，其次是康复类专业（14.8%），医疗类专业和心理类专业也占一定比例，分别是12.5%和11.4%。同时，也存在着一些社会工作类专业的机构管理者，占比为5.7%，除此之外，管理学专业背景占到了6.8%。

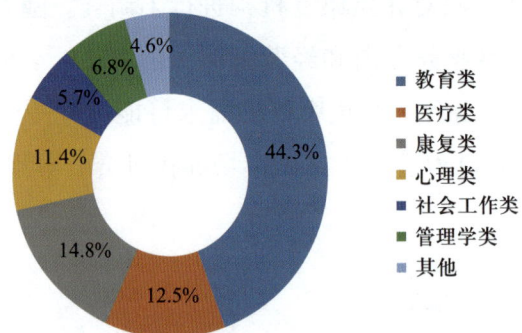

图3-5-3 调查儿童康复机构管理者的教育背景

4. 岗位证书获得情况　50%的机构管理者取得了教师资格证书，获得康复治疗证书的机构管理者占比达25%，也有17.1%的机构管理者获得了心理咨询师证书。而像其他的证书，例如社工证（9.1%）、心理治疗师证书（8%）、医师证（6.8%）、护士证（1.1%）获得的都较少，还有10.2%的机构管理者未持有相关的证书。

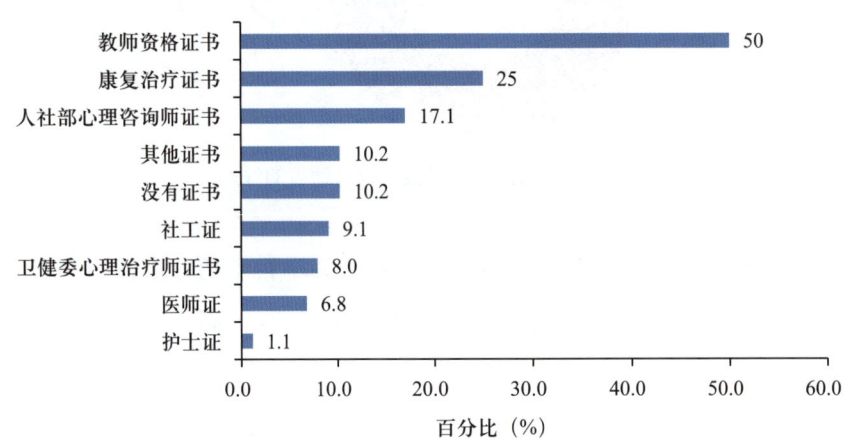

图3-5-4 调查儿童康复机构管理者的岗位证书情况

5. 技能证书获得情况　机构负责人中，获得孤独症康复从业证书、言语治疗师从业证书、A-PKU儿童言语治疗师高级证书相对较多，超过20%，获得率分别为38.6%、23.9%、22.7%，获得A-PKU孤独症高级行为干预师证书也相对有一定的比例，占到18.2%。其他类型的证书获得率相对较少。另有12.5%的儿童康复机构管理者没有取得相关专业技能证书。

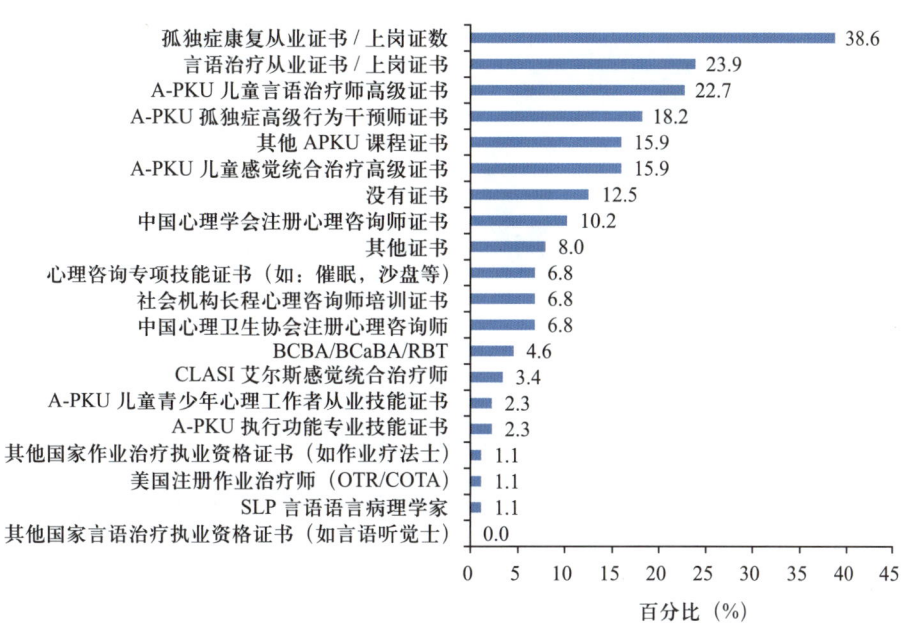

图 3-5-5　调查儿童康复机构管理者的技能证书情况

二、机构规模情况

1. 布局形式：集中布局在一个城市　78.3% 的机构康复中心只是分布在 1 个城市，占据了绝大多数比例。8% 的机构康复中心分布在 2 个城市，也有 5.7% 的机构康复中心分布在 3 个城市，8% 的机构康复中心分布在 4 个城市及以上。

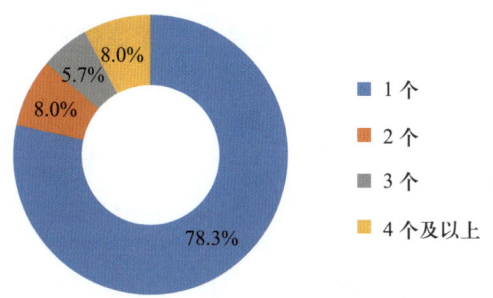

图 3-5-6　儿童康复机构布局城市

2. 机构属性：残联定点机构居多　在接受调查的机构当中，40.9% 的机构为残联定点机构，为占比最多的机构类型；其次，25% 的机构为非残联定点的康复机构，属于教育体系中学校的机构占比则为 8%，卫健体系中的医院科室则占比非常少，仅占 3.4%。除此之外，在本次所调查的机构中并没有卫健体系的门诊部，但是还有 15.9% 的机构兼具了两种及以上的类型。

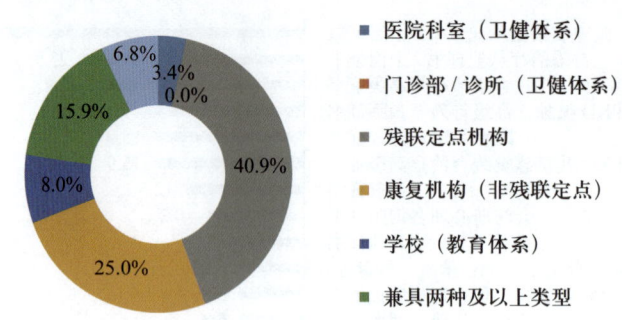

图 3-5-7 儿童康复机构属性

3. 机构规模：单店经营是主要形态 调查的机构当中，46.6% 的机构规模目前为单店模式，是调查的机构中最为常见的规模形态；其次是多店连锁模式，也占 36.4% 的比例；最后是个人工作室模式，仅占 17.1%。

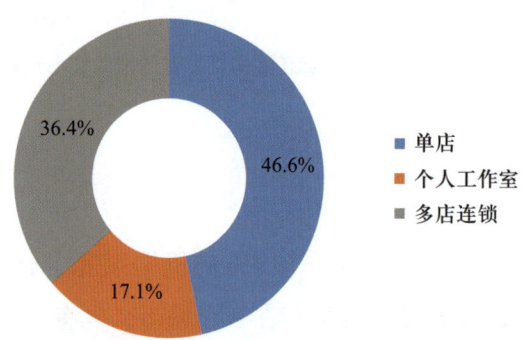

图 3-5-8 儿童康复机构经营形态

4. 连锁情况：2 家连锁是大多数连锁机构选择 在连锁经营状态下的机构，75% 的连锁数量为 2 家，是目前连锁数量中占比最多的；其次是 3 家，占到了总数的 10.2%，4 家的数量占比为 4.6%，2.3% 的机构连锁数量是 5 家，还有 8% 的连锁经营店目前已经达到了 6 家以上，拥有了较大的规模。

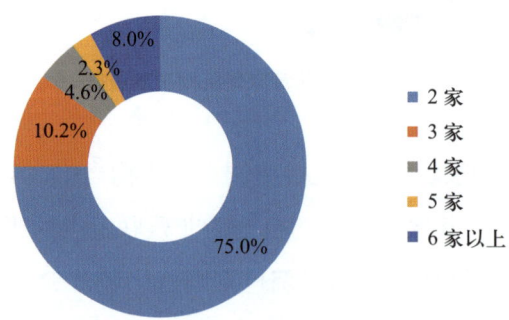

图 3-5-9 连锁儿童康复机构中心数量

5. 服务规模：50～100 人占比居多 在接受调查的机构中，机构服务的儿童总数呈现出较大的差异。儿童数量为 50～100 的占总数的 25%，占比最高；其次是在 30～50 人和

101～300人的机构，均分别占比23.9%；在30人以下的机构，占比20.5%；另有5.7%的机构服务了500个以上的孩子，形成了较大规模。

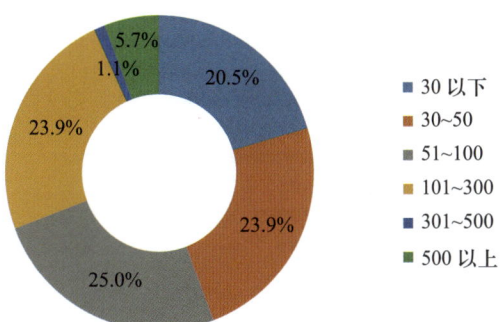

图3-5-10 调查的儿童康复机构的服务规模

6. 人员结构：特教老师占比最多　机构的工作人员结构较多元。最多的专业类型人员是特教老师和感统治疗师，占比均为76.1%；其次是言语治疗师，有69.3%的机构有该类型专业人员。拥有其他类型专业人员的机构比例分别为，心理治疗师/心理咨询师（44.3%）、应用行为分析师（38.6%）、作业治疗师（28.4%）、物理治疗师（26.1%）、护士（18.2%）、医师（17.1%）以及营养师（8%）等。

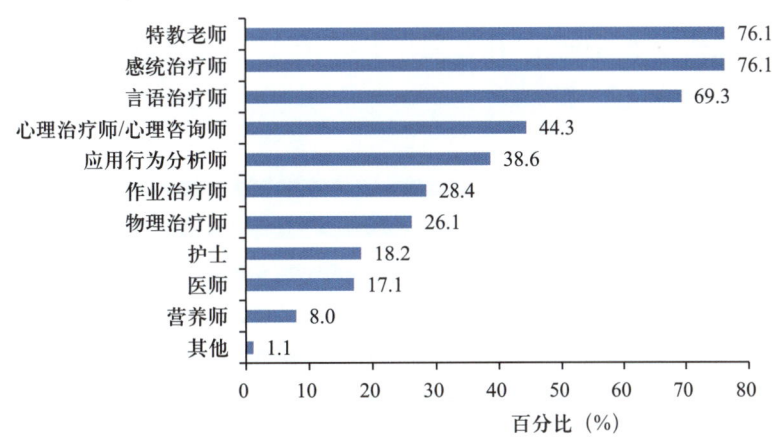

图3-5-11 调查儿童康复机构的人员结构

三、服务内容布局

1. 孤独症、言语语言障碍和智力障碍儿童是排名前三的服务人群　主要服务儿童类型为孤独症/孤独症谱系障碍儿童，占比达到85.2%；言语语言障碍儿童，达到了77.3%；智力障碍儿童，占比达65.9%；多动症儿童也有较高的比例，占到了62.5%。其他像学习障碍儿童、运动/协调性障碍儿童、脑瘫儿童、唐氏综合征类型的儿童机构也均有服务。

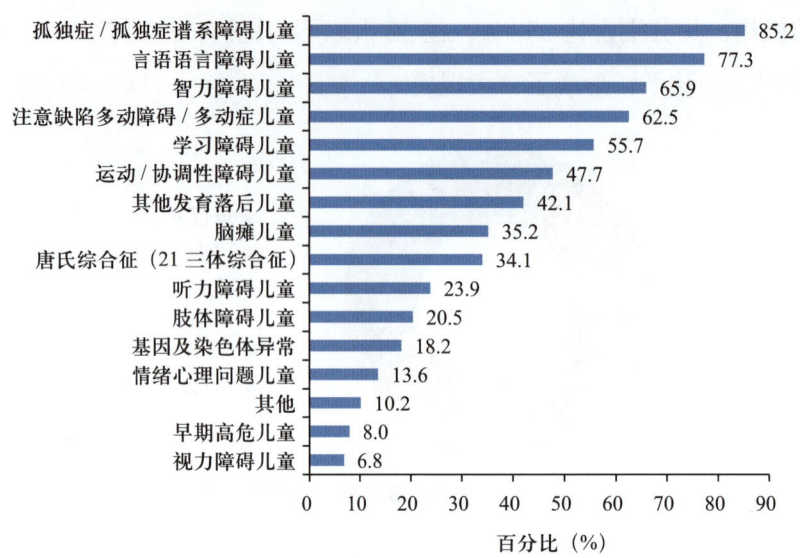

图 3-5-12 调查的儿童康复机构的服务人群

2. 感觉统合训练是康复机构提供最多的训练项目　在调查的机构中，开展的儿童康复领域总体呈现出多样化、多种类的趋势。提供得最多的服务是感觉统合训练相关的服务，有 89.8% 的机构都提供这方面的训练；其次是基于 ABA 的各类孤独症干预，占比为 75%；73.9% 的机构也提供言语语言治疗，有 64.8% 的机构提供家长培训。而其他的像执行功能训练（29.6%）、物理治疗（23.9%）、作业治疗（36.4%）、儿童心理情绪干预（30.7%）也均存在。

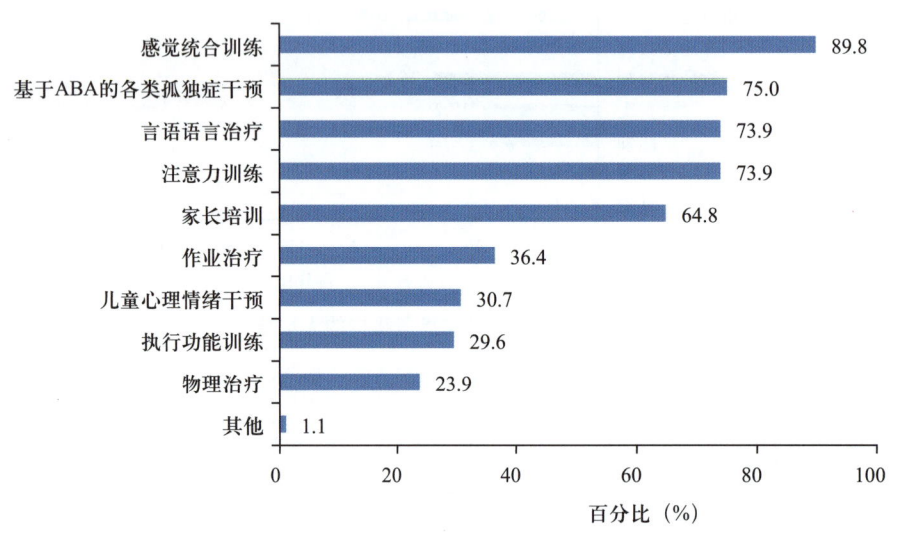

图 3-5-13 调查的儿童康复机构的训练项目

3. 小龄儿童个训课程是提供最多的服务内容　调查的机构开展的服务形式呈现多样化，但也有集中的主要服务形式。小龄儿童个训康复课有 92.1% 的机构都提供，其次是小龄儿童的集体康复课也有 86.4% 的机构提供，这两项服务即为大多数机构提供的主要服务。家长课堂和家庭康复教育也分别有 59.1%、48.9% 的机构提供，也属于提供得比较多的服务。除此之外，机构也会提供像融合入园（47.7%）、大龄儿童康复教育（44.3%）等类型的服务。

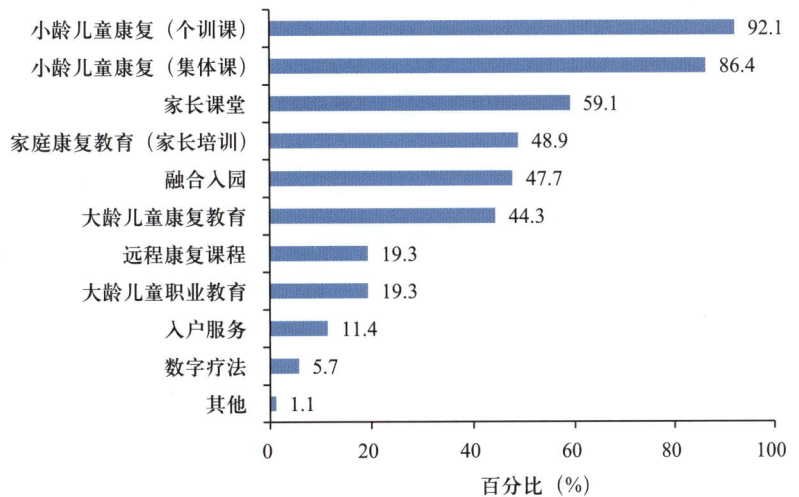

图 3-5-14 调查的儿童康复机构的服务内容

4. 大部分机构尚未开展医疗服务　绝大部分机构未提供医疗服务，其中已提供医疗服务的机构，主要开展的是医生类型的服务，医生义诊和医生咨询分别有 15.9% 的机构提供，医生门诊有 8% 的机构提供；此外，分别有 10.2% 和 4.6% 的机构提供营养管理和药物治疗。

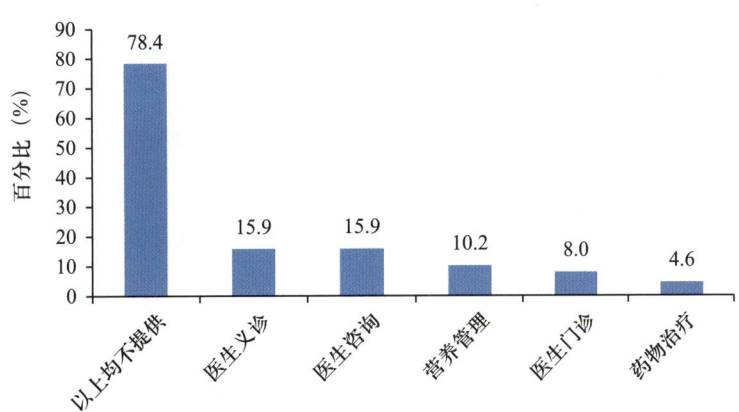

图 3-5-15 调查的儿童康复机构医疗服务开展情况

5. 多学科协作　大多数机构尚未开展多学科的协作工作，该部分占到受调查的机构总数的 42%。而有 32% 的机构开展了多学科会诊，28% 的机构开展了多学科联合治疗，27% 的机构召开了多学科阶段性评估会议，26% 的机构开展了多学科治疗决策会议，19% 的机构提供多学科会议协调员/管理员服务。

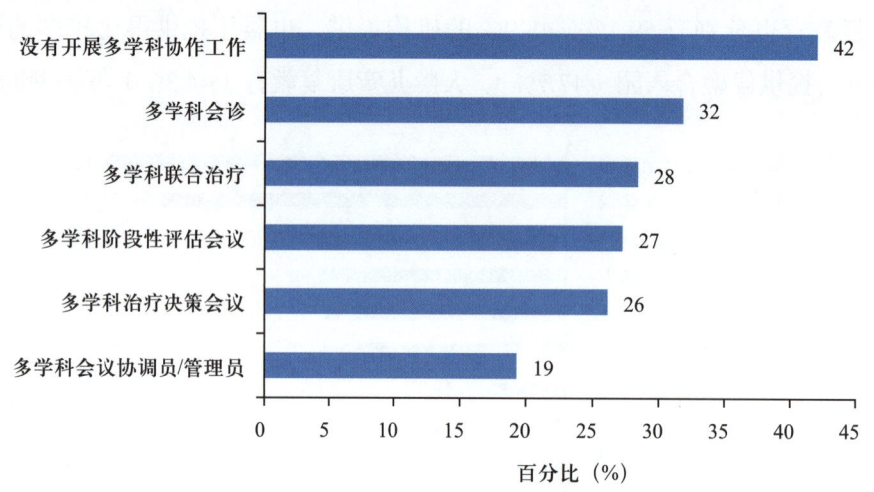

图 3-5-16 调查的儿童康复机构的多学科协作开展情况

四、2022 年度经营情况

1. 2022 年儿童康复机构面临较大经营压力　根据调查的总体看来，儿童康复机构在 2022 年度的经营情况不容乐观。有 21.6% 的机构认为经营情况严峻，生存压力较大；22.7% 的机构认为经营困难，面临着较大的压力；占比最多的机构（34.1%）认为自己的经营状况也仅仅是一般，处于尚可运转的状态；只有 21.6% 的机构处于较好，稳中有升的状况。

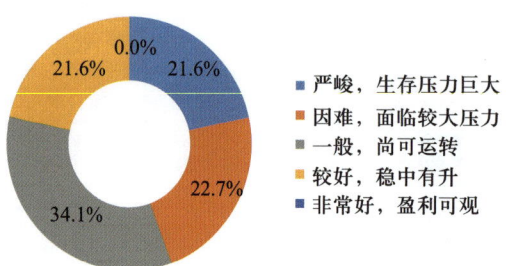

图 3-5-17 调查的儿童康复机构的经营情况

2. 与 2021 年相比，经营业绩下降的占比近 50%　有 48.9% 的机构收入同比 2021 年有所下降：其中，27.3% 的机构同比收入减少 20% 以下，21.6% 的机构同比减少甚至在 20% 以上。同时，36.4% 的机构收入仅仅是与去年持平。收入有所增加的机构占比较少，9.1% 的机构收入同比增加 20% 以下，仅有 5.7% 的机构收入同比增加 20% 以上。可见，2022 年，机构普遍受到疫情的影响比较严重。

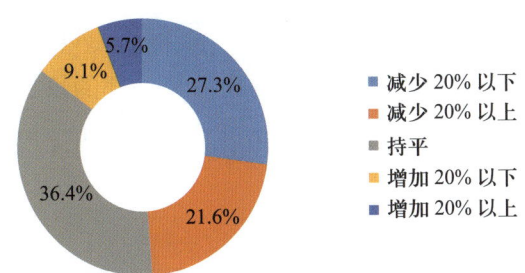

图 3-5-18　与 2021 年相比，儿童康复机构的经营业绩

3. 相较乐观的是，人员流失率较低　就调查的机构来看，整体而言康复师流失情况较少。52.3% 的机构康复师流失人数在 3% 以下，流失 3%～5% 的机构占总体调查机构的 13.6%，12.5% 的受调查机构流失了 5%～8% 的康复师，康复师流失率在 8%～10% 和 10%～15% 的机构占比都为 8%。有 5.7% 的机构流失了本机构 15% 以上的康复师。

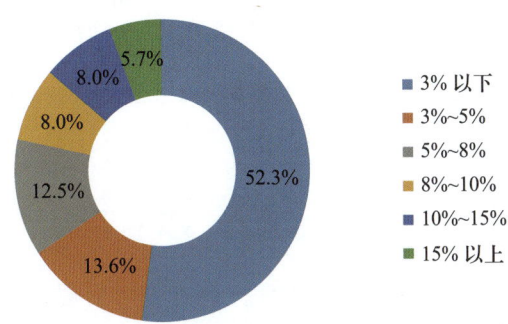

图 3-5-19　调查的儿童康复机构的康复师流失情况

4. 客户来源最多的途径是"客户转介绍"　71.6% 的客户来源为客户转介绍，是机构客户的主要来源。其次是实体店自然到访，占比也有 52.3%，残联为客户来源的占比 45.5%，医院为客户来源的占比 35.2%，33% 是从公众号朋友圈了解到之后前往机构的。其余的一些来源途径所提供的客户相对较少。

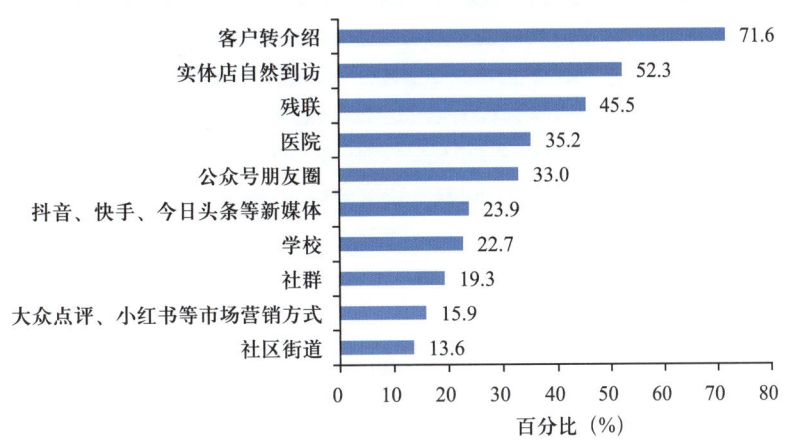

图 3-5-20　调查的儿童康复机构客户来源途径

5. 2022年重点经营策略：服务能力提升和市场拓展　机构在经营上采取了不少措施来面对经济动荡的局势，采取得最多的措施便是参加外部的培训来提升整体服务能力，有67.1%的机构都采取了这个措施；其次是市场拓展，新增生源渠道，有58%的机构采取了该措施。

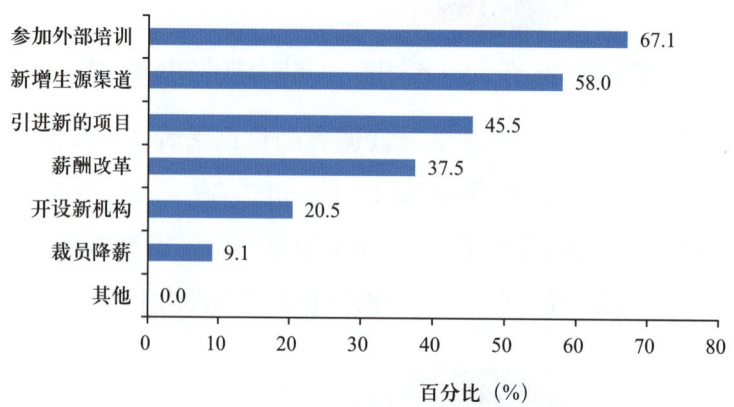

图 3-5-21　调查的儿童康复机构 2022 年经营策略

五、未来发展的趋势

1. 专业服务方面：康复师能力的提升是机构最关心的问题　目前机构面临的专业方向的问题最多的是康复师能力提升，有64.8%的机构都面临这个问题，其次是新服务项目开发，有58%的机构有这个问题。另外，分别有56.8%、55.7%、53.4%、46.6%、45.5%的康复机构面临"新康复师培训""课程体系搭建""课程体系升级""康复质量把控""康复师人力资源不足"等问题。

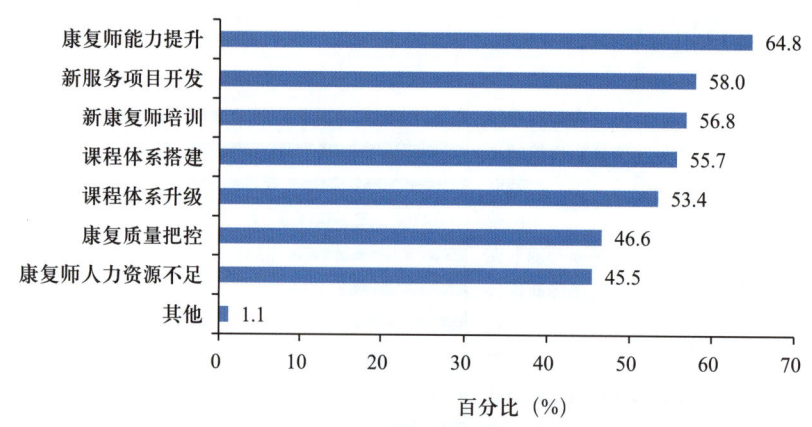

图 3-5-22　儿童康复机构面临的专业问题

2. 经营方面：儿童生源是机构最关心的问题　在经营层面，机构面临的"儿童生源"的问题最多，占比为60.2%；其次是"数据化、信息化运营能力欠缺"，有50%的机构面临这个问题；此外，分别有40.9%、39.8%、39.8%、31.8%的康复机构面临"品牌建立""人员管理""咨询转化"以及"服务模式单一"的问题，均超过了30%。

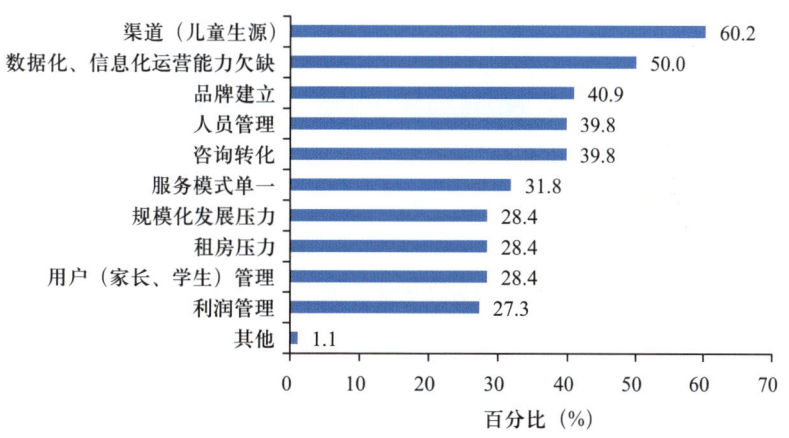

图 3-5-23　儿童康复机构面临的经营问题

3. 数字化能力提升是未来机构建设的一个重点方向　在希望获得的支持方面，59.1%的机构表示希望引进数字化康复系统，占比最高，55.7%的机构表示希望引进数字化评估系统，数字化能力建设在机构的未来工作计划中占有较高比重。此外，现有课程升级、康复师培训、经营管理培训、新康复项目开发等，分别占比56.8%、54.6%、54.6%、44.3%，也是儿童康复机构下一阶段较为重要的工作。

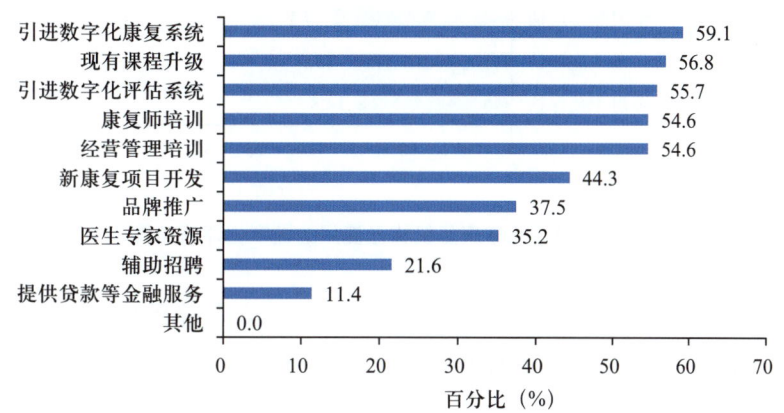

图 3-5-24　儿童康复机构希望获得的支持

4. "提高工作效率"和"提高准确度"是数字化能力建设的重要目的　69.3%的机构管理人员认为引入数字化评估系统可以节省评估时间，占比最高；其次，68.2%的机构管理人员认为引入数字化评估系统可以提高评估准确度。此外，分别有65.9%、56.8%、54.6%的机构管理者认为可以"节省人力""弥补人员评估能力的不足"，以及"节省成本"。

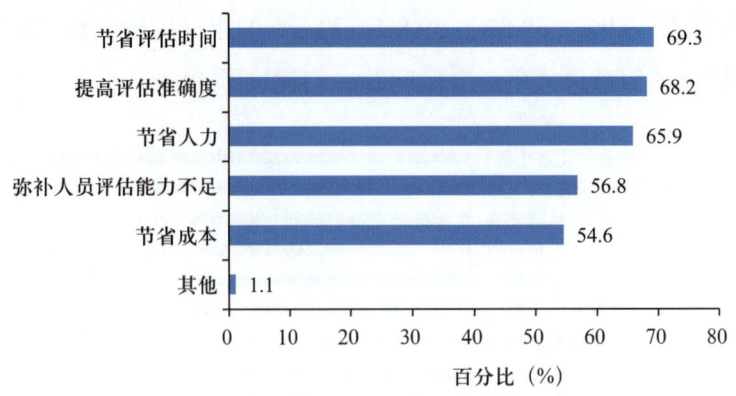

图 3-5-25　儿童康复机构管理者认为的数字化技术的优势

5. 孤独症评估是儿童康复机构已配置较多的系统　37.5% 的机构尚未使用数字化系统，已应用的数字化系统主要为孤独症评估，有 39.8% 的机构在应用；其次，有 36.4% 的机构已在使用感觉统合评估，33% 的机构应用了言语语言障碍评估，其他的如一般发育落后评估系统、学习障碍评估系统、多动症评估系统、运动/协调障碍干预评估系统应用较少。

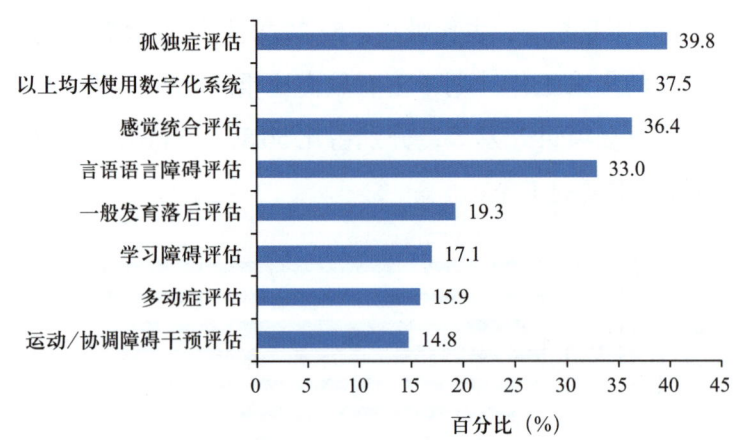

图 3-5-26　儿童康复机构已使用的数字化评估工具

6. 儿童康复机构对学习障碍评估系统的需求最高　学习障碍评估系统的需求平均得分 5.85，然后依次是言语评估系统、感觉统合评估系统、孤独症评估系统、多动症评估系统，需求程度平均得分为 5.62、5.6、5.59、5.36。

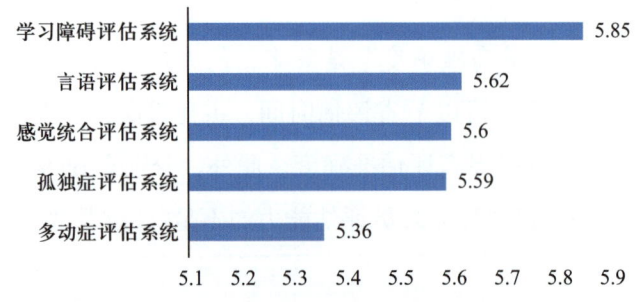

图 3-5-27　儿童康复机构需求的数字化评估工具

7. 言语语言治疗将是儿童康复机构重点布局的项目　45.5% 的机构计划下一步新增言语语言治疗领域的服务，占比最高；其次是基于 ABA 的各类孤独症干预领域，占比为 43.2%；40.9% 的机构计划新增儿童心理情绪干预领域的服务。对于注意力训练和执行功能训练这两个领域都有 38.6% 的机构想要新增相关的服务。感觉统合训练领域想要新增的机构仅占总数的 34.1%，可能是拥有该领域服务的机构已经有很多。想要新增物理治疗和作业治疗的机构占比相对较少，分别为 13.6%、15.9%，也还有 17.1% 的机构没有新增康复领域的计划。

图 3-5-28　儿童康复机构下一步新增训练项目

8. 儿童康复机构进一步看好大龄儿童康复教育　对于服务内容的新增，机构普遍看好大龄儿童康复教育，有 37.5% 的机构想要增加此项服务内容；36.4% 的机构预备新增家长课堂服务；融合入园服务也有 34.1% 的机构想要新增此类服务。还有 30.7% 的机构想要增加家长培训中的家庭康复教育。其余的像小龄儿童康复个训课、集体课，大龄儿童的职业教育等想要增加的机构相对较少。

儿童康复机构对学习障碍评估系统需求程度较高，可能与进一步看好大龄儿童康复教育有关。受疫情三年学生长期居家学习的影响，学习障碍成为一个表现突出的问题。

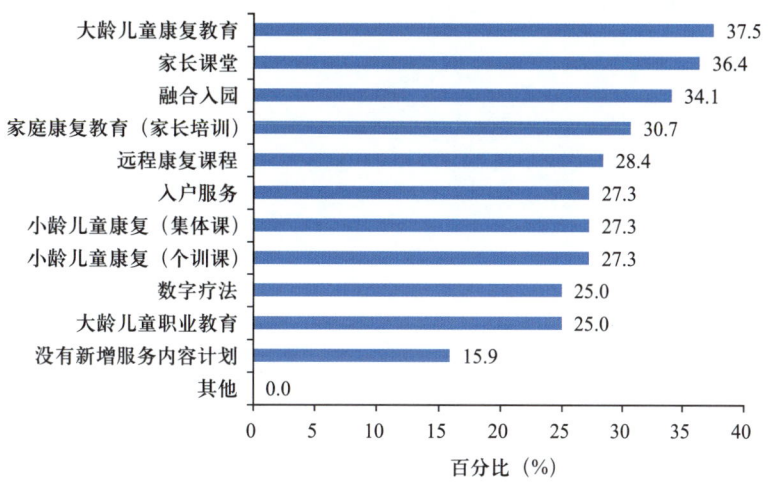

图 3-5-29　儿童康复机构下一步新增服务内容

9. 儿童康复行业整体向好　52.3%机构管理者对于2023年的企业营收持乐观态度，认为可以实现盈利，会比2021年有所增长；36.4%的机构管理者认为会基本跟2021年的收入持平；仅有4.6%的机构管理者认为2023年的预期营收会比2021年下降，6.8%的机构管理者认为会出现亏损。

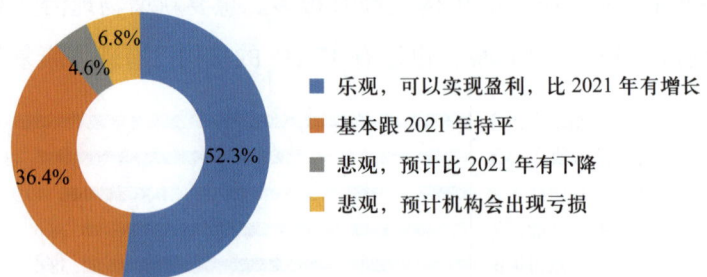

图3-5-30　儿童康复机构管理者对2023年经营的预期

（蓝皮书康复机构调查课题组[①]）

---

① 课题组成员：吴美琦，余树懋，杜俐佼，郜熠珂

第四章

研究报告

第一节　关于2022年度全球孤独症患病率的一项系统性综述研究

一、背景介绍

孤独症谱系障碍（ASD）简称孤独症或自闭症，其患病率估计对于为公共政策提供信息、提高大众认知和制定优先研究方向至关重要。2022年，发表在 Autism Research 杂志上的一篇综述——Global prevalence of autism: a systematic review update 系统性回顾了全球孤独症患病率的研究。研究审查了影响患病率估计的各种因素，并严格地审查了生物或社会相关的影响因素（如生物学性别、社会人口学状况、民族/种族和出生地）对患病率估计的影响。自2012年以来，71项研究发布了99项患病率估计的研究结果，提示全球孤独症患病率在区域内和区域之间，患病率中位数为100/10 000（范围：1.09/10 000 ~ 436.0/10 000）。男女比例中位数为4.2。孤独症共患智力残疾的中位百分比为33.0%。患病率的估计各不相同，可能反映了社区意识、服务能力、帮助寻求和社会人口因素之间的复杂而动态的相互作用模式。该研究的调查结果显示，全球调查的孤独症患病率有所增加，这反映了多种因素的综合影响，包括全球社区意识和公共卫生响应能力的提高，疾病识别和定义方面的进展，以及社区能力的提高。

该研究回顾了全球孤独症患病率的研究，考虑了地理、种族和社会经济等因素对患病率估计的影响。估计全世界每100名儿童有1名被诊断出患有孤独症谱系障碍。患病率随着时间的推移而增加，并在不同社会人口群体内部和之间差异很大。这些发现反映了孤独症定义的变化以及患病率研究的方法和背景的差异。

孤独症是依据社交和沟通障碍以及重复和局限性行为来诊断的，这些行为可能因严重程度而变化。早在幼儿18 ~ 24个月大的时候就可以诊断出孤独症；在这个年龄，特征性的孤独症症状可以帮助我们将孤独症与典型的发育迟缓、其他发育迟缓、其他发育问题区分开来。

孤独症研究的进步与国际政策的重大进展齐头并进。除了全球意识和宣传显著提高带来的政策利好外，孤独症还受益于人权、孕产妇和儿童健康以及心理健康等互补领域的进展。这些进展在很大程度上是基于《联合国残疾人权利公约》（United Nations Convention on the Rights of Persons with Disabilities，UNCRPD）的。该公约概述了关键的原则，包括尊重尊严、自由选择和独立、不歧视、充分参与和融入社会以及接受残疾人作为人类多样性的一部分。

全球倡导和动员也呼吁在孤独症领域从提升大众认知转向能力建设。在世界大多数地区，孤独症的大众认知有了很大进步，但可用的服务没有显著增加。近年来，世界卫生大会通过了WHO的《2013—2020年综合心理健康行动计划》。该计划支持"及时获得高质量、文化上适当的健康和社会照料"。愿景是建立一个重视和促进心理健康、预防精神障碍、受这些障碍影响的人能够行使所有人权并及时获得高质量、文化上适当的健康和社会照顾的世界。该计划以全民医保、循证实践、多部门实践和增强精神障碍患者权能等原则为指导。为了满足社区的需求，制定或完善国家和区域层面的孤独症政策也取得了进展。

全世界在提高孤独症大众认知和公共卫生响应方面取得的巨大进展与流行病学研究齐头并进。这些研究提供了孤独症影响的客观指标，包括病例估计及其相关的社会和经济影响。流行病学研究可以反映受影响人口的身份、服务和支持的状况等信息，并可以借助这些信息为决策者提供支持。

流行病学研究也越来越多地被用于推断孤独症的相关病因，尽管可能是间接病因。例如，随着时间的推移，患病率的增加可能是由于环境风险因素暴露变化所导致的。同样，关键社会人口因素（如地理、种族、社会或经济）的患病率差异也可能反映了生物和（或）环境病因的真实潜在差异。相互竞争的假设尝试解释这些差异，例如，病耻感/系统性障碍所导致的种族/社会经济亚群体的边缘化，改变他们获得服务的机会，从而导致患病率的变化。

遴选研究的主要目的是估计自2012年以来孤独症的患病率，在以下情况下，研究被排除：①主要目标是测试筛查工具，不生成患病率估计。②如果侧重于其他疾病，或者专注于估计其他情况下的孤独症患病率，例如智力残疾、精神疾病等，或者没有全文文章，研究将被排除在外。③当确定患病率所需的最低信息（即人口规模、覆盖的年龄范围、孤独症病例数量和估计的95%置信区间）未报告，也无法根据已发布的有关该研究的信息进行确定。

该研究最终通过Medline数据库（n=2939）和手工搜索（n=12）共筛选了2951条记录。在筛选标题和摘要并删除副本后，对132篇全文文章进行了分析，其中71篇被保留以纳入最终Meta分析。这71项研究确定了34个国家的99个患病率估计研究结果。

样本量相当大，参与者从465到5000万不等，患病率从1.09/10 000到436/10 000不等，患病率中位数为100/10 000。与2012年的分析类似，大多数研究在美国和北欧进行，但来自非洲和中东地区等以前代表性不足的地区的研究数量有所增加。接受调查的人口大多是儿童，但一些研究包括18岁及以上的成年人，其中两项研究专门关注成年人。男性患者超过女性，但男性与女性的比例从0.8到6不等。在世界许多地区，智力残疾病例的比例很少或根本没有估计，但在欧洲、美洲、东地中海和西太平洋地区，估计从0到70%不等（表4-1-1）。

流行病学研究很少使用可比性比较好的变量来描述临床表现，报告最常提到的是年龄、性别等。与之前的患病率估计一样，最近的患病率估计差异很大，部分原因可能是方法特征的差异，包括样本特征、病例查找和定义的方法。病例的发现、定义和评估都与患病率的估计密切相关。

表 4-1-1 全球不同区域 2012—2021 年 ASD 患病率

地区	研究数量	样本量			ASD 患病率（/10 000）				性别比例			智力障碍比例		
		IQR（四分位间距）	范围	中位数	IQR	范围	中位数	IQR	范围	中位数	IQR	范围	中位数
美洲	30	200 737.5	465 ~ 8 129 270	54 960	82.3	11.1 ~ 250	132.3	0.7	2.7 ~ 5.3	4.3	13.2	24 ~ 47	33
欧洲	31	454 113.5	1796 ~ 2 431 649	32 342	63.5	24 ~ 268	100	1.3	0.8 ~ 5.4	4.1	28.7	0 ~ 47.5	20.9
西太平洋	22	4 236 842.3	3300 ~ 51 529 338	19 349	203.1	1.09 ~ 436	28.3	2.1	2.2 ~ 6.1	4.7	15.1	36.8 ~ 67	45.4
东南亚	8	9 442.3	3964 ~ 28 070	8143	34.0	7.5 ~ 140	23.2	1.0	1.15 ~ 3	1.75	—	—	—
地中海	6	98 253.0	998 ~ 837 655	30 754	86.5	10 ~ 153	62.6	1.9	1.1 ~ 4.3	2.85	0	70.3 ~ 70.3	70.3
非洲	2	—	—	—	—	120 ~ 290	205	0.1	1 ~ 1.2	1.1	—	—	—
汇总	99	323 890	465 ~ 51 529 338	31 000	119.25	1.09 ~ 436	100	1.66	0.8 ~ 6.1	4.2	21.8	0 ~ 70.3	33

二、病例的定义和识别

（一）病例定义

最常用于确定孤独症"病例"的是以下两个主要的临床参考文献：美国精神病学协会的《精神障碍诊断与统计手册》（DSM）和世界卫生组织（WHO）的《国际疾病分类》（ICD），最新版本是 DSM-5 和 ICD-11。DSM-5 已经在使用，而 ICD-11 于 2022 年刚投入使用。一些流行病学研究使用了中国精神障碍分类（CCMD-3），尽管 ICD 在中国也一直在使用，然而，CCMD 本身最初是基于 DSM 和 ICD 开发的，因此，不会对患病率估计产生重大影响。

扩大诊断边界可能解释了随着时间的推移测量患病率增加的部分原因。对孤独症或广泛发育障碍中不同的诊断类别会导致得出不同的患病率估计。例如，2012 年的研究将定义更狭义的孤独症的估计与孤独症的估计区分开来，前者的估计中位数为 17/10 000，后者的估计中位数为 62/10 000。

最新版本的诊断分类已经从孤独症的"亚型"转向"谱系"。DSM-5 具有单一诊断类别（ASD），反映了症状的变异性。此外，ICD-11 不会区分有智力残疾和没有智力残疾的孤独症。

（二）病例的识别

最大的流行病学研究是通过国家监测计划进行的。最成熟的是美国疾病预防与控制中心（CDC）监测系统，该系统通过孤独症和发育障碍监测网络实施，定期发布 8 岁儿童的孤独症患病率的最新估计。加拿大还建立了国家孤独症谱系障碍监测系统，并报告了 6 个省和地区 5～17 岁儿童的患病率。该系统从卫生和社会服务或教育记录中识别儿童，其中诊断由有执照的卫生专业人员进行。

在欧洲，来自国家卫生登记处的数据可以用于估计法国、丹麦、芬兰和冰岛的孤独症患病率。这些登记册依赖于通过全民医疗保健系统提供的终身数据，并高度代表当地人口。其他国家的研究还使用了政府医院提供的行政数据库以及保险公司或教育系统的数据等。

其他患病率估计来自纵向队列研究，如西班牙神经发育障碍流行病学研究，以及澳大利亚儿童纵向研究。国家健康调查还用于估计孤独症患病率，如美国全国儿童健康调查和美国全国健康访谈调查。另外，基于人群的流行病学调查依赖于多阶段方法：筛查阶段确定了可能的病例，最后阶段确定了确诊诊断的筛查病例的比例。

虽然监测系统、登记处和行政数据提供了大量的样本量，但如果社区中有很多孤独症病例没有诊断，患病率可能被低估。这些研究的重点是能够获得服务的人口，而不是从广大人群中抽样，导致可能低估患病率。相比之下，主动发掘病例的人群调查通常比使用行政数据的研究产生更高的患病率估计。然而，主动筛查程序可能会受到不同阶段参与者的人口覆盖率、样本代表性和回复率的限制。

(三)病例的识别和评估

不同的研究依靠不同的程序来识别可能的病例并确认确诊病例。使用行政数据库的研究报告了卫生或教育系统中发现的病例。这些研究受到临床实践的变异性和极有可能不一致的限制。基于人群的研究通常采用较小的样本,因此使用多阶段方法筛选目标人群,然后确认其最终病例的准确性。筛查阶段完成后,确定为阳性的病例,除非筛查工具100%敏感,否则筛查阴性样本也需要进一步确诊。

流行病学研究筛选阶段经常使用的标准工具包括 M-CHAT、SCQ、CAST、ASRS、SRS 或 AQ 等。当参与者直接接受诊断确认时,会使用各种方法,从临床专家的非结构化检查到授证的研究人员使用标准化措施的结构化的工具。用于确认孤独症的标准化诊断工具包括 ADOS、ADI-R 等。有趣的是,使用此类工具仍然不能保证准确确定病例。标准化评估工具的效用取决于管理工具的人员的培训和专业知识水平。即使使用有效和可靠的工具,在孤独症调查和一些未被识别的真实病例中,筛查方法的敏感性也很少是100%。这意味着,总体来说,与真实患病率相比,孤独症的现有患病率被低估了。

因此,现有研究凸显了流行病学估计中方法严谨性与样本代表性之间的平衡。使用标准化工具可以提高调查结果的可比性。在筛选方面,了解所用工具的敏感性和特异性有助于理解和解释由此产生的估计的准确度。同样,使用标准化工具进行诊断确认减少了对临床判断的依赖,以便使在研究内部和跨研究之间确定的病例具有可比性。

三、患病率估计和病因

已经有几种假设试图解释不同人群患病率的变化与患病率上升的时间趋势及潜在病因因素的关联性。有大量证据表明,患病率的变化反映了与人口、种族和社会经济等广泛社会决定因素相关的差异。

(一)生物性别

男性性别是公认的孤独症危险因素之一,产生了"女性保护效果"的概念,比如,女性需要更大的病因负荷才能表现出与男性相同的影响。矛盾的是,女性保护作用还意味着,当被确定为患有孤独症时,女性更有可能表现出更严重的表型。大多数报告智商水平的研究也发现,女孩共患智力残疾的孤独症病例比例高于男孩。同样,另一组研究发现,患有孤独症的男性在智商较高的范围内所占比例更高。这些发现与美国之前的观察结果一致,即随着智力残疾的严重程度的下降,男性与女性的比例会增加。

(二)社会人口学状况

除了不同研究的方法差异外,对全球孤独症患病率可比性的主要挑战是大多数研究都是在西方社会进行的。在代表性不足的地区进行的研究往往样本量小。因此,虽然目前没有足够的研究使用好的方法来解决区域差异问题,但现有估计显示区域内变异性影响很大。

(三)种族/民族和国籍

随着时间的推移,美国监测了孤独症患病率所反映的种族差异,变化模式表明,最初诊断不足的少数群体的诊断"赶上"来了。例如,2016年,白人(非西班牙裔)、美国非洲裔和亚太岛民儿童的总体患病率估计几乎相同,但西班牙裔儿童的患病率估计较低,白人和黑人之间的患病率差异仅在两个地点观察到。然而,在2010年,非西班牙裔白人儿童被诊断为ASD的可能性是非西班牙裔黑人儿童的2.5倍。另一方面,来自美国的医疗补助系统(Medicaid)的现有数据仍然表明,与其他种族相比,白人的患病率更高。在美国境外的一项研究发现,阿拉伯人的孤独症率与普通人群相比要低得多。

(四)时间趋势

美国的时间趋势得到了密切监测,美国CDC根据2010年、2012年和2014年患病率的最新报告发现,随着时间的推移,新泽西州的患病率有所上升,但亚利桑那州和密苏里州的估计保持稳定。该研究还发现,随着时间的推移,共患有孤独症和智力残疾的儿童比例也保持稳定。另一项针对美国低收入人群的研究报告称,2006年至2008年期间,被诊断患有孤独症的成年人的患病率有所上升。

四、小结

近年来,全球公众对孤独症的认知和公共卫生应对措施取得巨大积极改善。好处之一是在早期识别疾病方面取得了重大进展,这在一定程度上解释了随着时间的推移患病率上升。与此同时,全球患病率估计一直在上升,特别是在非洲和中东地区等以前代表性研究不足的地区。这些研究将为全球公共卫生应对措施提供信息。最近的研究同样表明,孤独症的患病率相对较高,对健康和经济的影响也很高。

流行病学研究也在一定程度上反映了孤独症病因的一些探索。该研究报告了基本一致的较高的男女比例,提示生物性别可能是一个明显的促成因素,但性别对患病率影响的机制尚不清楚。研究审查的证据还将孤独症患病率与一系列社会决定因素联系起来,包括地理和种族、民族。其他专注于孤独症社会决定因素的研究发现,社会教育状况(SES)与孤独症患病率之间存在正相关关系,尽管仍有争议。目前研究找不到令人信服的证据来证明这些因素与孤独症患病率的变化之间存在直接因果关系。相反,社会决定因素可能会以复杂的方式与生物因素相互作用,通过改变寻求和获得护理的帮助模式来影响患病率和结果。部分美国的证据显示种族差异,但最近的发现表明,在SES分层后,这种差异会缩小。印度的新发现还报告了与较低的SES组相比,孤独症病例更多,尽管没有达到统计学意义。矛盾的是,在较低的SES群体中,包括智力残疾在内的其他儿童残疾的患病率一直较高。因此,孤独症流行病学的发现与其他研究领域趋同,表明需要提高理解和有针对性的政策,以解决健康差异。

同样,孤独症患病率的时间趋势也反映了多种因素的综合影响,而不是单一的简单的因果途径影响。已知导致患病率上升的因素包括全球大众意识和公共卫生响应的提高，诊断定义的变化随着时间的推移扩大了诊断界限，纳入了更多轻症的患者，以及以前因性别、地理、种族/民族或SES差异而未确诊人群中孤独症的识别率增加。目前证据不足，但是提示环境因素可以对患病率的提升有贡献。

（吉　宁）

第二节　2022年度孤独症谱系障碍、注意缺陷多动障碍的研究进展

一、2022年度孤独症谱系障碍的研究进展

孤独症的症状随发育而变化，且可能被代偿机制所掩盖，所以根据既往信息可能符合诊断标准，但是目前的临床表现必须引起显著的损害。在孤独症的诊断中，通过使用标注临床特征（伴不伴智力损害，伴不伴结构性语言损害，是否与已知躯体/遗传性、环境/获得性疾病有关，与其他神经发育、精神或行为障碍有关），标注首发年龄、严重程度——这些标注使得临床工作者能够实现个体化诊断并对患病个体进行更丰富的临床描述。除此之外，癫痫、注意缺陷多动障碍、睡眠问题、焦虑抑郁也经常出现在孤独症个体报告中。

目前尚未确定诊断ASD的特异性生物标志物。儿童出生后2年内常见的ASD早期体征和症状包括：叫名字时没有反应，在交流中不使用或有限地使用手势，缺乏具有想象力的游戏能力。ASD的诊断标准是由临床医生组成的多学科团队进行的综合评估，并基于对儿童行为的半结构化直接观察和半结构化照顾者访谈，重点关注个体的发展和行为，采取标准化措施，如《孤独症诊断观察表》（第2版）（ADOS-2）和《孤独症诊断访谈》（ADI）——它们的敏感性分别为91%和80%，特异性分别为76%和72%。与没有ASD的人相比，ASD患者共患比例更高——抑郁（20%对比7%）、焦虑（11%对比5%）、睡眠困难（13%对比5%）和癫痫（21%伴有智力残疾对比0.8%）。密集的行为干预，如早期丹佛模式，对5岁或更小的儿童在语言、游戏和社会交流方面的改善是有益的。

药物治疗适用于同时发生的其他精神状况，如情绪调节障碍或注意缺陷/多动障碍。与安慰剂相比，利培酮和阿立哌唑可以改善易激惹和攻击性。与安慰剂相比，中枢兴奋剂有效改善注意缺陷/多动障碍的症状。这些药物最常见的不良反应包括影响食欲、体重和睡眠的变化等。总之，ASD影响美国约2.3%的8岁儿童和约2.2%的成人。一线治疗是行为干预，而共患其他精神状况时，如焦虑或高攻击性，可以使用特定的行为疗法或药物治疗。

2023年，发表在JAMA杂志上的 *Autism Spectrum Disorder：A Review*，Hirota等检索了PubMed过去十年ASD多方面的研究相关文献，最终筛选出46篇研究（涵盖临床试验、队列研究、系统性综述和Meta分析）进行综述，并从流行病学、病理生理学、诊断和临床管理方面对孤独症相关问题进行总结，阐述了孤独症相关领域研究的进展和变化。

（一）孤独症的患病率

在美国8岁儿童中，ASD的患病率从2008年的1.1%增加到2018年的2.3%。诊断标准

的变化、对 ASD 认知的提高、确诊技术的改进以及服务可及性的提高（如早期行为干预和为 ASD 儿童设计的个性化方案教育）等因素，对于逐年 ASD 患病率的提高都有一定的影响。此外，孤独症的定义现在包括更广泛的范围，这可能部分解释了为何估计患病率比早期有所增加。

1. 性别与孤独症患病率　男性 ASD 的患病率高于女性（男性为 3.7%[95%CI，3.5% ~ 3.8%]，女性为 0.9%[95%CI，0.8% ~ 0.9%]）。使用更严格的病例筛选方法的研究报道了较低的 ASD 的男女比率：男孩为 3.7%（95%CI，2.6% ~ 4.9%），女孩为 1.5%（95%CI，0.6% ~ 2.4%）。女孩和女性更可能表现出较轻的 ASD 症状，包括社会交流困难（临床上称为"伪装 camouflaging"）。也有可能目前的诊断程序对从女性中发现 ASD 患者不太敏感。一项纳入了 641 860 名居住在社区中的成年人的大型数据库的研究报告称，与顺性别者相比，跨性别者和多元性别个体中的 ASD 患病率较高。

2. 二胎与孤独症患病率　在一项对 664 名 ASD 儿童的调查中，这些儿童的弟弟妹妹从出生起就加入到了前瞻性随访，他们的弟弟妹妹中有 19% 在 36 个月大时被诊断为 ASD。在一项使用行政管理数据库对 39 460 名 ASD 儿童的同胞进行的观察发现，弟弟 ASD 的诊断率为 14%，而妹妹的诊断率为 5%。

（二）孤独症的病因及病理生理学

1. 遗传因素　目前发现的遗传因素比环境因素影响更大。目前研究发现，至少有 100 种风险基因与孤独症症状相关以及上千种基因亚型在某些程度影响孤独症的发生，但尚未发现针对 ASD 诊断的有效生物标记。

在三项北欧国家基于人群数据的研究中，共包括 22 156 名 ASD 患者，并研究了平均估计遗传度，ASD 性状的变异归因于遗传因素为 81%（95%CI，74% ~ 85%）；同时该研究发现，环境因素贡献了 14% ~ 22% 的 ASD 患病风险。大约 100 个基因（如 *KMT2A*、*NRXN1*、*SHANK3*）中，显著与 ASD 患病相关，而更大量（可能有数千个）的遗传变异与较小的风险相关，但综合在一起，也许可以解释大多数病例。多种遗传和环境因素与 ASD 相关，但没有一个因素对 ASD 的发展具有绝对特异性（没有任何一个单一因素可以解释 ASD 的发生）。

Willsey 等对遗传因素的作用进行了更多解释，该研究使用了活体非洲爪蟾模型，并检测了 10 个与 ASD 具有最强统计学关联的基因，这些基因在端脑中表达，对应于人类出生前孕中期前额叶皮质发育的时间点。研究发现，雌激素减轻了 ASD 风险基因造成的损害，这可能有助于解释患病率的性别差异。

2. 环境因素　许多风险基因会影响基因表达调节、神经发生、染色质修饰和突触功能，而雌激素可能会降低这种影响。母亲妊娠期间的高血压等健康问题、父亲的高龄程度、药物使用等都被发现会增加 ASD 的发病风险。一项 Meta 分析发现，母体因素如妊娠期高血压 [OR = 1.4（95%CI，1.2% ~ 1.5%）]、妊娠前或妊娠期间超重 [RR = 1.3（95%CI，

1.4%~2%)]、先兆子痫[RR = 1.3（95%CI，1.2%~1.5%）]均与后代较高的ASD患病率相关（未提供绝对发病率）。此外，队列和病例对照研究报告，父亲年龄较大（父亲年龄每增加10岁，后代ASD诊断率增加21%），妊娠期药物使用和妊娠间隔时间过短（<12个月）和过长（72个月）均与后代诊断为ASD的风险增加相关。关于怀孕期间药物使用和ASD风险，在丹麦的一项基于人群的涵盖655 615名儿童的研究中，怀孕期间接触丙戊酸的后代患ASD的绝对风险为4.4%（95%CI，2.6%~7.5%），而没有接触丙戊酸的后代患ASD的风险为1.5%（95%CI，1.5%~1.6%）。尽管在队列研究中，怀孕期间使用选择性5-羟色胺再摄取抑制剂（Selective Serotonin Reuptake Inhibitors，SSRIs）与ASD风险增加有关，但Meta分析强调，这种关联受到其他因素的干扰，比如，SSRI的适应证、母亲抑郁与ASD风险之间的遗传关联。因此，证据并不排除在有指征时使用SSRIs治疗妊娠期抑郁症。另外，大量研究驳斥了疫苗与ASD之间存在联系的说法。

（三）孤独症的临床症状

1. 孤独症谱系障碍的早期行为迹象　孤独症谱系障碍症状的具体表现取决于年龄、语言水平（从非语言到完全流利）、认知能力和性别。在出生后的两年，其共同的特征包括语言技能和交流手势技能较差或下降，或者未能习得或使用这些技能。孤独症谱系障碍的另一个特征是社会交往能力的缺陷，出现重复性行为，如叫名字时没有反应、反复拍手、以特定的方式排列玩具等（表4-2-1）。

表4-2-1　孤独症谱系障碍的早期行为迹象

未能达到发育的里程碑
1. 避免或不保持眼神接触。
2. 9个月对呼名没有反应。
3. 9个月的时候不会表现出面部表情。很少与照顾者分享快乐。
4. 12个月大时没有简单的互动游戏。不使用或很少使用手势（如，不挥手告别）。
5. 不与他人分享。
6. 很少或不模仿他人或不会假装。
7. 18个月不会指（向照顾者展示有趣的东西）。
出现异常行为
1. 按照特定的顺序排列玩具，当顺序改变时，他们会感到不安。
2. 使用重复的单词和短语。
3. 不寻常的方式移动手指、手或身体（例如，轻弹手指、拍手、摇摆、转圈）。
4. 对特定物品表现出过度的兴趣。
5. 对某些物体有强烈的兴趣，对不寻常的物体有依恋。
6. 对特定感觉刺激有异常反应（例如，对衣服标签感到不安，避免吃某种食物）。
7. 对不寻常的感觉体验有强烈的兴趣并寻求不寻常的感觉体验（例如，对某些光线眯着眼睛或拍打双手，过度摩擦某些物体、舔或闻物体）。

2. 感觉损害与孤独症临床症状　行为或认知僵化（例如，坚持严格遵守常规）、缺乏社交兴趣、兴趣受限和缺乏想象力的游戏等症状通常会随着儿童的成长而变得更加明显。与没

有感觉损害的儿童相比，那些有视觉和（或）听力损害的儿童发育里程碑可能会延迟达到（例如，由于失明导致的非语言交流缺陷），并表现出与 ASD 症状重叠的行为（例如，刻板、重复性运动），需要仔细评估以确定这些儿童表现出的行为是否是 ASD 症状的一部分。在特殊需要个体中，ASD 的患病率较高。例如，ASD 的患病率在视力受损人群中为 19%，在听力受损人群中为 9%，在智力残疾人群中为 18%，在唐氏综合征患者中为 16%，在脆性 X 综合征患者中为 30%。

没有语言发育或其他发育里程碑延迟的 ASD 的儿童可能会延迟 ASD 的诊断。这些个体可能首先因为与 ASD 相关的问题行为而接受医疗服务，例如破坏性行为、由于对偏好活动的强烈兴趣而难以遵循指示，或同时发生的神经发育和精神障碍。没有中度或重度智力或学习障碍的患儿，在他们获得或维持教育或就业方面遇到挑战，并且具有孤独症谱系障碍的特征，可以成年后寻求专业评估。

3. 共患精神状况与孤独症临床症状　共患发育和精神状况在 ASD 患者中很常见。与非 ASD 的人相比，ASD 患者更有可能共患其他神经发育障碍，如，ASD 共患 ADHD 的比例为 28%，非 ASD 共患 ADHD 的比例为 7%；ASD 共患智力残疾的比例为 23%，非 ASD 共患智力残疾的比例为 0.7%。与非 ASD 的人相比，ASD 患者共患焦虑和抑郁障碍的比例也更高，ASD 共患焦虑症的比例为 20%，非 ASD 共患焦虑症的比例为 7%；ASD 共患抑郁症的比例为 11%，非 ASD 共患抑郁症的比例为 5%。在年龄较大的儿童、青少年和成人中，共患情绪障碍和相关行为（如抑郁和自杀倾向）可能会大大降低生活质量并增加死亡率。ASD 患者可能会出现攻击和自我伤害等严重行为。与非 ASD 的患者相比，ASD 患者罹患特定疾病的风险会增加，例如癫痫（ASD 共患智力残疾患者中为 21%，在没有智力残疾的 ASD 患者中为 8%，而在普通人群中仅为 0.8%），进食问题（例如，专注于特定食物，对食物质地敏感），运动协调困难——例如身体左右两侧之间的协调运动困难或保持姿势的问题（37% 对比 5%），胃肠道疾病（如便秘［22%］）和睡眠困难（13% 对比 5%）。这些情况可能会导致儿童就医，并促进 ASD 的更早诊断。

4. 学者综合征　学者综合征在孤独症谱系障碍患者中更为常见，这是一种超越人类传统能力的特殊技能，最常见的表现在记忆、艺术、音乐、心算和日历计算（例如，对任何给定日期可以说出当日是星期几的能力）。拥有极端学者综合征技能的人可能会吸引媒体的关注，但也可能会导致大众对孤独症谱系障碍形成刻板印象。多达 29% 的 ASD 患者中可能会出现学者综合征技能。有的孤独症谱系障碍的特征，如受限的兴趣和重复的行为，可能导致高度的专注和对技能的不懈练习，最终使某种能力变得卓越。

（四）孤独症的诊断

1. 筛查工具　美国儿科学会（American Academy of Pediatrics）建议所有儿童 18 个月和 24 个月时进行 ASD 筛查。相反，2016 年，美国预防服务工作组（Preventive Services Task

Force）认为，由于缺乏随机临床试验证明早期筛查识别ASD是否更有利于改善ASD核心症状，因此如果父母没有提出对于ASD的担忧，则没有足够的证据建议幼儿进行ASD筛查。美国预防服务工作组呼吁进行更多的研究，以确定通过普遍筛查进行早期识别是否与改善ASD的结果相关。

修订的幼儿孤独症检查表（Modified-Checklist for Autism in Toddlers, Revised，M-CHAT-R）包含20个项目的筛查问卷，是初级保健机构中经常使用的针对孤独症的筛查工具之一，旨在从普通人群中识别16至30个月的有ASD风险的儿童。M-CHAT-R总分高于2分的儿童被认为有ASD风险，需要卫生保健专业人员进行后续补充问题询问，以获得关于儿童未在M-CHAT的项目上展示的额外信息。这增加了其筛查的特异性（增加了补充问题，M-CHAT-R的敏感性为85%，特异性为99%）。指南一般不推荐某一种特定的针对孤独症的筛查。ASD筛查结果为阳性的儿童应接受全面评估，并转诊至发育性障碍诊疗的服务机构，包括早期行为干预和家庭指导。没有证据推荐在无症状成人中筛查ASD，也很少有针对成人的ASD筛查工具。英国国家卫生与保健研究所（National Institute for Health and Care Excellence）建议临床医生考虑对没有中度或重度智力残疾的成人疑似ASD患者使用10项目的筛查工具《孤独症商》（Autism Spectrum Quotient），以确定是否需要转诊进行全面评估。

2. 诊断工具　ASD诊断的标准是最佳估计临床共识，定义为多学科专业团队基于详细的发育史和使用标准化诊断工具对个体行为的观察而达成的一致意见。最广泛使用的ASD标准化诊断工具包括《孤独症诊断访谈（修订版）》（Autism Diagnostic Interview, Revised），即与父母的半结构化访谈，以及《孤独症诊断观察表（第2版）》（Autism Diagnostic Observation Schedule, Second Edition），即对儿童行为的半结构化直接观察。诊断结论结合了《精神疾病诊断与统计手册》和《国际疾病分类》的定义以及参与评估的多学科专业人员的诊断印象和意见。ADI-R和ADOS-2的敏感性分别为80%（95%CI，79%～82%）和91%（95%CI，90%～92%）。ADI-R的特异性为72%（95%CI，70%～74%），ADOS-2的特异性为76%（95%CI，74%～78%）。诊断工具应该提供更多辅助信息，而不是取代临床判断。认知和适应功能测试，如区分能力量表（Differential Ability Scales）、韦氏儿童智力量表（Wechsler Intelligence Scale for Children）和文兰适应行为量表（Vineland Adaptive Behavior Scales）以及评估定量和定性言语能力和沟通技能的言语和语言评估，对于确定ASD的诊断以及制定治疗计划非常重要。感觉和运动评估可以提供与功能性精细和粗大运动技能和感觉处理差异（如感觉过敏和感觉迟钝）相关的有用补充信息。多学科评估可以帮助临床医生区分ASD和其他障碍（如智力残疾、语用障碍、ADHD）。ASD诊断工具未能针对有视力障碍和听力损害的个体中做标准化。同时发生的情绪和行为问题也可能影响ASD诊断指标的观察。

美国儿科学会和美国医学遗传学和基因组学学院（the American College of Medical Genetics and Genomics）建议对诊断为ASD的个体进行基因检测。通过基因检测确定ASD的遗传病因，可以为患者、家属和临床医生提供有关复发风险和预后的信息，并帮助引导患者和家属获得针对特定遗传特征的支持和资源。特别是，建议使用染色体微阵列来扫描基因组的拷贝数变异。建议对所有诊断为 ASD 的个体进行脆性 X 染色体检测，发育退化的女性应进行 Rett 综合征检测（*MECP2* 基因测序）。如果根据家族史和先天性异常（如颅面异常或大头畸形），临床医生怀疑患者患有与遗传综合征相关的 ASD，应考虑将患者转诊给遗传学家。对潜在的致病基因异常的检测可以为后续生育规划和随后的医疗监测提供信息。然而，从测试中获得临床有意义结果的可能性必须与测试对患者造成的潜在经济或身体负担相平衡。

ASD 的患者将从完善的身体检查中获益，因为胃肠道问题（如便秘和腹部不适）的发生率很高；皮肤病例如特应性皮炎以及某些遗传性疾病如结节性硬化症的神经表现也较常见。不建议将脑电图作为 ASD 评估的一部分，除非担心癫痫或与异常脑电图结果相关的特定发育障碍（如 Landau-Kleffner 综合征，其特征为失语症和失认症）。

（五）孤独症的干预

孤独症干预的目标是改善个人的功能和福祉。行为干预有充分的证据支持，例如，国家孤独症中心的国家标准项目（the National Standards Project by the National Autism Center）的建议。没有药物对 ASD 核心诊断的症状有疗效。药物干预，如阿立哌唑和利培酮，可以缓解 ASD 患者共患的行为和情绪失调。表 4-2-2 强调了关于 ASD 患者临床护理的一些常见问题，表 4-2-3 总结了心理社会干预的当前证据，表 4-2-4 总结了药物干预的当前证据。

表 4-2-2　孤独症谱系障碍（ASD）的常见问题

成年人首次怀疑 ASD，鉴别诊断中应考虑哪些其他情况？
在成年期出现神经发育障碍的个体通常症状较轻，一般已经代偿性使用了一些策略将社交沟通困难的影响最小化，并且没有明显的重复行为。 鉴别诊断一般包括焦虑症（例如，社交焦虑），强迫症（限制或重复的行为），社交语用障碍（尴尬的社交交流），可能还有注意缺陷/多动障碍（注意力不集中和冲动导致糟糕的社会关系）。所有这些诊断都可能与 ASD 共存，这增加了成年人首次诊断 ASD 的复杂性。
ASD 患者接受一般医疗服务时需要什么特殊考虑吗？
ASD 患者沟通能力有限，共患如感染、便秘、疼痛等疾病时，可能会出现问题行为，包括攻击或自残行为（撞头、自残）。此外，治疗躯体问题的药物，包括治疗癫痫的抗惊厥药物，可能会加剧问题行为。行为的突然变化可能预示着潜在的疾病。
孤独症的循证治疗的选项有哪些？
生命早期的行为干预对于改善社会沟通和互动，减少问题行为是有效的，可以在整个生命周期中使用。与 ASD 相关的情绪和行为问题，如焦虑、攻击性或注意缺陷/多动障碍，可以通过认知行为疗法和药物疗法缓解。

表 4-2-3 孤独症谱系障碍（ASD）患者的治疗干预

治疗类型	适用年龄	治疗目标	治疗内容	循证证据
行为干预如，早期密集行为干预[EIBI]，回合式教学[DTT]	<5岁	适应能力，认知，语言，运动能力，社交沟通能力，情绪和行为障碍	密集的个性化行为分析方法，通过行为观察，分析前事（引发的环境因素）行为和行为的功能，以建立新的技能并减少干扰行为。	基于 21 项随机对照研究（RCT）和准实验研究的 Meta 分析显示，密集行为干预（约 25 小时/周）研究的效应值（effect size）一般在小到中等，分别为：语言（0.24[95%CI, 0.01~0.47]），认知技能（0.29[95%CI, 0.05~0.54]），适应能力（0.38[95%CI, 0.19~0.56]），社交沟通（0.40[95%CI, 0.18~0.61]）。
发展性干预如，基于发展、个体差异和关系的地板时光、学龄前孤独症交流训练			社交实用主义方法旨在促进社会交流和互动。该模型认为模型的是，指令和教学要在一个看起来类似于典型的日常物理环境中进行。	对 11 项 RCT 研究的 Meta 分析表明发展性干预与改善的社交流相关效应值为 0.27[95%CI, 0.05~0.48]；而非语言，其效应值为 0.06[95%CI, −0.08~0.21]。
自然发展行为的干预（NDBI）如，ESDM, PRT, JASPER, ImPACT			结合了行为和发展原则的方法：NDBI 方法强调发展系统方法，与 EIBI 方法不同的是，指令和教学要在一个看起来类似于典型的日常物理环境中进行。	对 ASD 患者的 17 项 RCT 研究的 Meta 分析显示，与常见的控制/行为干预相比，NDBIs 与更好的发展结果相关，效应值分别为：语言（0.21[95%CI, 0.01~0.41]），游戏（0.33[95%CI, 0.13~0.54]），社交交流（0.42[95%CI, 0.23~0.62]）。在一项 87 名参与者的 RCT 中，2 种不同的 ESDM 治疗强度（15 小时/周，治疗 12 次；25 小时/周，治疗 12 次），两种 NDBIs 在干预结果上没有显著差异，包括孤独症严重程度、表达性沟通、接受性语言和非语言发展。
孤独症与相关沟通障碍儿童的治疗与教育（TEACCH）	儿童青少年成人	ADL，语言，沟通，社交技能，执行功能，参与	强调家长和治疗师之间的密切工作关系，适应个别客户的特殊特征的干预，利用结构化的教学经验。TEACCH 是学校使用最广泛的教学方法之一。	对 202 名参与者的 6 项研究（4 项准实验研究和 2 项 RCT）的 Meta 分析显示，TEACCH 与社交交流结果的改善有显著相关性效应值，−0.11[95%CI, −0.93~0.71]。然而，缺乏阳性结果可能是由于 RCT 中使用的非聚类随机设计和缺乏大样本量的研究。

续表

治疗类型	适用年龄	治疗目标	治疗内容	循证证据
心理治疗 认知行为疗法（CBT）	学龄和青春期	焦虑症	CBT基于认知模型——人们的行为和情绪受到他们对事件的感知影响。在焦虑的CBT治疗中，除了识别引发焦虑的情境中的认知和发展认知重新评价、想象和现实暴露是必需的。CBT的重点是问题导向，强调当下。	在包含2485名ASD参与者的45项RCT和6项准RCT的Meta分析中，CBT对ASD个体的社会情绪问题的效应值具有统计学意义，与中等效应相关（0.57［95%CI, 0.24～0.90］）。在167名6～13岁儿童的16周RCT中，与普通CBT（效应值，0.63［95%CI, 0.27～0.99］）和社区中常见的常规治疗/非CBT心理治疗（效应值，1.69［95%CI, 1.10～2.26］）相比，适用于ASD的CBT（每周90分钟，父母参与）在减轻焦虑症状方面明显更好。针对成人ASD的研究很少。
团体社交技能干预（GSSIs）	青少年 年轻成人	社交技能	小组干预，手册提供策略，以培养社会能力，包括书面或视觉材料的直接指导，示范，角色扮演和小组会议。	在包含362名ASD患者的9项RCT的Meta分析中，UCLA PEERS是ASD最广泛使用的基于手册的GSSI，包括12次90分钟的会议，每周进行一次，与延迟治疗对照组相比，2.15［95%CI, 1.54～2.77］）和父母报告的社交功能（效应值，0.71［95%CI, 026～1.15］）的增加有关。在纳入Meta分析的RCT中，延迟治疗对照组在第12周进行干预后评估后接受UCLA PEERS干预。

缩写：ESDM, Early Start Denver Model; JASPER, Joint Attention, Symbolic Play, Engagement, and Regulation; PEERS, Program for Excellence in Education and Research in the Sciences; ImPACT, Project Improving Parents as Communication Teachers; RCT, randomized clinical trial.

表 4-2-4 孤独症谱系障碍（ASD）患者的药物干预

按症状的药物		药物类别和机制	循证等级 [a]	常见副作用 [b]
易激惹、攻击性、情绪失调	阿立哌唑	非典型抗精神病药物；D_2 多巴胺受体和 5-羟色胺（5-HT）1α 受体的部分激动剂和 5-HT2α 受体的拮抗剂。	针对 5 项 RCT 和 808 名 ASD 的儿童和青少年的 Meta 分析中，与安慰剂相比，阿立哌唑与情绪失调有关，包括易激惹和攻击性（SMD，1.18；95%CI，0.84～1.52）。	嗜睡 10.4%（安慰剂组 3.96%）呕吐 13.6%（安慰剂组 5.94%）食欲增加 9.43%（安慰剂组 6.93%）锥体外系症状 8.96%（安慰剂组 3.96%）
	利培酮	非典型抗精神病药物；D_2 多巴胺受体和 5-HT2α 受体的拮抗剂，但 5-HT2α 受体的亲和力较高。肾上腺素能受体和组胺能受体也参与其作用机制。	针对 6 项 RCT 和 372 名 ASD 患者的 Meta 分析中，利培酮与易激惹和情绪失调的改善有关 [SMD，1.07（95%CI，0.82～1.33）]。	嗜睡 40.0%（安慰剂组 8.0%）呕吐 17.3%（安慰剂组 16.0%）便秘 14.0%（安慰剂组 6.40%）食欲增加 40.7%（安慰剂组 16.8%）锥体外系症状 16.0%（安慰剂组 8.0%）
注意缺陷多动障碍	哌甲酯（MPH）	中枢兴奋剂；通过阻断多巴胺和去甲肾上腺素转运体来阻止多巴胺和去甲肾上腺素的再摄取。	针对 4 项 RCT 和 117 名 ASD 儿童的 Meta 分析中，MPH 与 ADHD 症状的减轻有关 [SMD，0.60（95%CI，0.23～0.96），基于家长评分的总体 ADHD 症状] 所有 4 项研究均采用交叉研究设计，研究持续时间短（1～2 周）。	食欲下降 29.8%（安慰剂组 9.65%）睡眠问题 27.2%（安慰剂组 2.91%）易激惹 21.1%（安慰剂组 17.5%）头痛 6.14%（安慰剂组 1.75%）胃部不适 9.65%（安慰剂组 1.75%）
	托莫西汀	非中枢兴奋剂；抑制突触前去甲肾上腺素转运体，降低去甲肾上腺素再摄取。	针对包含 237 名 ASD 儿童的 4 项 RCT 的 Meta 分析中，与安慰剂相比，托莫西汀与 ADHD 症状的改善相关 [SMD，0.44（95%CI，0.06～0.93）]。	食欲下降 43.0%（安慰剂组 22.5%）易激惹 33.6%（安慰剂组 34.9%）睡眠问题 30.5%（安慰剂组 17.8%）呕吐 25%（安慰剂组 14.7%）
	缓释胍法辛	非中枢兴奋剂；刺激突触后 α₂ₐ 肾上腺素能受体增强去甲肾上腺素神经传递。	一项为期 8 周 RCT（n=62）的支持缓释胍法辛对改善研究者评定的总 ADHD 症状 [SMD，1.20（95%CI，0.66～1.75）] 的有效性。	嗜睡 86.7%（安慰剂组 9.4%）食欲减退 43.3%（安慰剂组 6.25%）情绪/哭泣 40%（安慰剂组 3.1%）口干 40%（安慰剂组 3.1%）
限制性重复性行为	SSRIs（西酞普兰 艾司西酞普兰 氟西汀 氟伏沙明 舍曲林）	抗抑郁药；抑制突触前轴突末端的 5-羟色胺转运体，抑制 5-羟色胺的再摄取，从而增加 5-羟色胺在突触中的量。	针对 7 项 RCT 和 631 名参与者的 Meta 分析中，SSRIs 总体上与 ASD 限制性重复行为的改善无关 [效应值，0.09（95%CI，−0.21～0.39）]。	肠胃问题 16.1%（安慰剂组 11.3%）情绪紊乱 28.7%（安慰剂组 23.7%）活力增加 30.5%（安慰剂组 16.5%）失眠 31.1%（安慰剂组 25.3%）多梦 8.42%（安慰剂组 0）

续表

按症状的药物	药物类别和机制	循证等级 [a]	常见副作用 [b]
焦虑和抑郁症		没有进行专门的RCT来检查SSRIs对ASD个体情感和焦虑症状的疗效。	
睡眠问题	褪黑素	其他；激活与褪黑素1受体高度亲和的褪黑素受体，从而调节睡眠/觉醒周期。	为期13周RCT中125名儿童（96.8%患ASD，3.2%患Smith-Magenis综合征），褪黑素使总睡眠时间增加51.2分钟，安慰剂组18.7分钟（$P=0.03$；Cohen d = 0.4），睡眠潜伏期减少37.9分钟，安慰剂组减少12.6分钟（$P=0.01$；Cohen d = 0.5）。	嗜睡28.3%（安慰剂组10.8%） 头痛13.3%（安慰剂组6.2%）
多动，易激惹	N-乙酰半胱氨酸（NAC）	其他：通过促进谷胱甘肽的产生作为一种抗氧化剂，谷胱甘肽是中枢神经系统内主要的细胞内抗氧化剂。	一项RCT的Meta分析中（5项试验，225名ASD患者），与安慰剂相比，NAC与ADHD[平均差异，4.80（95%CI，1.20~8.40）]和易激惹[平均差异，4.07（95%CI，1.13~7.01）]的显著降低有关，但这两组在社会交往和刻板行为的总体变化方面没有差异。	胃肠道症状32.3%（安慰剂组20.6%） 嗜睡12.9%（安慰剂组6.5%）
社交沟通障碍	催产素	其他；神经肽在调节社会交往行为中具有潜在的重要作用。	尽管在小样本量试验中初步发现了积极的结果，但与安慰剂相比，催产素未能证明改善社会交流方面的功效[最小二乘平均变化，-3.7（95%CI，-4.8~-2.8）对比-3.5（95%CI，-4.4~-2.6）；$P=0.61$］，在最大样本量的RCT有290名儿童和青少年ASD。	食欲增加16%（安慰剂组为10%） 活力增加10%（安慰剂组3%） 焦躁不安8%（安慰剂组2%）

缩写：ADHD，attention-deficit/hyperactivity disorder；RCT，randomized clinical trial；SSRIs，selective serotonin reuptake inhibitor.
[a] 标准化平均差（SMD）在0.2~0.5之间表示影响较小，0.5~0.8表示影响中等，大于0.8表示影响较大。
[b] 这里列出的不良事件可能发生在一般人群中，并不局限于ASD患者。

1. 行为干预　基于公认的行为分析原理的早期干预主要针对幼儿，但也适用于任何年龄的患者，以帮助他们获得特定技能并解决生活中的问题行为。这些原理聚焦于在理解和操纵诱发的环境条件或事件的基础上实现行为改变，这些环境条件或事件在发生后可能会强化特定行为。一般来说，治疗对于改善与 ASD 相关的症状（如有效使用语言）比 ASD 的核心症状（如社会交流障碍和重复、受限的行为模式）更有效。自然发展行为干预（Naturalistic Developmental Behavioral Intervention，NDBI）是指采用应用行为分析原理，重点教授儿童在自然环境中适合发展的技能（如游戏、日常活动）。在包括 16、7 和 17 项 RCT（Randomized Controlled Trial）的 Meta 分析中，NDBI 与儿童语言、游戏和社会交流的改善相关，效应值分别为 0.2（95%CI，0.1～0.4）、0.3（95%CI，0.1～0.5）和 0.4（95%CI，0.2～0.6）。其中，建议每周至少 25 小时干预以实现最佳发展效果。但是一项包含 87 名参与者的 2021 年的 RCT 研究并未证明干预结果的综合评分在不同强度的治疗之间（15 小时/周，12 个月 vs 25 小时/周，12 个月）存在差异，包括孤独症严重程度（$P=0.80$）、表达性交流（$P=0.36$）、接受性语言（$P=0.96$）和非语言能力——精细动作技能和日常生活技能（$P=0.54$）。介由父母实施的干预，包括共同注意力干预（侧重于改善与他人分享对某一物体或区域的关注的技能的干预，例如在分享经历时用手指着看某物和与某人进行眼神交流）、社会交流干预和行为干预（由受过培训的父母实施，目前正在作为一种潜在的干预方法进行评估）。在一项包含 19 项 RCT 的 Meta 分析中，父母提供的干预与 ASD 症状严重程度的显著但相对较小的改善相关（效应值，0.2［95%CI，0.03～0.4］）、社会化（效应值，0.2［95%CI，0.09～0.4］）和认知（效应值，0.2［95%CI，0.03～0.5］）。

被诊断为 ASD 的学龄儿童通常可以在学校环境中获得行为干预、ST、OT 和 PT 干预。通过视觉支持策略（视觉提示，如一个孩子把毛衣挂在教室门口的衣钩上的照片，或社交脚本如一篇短文——概述了孩子在看医生时可以预期发生什么）来促使和强化积极的社会行为。孤独症及相关沟通障碍儿童的治疗和教育已经较为完善，其特点是高度结构化的工作程序和可视化的信息展示，以促进从基于每个人的学习特征、技能和优势的个性化时间表中掌握学习目标。

大约 20% 的 ASD 患者罹患焦虑症，大约 11% 患有抑郁症。焦虑和抑郁会干扰适应性功能和幸福感。认知行为疗法（Cognitive behavioral therapy，CBT）是 ASD 患者中共患这些病症的一线治疗方法。在一项对 167 名 6 至 13 岁患有 ASD 的儿童进行的为期 16 周的随机临床试验中，针对 ASD 调整的 CBT（每周 90 分钟，父母参与）在减轻焦虑症状方面优于常规治疗（即非 CBT 服务）（Cohen d，1.7［95%CI，1.1～2.3］）。然而，很少有 RCT 研究 CBT 治疗 ASD 患者共患的抑郁症。

2. 药物干预和其他生物干预　利培酮和阿立哌唑具有多巴胺能和 5-羟色胺能拮抗作用，目前已被美国食品和药物管理局批准用于治疗 ASD 患者的易激惹和攻击性（表 4-2-5）。尽管它们的疗效得到了 RCT 研究的 Meta 分析的支持，但这些药物具有副作用，包括高血糖、血脂异常和体重增加。在一项对372名ASD患者的Meta分析中，与安慰剂相比，利培酮对易激惹和攻击性结果的效应大小为1.10（95%CI，0.8～1.3）；在一项对808名ASD患者的Meta分析中，与安慰剂相比，阿立哌唑的效应大小为1.20（95%CI，0.8～1.5）。中枢兴奋剂（哌甲酯）和非中枢兴奋剂（托莫西汀和胍法辛）可有效控制ASD患者的ADHD症状。例如，在包括97名患有ASD的参与者的4项临床试验的Meta分析中，与安慰剂相比，哌甲酯对ADHD症状的效应大小为0.6（95%CI，0.2～1.0）；在包括204名患有ASD的患者的4项临床试验的Meta分析中，与安慰剂相比，托莫西汀治疗ADHD症状的效应大小为0.5（95%CI，0.2～0.8）；在一项包含62名ASD患者的随机临床试验中，与安慰剂相比，缓释胍法辛对总体ADHD症状的效应大小为1.2（95%CI，0.7～1.8）。然而，与未共患ASD的ADHD相比，共患ASD的ADHD患者更有可能经历行为激活，如，坐立不安和抑制不能。褪黑素可能对ASD患者的睡眠问题有用。在一项对125名儿童和青少年进行的RCT研究中，97%的参与者患有ASD，与安慰剂相比，缓释的褪黑素使睡眠时间增加了32分钟（$P=0.03$；效应值，0.4），睡眠开始潜伏期缩短了25分钟（$P=0.01$；效应值，0.5）。氟西汀（SSRIs的一种）在一项对146名儿童和青少年进行的为期16周的临床试验中，与安慰剂相比，并不能改善强迫行为（效应值，−0.38［95%CI，−0.76～−0.004］）。类似地，在包括519人的7项RCT的Meta分析中，SSRIs总体上与ASD患者的限制性、重复性行为减少无关（效应值，0.1［95%CI，−2～0.4］）。

由于ASD缺乏有效的药物治疗，患者对补充和替代方法兴趣很大。一些补剂，如N-乙酰半胱氨酸和萝卜硫素已在RCT中进行了研究，并证明对情绪和行为症状有效。然而，目前的证据并不支持任何针对ASD核心症状（言语迟缓、社交能力差或行为受限或重复）的补剂使用。在一项对150名患有ASD的儿童和青少年进行的RCT中，比较了含大麻提取物（cannabis）——大麻二酚（cannabidiol）以20∶1的比例混合四氢大麻酚（tetrahydrocannabinol）（全株大麻提取物）、纯化大麻素——大麻二酚以1∶1比例混合四氢大麻酚（纯大麻素）以及安慰剂。儿童在家中不顺从行为的主要结果的变化在3组之间没有差异。然而，与安慰剂相比，全株大麻提取物显著改善了破坏性行为，这是第二个主要结果（49%的应答率对比21%的应答率，$P<0.01$），而纯大麻素与安慰剂在相同的测量中没有差异（38%的应答率对比21%的应答率，$P=0.08$）。

（六）孤独症的预后

对社会、心理和健康方面的预后而言，与没有ASD的人相比，患有ASD的成年人独立生活的比例更低，失业的比例更高，对心理健康服务的需求和使用更高。儿童时期较好的认知能力与未来生活中较高的独立性、教育和就业水平有关，但与照顾者报告的较高的友谊或幸福比例无关。ASD患者的过早死亡率约为普通人群的2倍。ASD患者的死亡风险因共患更多神经障碍而增加。如共患癫痫发作（与不共患相比，死亡率分别为1.1%和0.2%），共患精神/行为障碍，如情绪障碍（与不共患相比，死亡率分别为 0.4% 和 0.2%）。自杀企图和自杀死亡在 ASD 患者中比在普通人群中更常见。在一项对丹麦 6 559 266 人进行的基于人群的研究中，ASD 患者的自杀未遂发生率为 266/100 000 人年，非 ASD 患者的自杀未遂发生率为 63/100 000 人年［校正性别、年龄和时期后的发生率比为 3.2（95%CI，2.9～3.5）］。同样，ASD 患者的自杀死亡率为每 10 万人年 24 人，ASD 患者的自杀死亡率为每 10 万人年 14 人（校正性别、年龄和时期后的发生率比为 3.8［95%CI，2.9-4.9］）。

二、2022 年度注意缺陷多动障碍临床特征的研究进展

对注意缺陷/多动障碍（attention-deficit/hyperactivity disorder，简称多动症、ADHD）的研究，旨在发现和利用关于 ADHD 本质的知识，以造福那些生活受到影响的人。在过去的 50 年里，科学研究在描述 ADHD 的特征以及了解其相关病因方面取得了巨大的进步。然而，将这些科学见解转化为临床效果受到了限制。2022 年，发表在 The Journal of Child Psychology and Psychiatry 的综述 Annual Research Review：Perspectives on progress in ADHD science - from characterization to cause 中，作者对 ADHD 的科学领域进行了有选择和有重点的回顾。综述涵盖两个广泛的领域——临床特征和风险因素。

目前在诊断标准（即 DSM-5 和 ICD-11）中阐述的 ADHD，代表了学术界长期以来试图描述运动过度、注意力不集中和冲动的一组重叠的起病于早期和持续症状的最新共识，已知这些症状通过其造成的功能损害在短期和长期内损害患者的生活。这些阐述将 ADHD 描述其在障碍和非障碍之间，以及在 ADHD 和患者的其他功能障碍之间具有清晰且可定义的界限。尽管诊断后会根据循证的证据做微调，这种二分法式的思考 ADHD 的方式近几十年来未发生变化。在同一时期，我们对 ADHD 的科学理解取得了巨大的进步，对这一概念模型的核心要素提出了挑战，例如，病因的异质性、与其他疾病在遗传和神经生物学上的重叠。这些发现导致一些人质疑目前的诊断框架是否能很好地反映疾病的潜在病因结构。

（一）发展的角度看 ADHD 的临床特征

在神经发育和精神健康状况领域，人们越来越关注早期干预和预防。从最早期的表现来了解病情的过程是这种方法成功的先决条件。

ADHD 传统上被认为是一种神经发育疾病，以儿童早期起病和稳定的病程以及有限的缓解为特征。儿童至成人 ADHD 发展轨迹的纵向研究为这一特征提供了有效的支持。对于大多数被诊断 ADHD 的个体来说，症状和某种程度的损害确实首先出现在儿童早期，即使他们的第一次正式诊断是在生命的后期。事实上，ADHD 可以在学龄前阶段就可靠地诊断，在学龄前阶段，多动和冲动往往是最突出的症状，并且与该疾病相关的一些神经认知缺陷已经可以检测到。此外，尽管在一般人群中从儿童期开始的整个生命过程中总体可观察到的症状水平呈现下降，大多数在儿童期被诊断 ADHD 的个体仍然具有足以在青春期和成年早期满足诊

断标准的症状和（或）损害。事实上，ADHD 的多模式治疗（Multimodal Treatment of ADHD，MTA）研究在发育过程中多个年龄阶段收集数据，发现在成年期间完全恢复/持续缓解是罕见的，仅仅发生在不到 10% 的 ADHD 个体中。

最新研究发现，ADHD 可能是一种迟发性疾病。ADHD 肯定起病于童年期的观点遭到了挑战。最近来自一些国家的数据表明，一些具有青少年或成人早期诊断的个体起病时间较晚；尽管对迟发性 ADHD 的确切比例存在争议，但据估计其占到成年 ADHD 患者的 30%~87%。深入的分析表明，假定的那些迟发性变异的个体可能在某些重要方面不同于儿童期起病的个体。他们似乎具有较不严重的症状和（或）较低的 ADHD 遗传倾向和（或）可能在童年时期生活在更具支持性的家庭中和（或）具有较高的智商，或这些因素的组合。然而，这是另一个需要更多研究的领域。这些关于晚发 ADHD 的新数据表明，即使在儿童期未达到注意力不集中和（或）多动/冲动症状和（或）损害的临床阈值，临床医生也应考虑在成年期诊断 ADHD 的可能性。

症状和损害随时间的波动性非常明显。儿童期起病的 ADHD 是一种持续稳定的状态，这一观点最近在对其发展轨迹的详细分析中受到了挑战。例如，MTA 自然随访数据表明，超过 60% 的 ADHD 混合型儿童表现出了波动的症状过程，也就是说，具有反复的缓解期和复发期——即使缓解期被保守地定义为在过去 6 个月中缺乏：①实质性 ADHD 症状；②损害；③治疗。有人认为，这种不稳定的情况是随时间变化的环境需求和潜在的遗传脆弱性之间相互作用的结果。

随着年龄的增长，男女性别比例越来越均衡。在儿童期，基于人群和（或）基于临床样本的研究显示，ADHD 的男性分别约为女性的 2.5 倍和 4 倍。越来越多的证据表明，随着一个人从青春期进入成年期，ADHD 病例中女性的比例越来越大，这一比例会发生显著变化。这一现象与临床样本有关，可能部分由转诊偏倚来解释（例如，由于 ADHD 和行为问题，男性在儿童期更倾向于转诊，而女性在成年期更倾向于寻求治疗）。还有其他假设有待探讨。首先，青春期相关的性激素变化可能发挥作用。其次，由于诊断操作依赖于主要由男性组成的样本，女性可能需要表现出更严重的症状才能在儿童期接受 ADHD 诊断，但是，由于严重程度是诊断持续的主要预测因素，因此她们的 ADHD 诊断往往比男性更容易持续到青春期和成年期。再次，女孩在童年时期也许能更好地掩盖缺陷，这种"优势"在青春期及以后逐渐消失。最后，ADHD 的男性可能比女性有更多的负面轨迹，例如，更容易以入狱为结局，甚至过早死亡。

我们能预测 ADHD 的起病、持续和缓解模式吗？能够前瞻性地预测 ADHD 的起病和持续/缓解将促进更加个性化的干预方法。最近对英国、巴西和美国的三个人群样本进行的一项调查发现，使用儿童期收集的临床和人口统计学数据的风险计算器，类似于心血管疾病的弗雷明汉风险计算器，可能在预测方面发挥作用。在这些模型中，哪些预测因子是最重要的以及临床和（或）人口统计学、产前和（或）围产期、多基因风险和（或）生命早期决定因素和（或）神经心理学数据是否会提高其性能，仍有待确定。同样不清楚的是，在一个抽样样本中生成的预测模型是否会推广到其他样本。在这方面，在一个新的样本（巴西高风险队列）中评估了上述研究中提出的风险计算器，它得到了部分验证，并表明添加关于ADHD多基因风险和早产的信息并不能提高准确性。

能否通过早期干预来预防ADHD的起病？如果我们能够前瞻性地确定哪些幼儿在以后的生活中会患上ADHD，就有可能进行早期干预以降低ADHD的风险或改善其影响。最近的Meta分析提供了潜在的证据，即指向ADHD相关先兆，如自我调节缺陷或其他执行功能缺陷，可以减轻ADHD症状。然而，本综述中仍不清楚的是，干预措施是否可以改变ADHD先兆风险（即真正的预防）还是只是减少疾病本身的早期表现（即治疗）。

ADHD在老年会发生什么？目前，对ADHD发展轨迹的生命后期阶段几乎一无所知。随着人们进入老年，症状和相关损害进展、保持稳定或缓解？最近使用瑞典医学登记处（Swedish Medical Registry）进行的一项调查表明，成年ADHD与后期痴呆之间存在强烈而显著的关联。理解这两种疾病之间关系的临床意义可能特别重要，特别是考虑到它们的表型和神经心理学方面的重叠性。

ADHD会有正面的预后吗？队列研究主要关注ADHD对个人生活的负面影响。最近，神经多样性观点将研究界的注意力集中在基于优势的方法上。这就提出了一个问题——ADHD的人能否找到一个富有成效的工作，让他们在成长过程中脱颖而出？例如，这可能涉及利用创造性能力，或者成功企业家所需的精力、动力和冒险精神。尽管最初的研究结果仍有争议，但一项系统综述表明，很多我们所公认的积极的特质可能与ADHD特质有关。

（二）ADHD的临床特征与共患病

研究发现，ADHD的症状、注意力不集中和多动/冲动彼此聚集，并且可与精神病理学的其他维度区分开来。然而，这种ADHD症状群与其他心理特征和性状之间存在实质性的相关性，并且与其他神经发育和精神健康状况的共病很常见。这引发了关于这些共存元素的地位的问题。什么时候我们应该扩展ADHD的特征来包含这些特征，什么时候我们应该接受它们作为不同但重叠的临床现象？

情绪调节困难（emotion regulation difficulties，ERD）和认知节奏迟缓（sluggish cognitive tempo，SCT）可能是最常被提议纳入更广泛的ADHD特征的两个领域。据估计，40%~50%的ADHD儿童中存在ERD，如易激惹/易怒或低痛苦耐受性，在ADHD混合型中尤为明显，并与ADHD持续性相关。这并不能由共患ODD和焦虑来解释。SCT是一类认知领域的表现（例如，过度的白日梦，"迷失在脑雾中"）和运动领域表现（例如，活动不足，行动缓慢）的集合，一个国际工作组最近提议将这组症状的名称改为认知脱离综合征（cognitive disengagement syndrome，CDs）。这些行为影响了25%~40%的ADHD青少年，尤其是那些合并或主要表现为注意力不集中的青少年。SCT在经验上不同于ADHD症状，但与ADHD症状密切相关，尤其是注意力不集中。针对ADHD的SCT的聚类和区辨效度的研究已经提供了心理测量学上强大的和临床上有用的工具。ERD和SCT都会对ADHD相关损害做出贡献。ADHD相关的ERD与儿童和成人的生活质量（Quality of Life，QoL）降低、社交障碍和教育/职业预后恶化有关。SCT与社交退缩、内化症状（尤其是抑郁）和较差的功能预后相关。SCT和ERD虽然在统计学上和临床上是不同的实体，但通常是相关的。然而，ERD与多动/冲动特异性的不同，SCT与注意力不集中的症状不同。

第三个领域是睡眠问题，即使没有达到睡眠障碍的阈值，在ADHD患者中也极为常见，尽管"睡眠不安"是DSM-Ⅲ中诊断的一种症状，但很少被认为是扩展表型的一部分。ADHD儿童、青少年和成人比他们的同龄人更可能获得不足和（或）较差质量的睡眠。这些影响对于主观测量结果（例如，父母报告）比客观测量结果（例如，多导睡眠图）的影响更严重。ADHD患者的睡眠问题与较低的生活质量、较差的家庭功能以及增加的ODD和抑郁共患有关。睡眠不足后ERD可能增加。ERD和SCT均与夜间睡眠不良和白天嗜睡相关。

关于共患病，"纯粹的ADHD"临床上几乎很少真正存在。基于人群的研究，考虑到临床样本中潜在的确诊和转诊偏差，表明ADHD儿童和成人中，几乎所有精神和神经发育状况的共患比例都显著升高。共患ODD、焦虑和抑郁在儿童期很突出。共患孤独症也通常出现在儿童早期，尽管诊断可能会延迟，可能是由于诊断孤独症而被掩盖。注意力不集中与退缩和抑郁有更强的联系，而多动/冲动更多与行为问题有关。共患病通常与儿童期和成年期ADHD症状的持续性有关。在控制了人口性别基础比例后，患有ADHD的女性更可能患有孤独症、智力残疾、ODD/CD和精神分裂症、自杀行为、人格障碍和物质滥用障碍，而不是焦虑和抑郁，在没有ADHD的女性中，焦虑和抑郁的增加与患有ADHD的女性相似。与躯体疾病的共患也是常见的。这种高度的共患对当前的疾病分类诊断提出了挑战，因为它让疾病的界限可能更模糊，以及可能存在所谓的混合性疾病（包含不同临床领域的元素）的可能性。

对于共患病现象有许多可能的解释。第一，在不同疾病诊断类别中，症状的重叠很常见（例如，难以集中注意力对于诊断ADHD、焦虑和抑郁都有贡献；"打断他人"可能反映ADHD冲动，也可能是社会理解力受损的孤独症）。这就产生了问题，特别是在依赖于问卷调查或高度结构化的访谈的研究中，这可能会错误地分配症状。然而，即使在这些情况下，共患病不仅仅是症状的重叠，因为共患病会产生更多的损害。

第二，双胞胎和家族研究表明，ADHD和共患病之间的共同遗传变异，特别是孤独症以及ODD、焦虑、抑郁和药物滥用。分子遗传学研究还显示，ADHD与包括孤独症和抑郁症在内的其他疾病之间存在共同的遗传变异。

第三，极端环境暴露，包括产前毒性暴露（如酒精），早产和严重的心理社会剥夺增加了多种神经发育疾病（如孤独症、ADHD和智力残疾）的共病风险。共同的产后因素，如支持性差的养育和同伴关系问题，可能在共同发生的情绪问题的发展中起到重要作用。

第四，还可能存在共享的神经心理中介变量。执行功能（Executive Functions，EF）缺陷，常见于ADHD，也在孤独症、抑郁症和焦虑中观察到，并且它们似乎导致其与孤独症和抑郁症的共同发生。在发展方面，认知不灵活在其他EF困难随年龄增长而增加的孤独症幼儿中最为突出，而抑制问题在患有ADHD的幼儿中最为突出。尽管EF可以是相对状态依赖性的，可以随着抑郁症的缓解和ADHD中的兴奋剂药物的使用而改善。

ERD有可能成为诊断的亚型。情绪冲动性（对事件的快速反应）和情绪自我调节缺陷可能代表了一种特殊的ADHD-ERD亚型。这有望成为一种解析ADHD异质性、促进临床预测和指导干预选择的方法。从易激怒、澎湃的、温和的气质特征的角度，进一步完善了对ADHD异质性的探索。

SCT似乎可以中介ADHD相关的学业困难。队列数据显示，SCT和ADHD注意力不集中分别与阅读和数学成绩较低有关。也许与此相关，SCT似乎代表了临床科学与认知心理学和神经科学中的走神研究之间的一座有前途的桥梁。

睡眠质量差或睡眠不足可能是导致ADHD的原因之一。一项睡眠限制/延长研究发现，在患有ADHD的青少年中，睡眠时间缩短可能会导致ADHD注意力不集中症状的增加，而不是过度活跃-冲动症状的增加。这些发现扩展了对学龄儿童进行的研究，该研究发现睡眠不足会影响注意力，并在较小程度上影响ERD。

ERD和SCT与睡眠问题的危险因素和神经过程相同。睡眠不足、ADHD、冲动和愤怒/沮丧可能具有共同的遗传起源。ADHD和睡眠障碍共同具有觉醒缺陷并且具有共同的神经相关性，特别是在认知控制和显著性网络（salience networks）中。除了它们与睡眠之间的密切联系外，昼夜节律功能可能与ADHD、ERD和SCT有关。

更广泛的ADHD特征可以帮助解释ADHD和其他疾病的共患。ERD在情绪和行为精神病理学中具有跨诊断相关性。它是抑郁和焦虑以及ADHD的共同特征。ERD、ADHD和情绪之间存在行为遗传相关性。早期易激怒与ADHD多基因风险评分相关。在人群队列研究中发现，ADHD和与孤独症相关的ERD都介导了后期抑郁症的风险。与ADHD和抑郁症相关的SCT，可以预测未来的成人抑郁症，这可能是消极的同伴关系所致。睡眠问题与患有ADHD的儿童的焦虑、抑郁和ERD有关，具有双向纵向关联。实验数据显示，睡眠限制增加抑郁、SCT。

基因-环境相关性可以将ADHD与其他发育状况联系起来。患有ADHD的人会经历大量的负性环境暴露，这似乎会导致一些共病的情况。特别是，ADHD患者的受虐待率升高，这与后来的攻击性、焦虑和抑郁有关。双胞胎研究表明，ADHD行为会引起消极反应，这会导致以后的问题，而虐待和母亲ADHD症状之间的联系与被动基因-环境相关性的作用一致。

ERD和（或）SCT是否应被视为ADHD诊断标准的一部分和（或）特定亚分类？越来越

多的证据表明，ERD 是 ADHD 的核心特征，这些特征正在为失调模型提供信息，作为一种组织框架，可以为疾病分类学提供信息。关于亚分类，ADHD 具有广泛的异质性，并且在更广泛的表型中的特征可以提供超出 ADHD 症状维度和 DSM 定义的表现的信息。如上所述，这已经在 ERD 方面进行了检验，并出现了有希望的证据。未来的研究需要将这类分析扩展到 SCT 和睡眠问题。

单纯 ADHD 和伴有共患病的 ADHD，它们的表现是否相同？目前的诊断分类是基于外部表现而不是病理生理学基础，当应用于重叠表型时可能会受到限制。未来的研究将需要探索基础机制，对症状和生物标记物进行更深入的表型分析，以阐明共同的和特定的风险因素，这将有助于更有效地分类。

更广泛的表型对于设定干预目标有帮助吗？最近的研究结果强调了开发针对 SCT 和 ERD 的 ADHD 特异性干预措施的潜在价值。例如，旨在降低愤怒倾向（易激惹的一个高度相关维度）的干预措施可以降低 ADHD 患者后期负面预后（如焦虑）的风险。此外，重要的是评估 SCT 和 ERD 是否对目前 ADHD 循证干预有治疗反应。

ADHD 的有效治疗策略是否对共患病的情况有积极的长期影响？正如辨别干预对 ADHD 症状的长期影响是一项挑战一样，目前尚不清楚对 ADHD 的良好控制是否会减少正在发生或后期发生的共患病情况。当 ADHD 症状不再受损时，了解这种治疗效果是否由 ADHD 症状的改善所介导，对于继续治疗的决策至关重要。

哪些 ADHD 儿童能够适应不良环境？虽然我们知道患有 ADHD 的儿童更有可能有不良经历，这可能导致同时共患病的发展，但我们对赋予这些经历的过程却知之甚少。在普通人群中，强大的情绪调节能力与更强的适应力有关，这似乎可以作为降低情绪问题风险的保护性特征。

（三）患有 ADHD 的影响

传统上，研究人员将注意力集中在 ADHD 的特征上，而临床医生则将注意力集中在核心症状的治疗上——注意力不集中、多动和冲动。然而，近年来，对 ADHD 患者在功能障碍、生活质量（QOL）和病耻感方面的影响的更全面和以人为中心的关注开始盛行。

损害是 ADHD 的一个特征，可以在多个领域中看到——可能与个人的能力 - 残疾有关，也可能与生活和工作的环境之间的复杂相互作用有关。ADHD 患者的个体之间的损害情况差异显著，但核心功能挑战是广泛相似的。在不同的文化中，ADHD 会对同伴和兄弟姐妹的关系产生负面影响。ADHD 与危险行为有关，表现为少女怀孕率较高、赌博、事故和过早死亡。多动 / 冲动症状与冒险、事故和同伴的社会排斥相关，而注意力不集中症状与低学业 / 职业表现和低自信相关。超过一半的病例的损害持续到成年期并且由于其他神经发育和精神健康状况的共存而加重。女性在童年时期的损害可能被低估，可能与共病中的性别差异有关。女性也可能会更加努力地掩盖 ADHD 带来的挑战，以不辜负社会期望。

ADHD患者的生活质量以及相关的幸福感和生活满意度显著降低——尽管个体间差异很大。一般来说，无论儿童还是成人，自我报告的总体生活质量在整个生命领域和随着时间的推移与典型发展人群相比均有所下降。有共患病的情况下，生活质量受到的影响更大。ADHD的影响与在严重的儿科健康状况中所造成的影响是相当的。父母和兄弟姐妹的QOL也降低。

患有ADHD的人可能会经历偏见、刻板印象和歧视，通常是由于诊断的标签所致。这些形式的病耻感一旦内化，就会导致疏离感，从而减少寻求帮助和低自尊。由于对其病因的误解和关于药物治疗的错误信息，ADHD病耻感在家庭、公众和专业人士中很常见。ADHD相关的病耻感比特定学习障碍更明显，但比双相障碍少。临床医生和科学家使用生物医学术语（例如疾病、异常）来描述不同的体验可能是病耻感的来源，尽管一些术语例如"患者"，在ADHD中比在其他神经发育患者中更容易被接受。

整体和以人为中心的评估越来越被重视。只关注症状的研究和实践是有限的，因为它忽视了生活质量以及ADHD患者和家庭的表现和能力，它还倾向于将注意力集中在个人身上，而严重忽视环境的影响。虽然第五版《精神疾病诊断与统计手册》和第十一版《国际疾病分类》并没有将生活质量可操作化，但它们通过引入强制性损害标准，并建议根据国际功能分类（International Classification of Functioning，ICF）进行功能评估的标准化量表。最近，在研究和实践中为ADHD的详细功能评估量身定制的核心项目集已经开发出来，涵盖身体功能、活动、参与和环境因素。

目前并没有明确的损害阈值，比如，超过这个阈值就应该诊断为ADHD。最近报道，尽管与症状相关，但没有明显的阈值，在该阈值下，症状的增加超过一定水平会导致损害不成比例地增加。因此，设定诊断所需的损害程度在某种程度上似乎是武断的，并以社会规范和支持程度需求为基础。设定这些阈值是一项临床决策，需要根据每个人的历史、独特技能、生活挑战以及获得支持和资源的机会进行调整。

ADHD的治疗越来越注重减少损害和提高生活质量。减少损害、改善功能和生活质量应该是未来治疗试验的重点。就长期社会结果和福祉而言，以症状严重程度为目标可能会使客户感到耻辱和（或）不太重要。例如，已经证明ADHD损害和低QOL的主要驱动因素是睡眠问题和精神健康问题。欧洲药品管理局和欧洲国家卫生保健当局已经开始推荐和加强这种方法（例如，瑞典健康和福利委员会，2019）。

从神经多样性的角度来看，ADHD是否与个人优势和社会利益有关？神经发育异常的人，像所有的人一样，在不同环境下有自己的优劣势。最初的研究表明，ADHD被认为与特定的优势有关，如精力和动力、创造力、注意力高度集中和亲和性，但对ADHD本身的普遍性和特异性水平仍不清楚。重新关注基于功能的ADHD治疗方法时，必须小心避免反对治疗或研究，以免对严重损害造成不公正，并忽视明显的神经损害（例如，低出生体重儿童、患有ADHD的铅暴露儿童）。虽然在这一领域需要更多的研究来阐明与ADHD相关的潜在优势和益处，但需要对神经发育异常的人有更平衡的看法，接受积极心理学，并强调他们的价值。与此相关的是，ADHD患者在ADHD研究过程中的参与越来越被视为至关重要，这使他们能够提供建议，帮助塑造研究过程，并通过提供对他们的病情体验的基本见解来安排其优先事项。

干预措施是否应侧重于消除功能障碍，而不是使ADHD患者"正常化"？ADHD干预传统上侧重于减轻个体的症状。相对来说，很少有研究考察侧重于通过合理的环境调节减少损害的干预方法，尽管到目前为止在教室环境中的研究表明影响有限。然而，越来越多的人认为，在不同环境中进行这种调节的尝试不仅在伦理上是可取的，而且可能是富有成效的。需要更多的研究来确保它们考虑到患有ADHD的个体的相对需求和优势，并与在适当水平上挑战个体以促进学习和提高他们应对环境要求的能力的需求相平衡。重要的是，消除功能障碍，巩固和发展便利的环境，应与旨在增强和增加福祉的心理和精神干预措施一起进行。

被诊断为ADHD会增加还是减少耻辱感？诊断标签和披露诊断在精神健康状况中的影响是因人而异的，因此，通常通过轶事研究开展研究。在ADHD中，与病耻感相关的信息主要来源于患者自己的经历或其亲属的相关的病耻感的访谈。与ADHD相关的社会病耻感似乎因人而异，诊断标签可以加剧、改善或不影响病耻感。然而，有限的可用研究表明，当由教师和学生同伴评估时，更多的社会病耻感与接受ADHD的诊断相关，而接受孤独症（ADHD中常见的共存条件）的诊断与改善的病耻感相关。

ADHD相关病耻感是否存在性别差异？研究尚未一致和系统地考虑ADHD所有方面的性别效应。与性别有关的心理健康社会病耻感存在文化差异，这些影响公众对心理健康的态度。这些和其他因素可能会影响与ADHD相关的社会病耻感的性别差异，但几乎没有任何关于这一主题的研究。

（吉　宁）

第三节 孤独症谱系障碍环境影响因素研究进展

孤独症谱系障碍（autism spectrum disorder，ASD）是一组以社会交流和交往异常、重复和刻板行为、兴趣范围狭窄为特征的神经发育障碍。过去二十年，ASD 患病率稳步上升，我国 6～12 岁儿童孤独症谱系障碍患病率约为 0.7%，其中男童患病率显著高于女童。研究表明，ASD 增加罹患躯体和精神疾病及过早死亡的风险，同时给患者家庭带来不可忽视的经济负担、照顾负担和精神负担，降低了患儿的生活质量。早期研究认为遗传因素在 ASD 发病中起主要作用，然而随着病因研究证据的增加，越来越多的证据显示环境因素对 ASD 的影响不亚于遗传因素。本文主要综述与 ASD 发病有关的环境因素，主要包括父母的生理特征，围产期因素以及环境污染物等。

一、父母非遗传因素

1. 父母生育年龄　多项研究表明，父母生育年龄与后代患 ASD 风险有关，有研究观察发现当父母之间年龄差异较大时，后代患 ASD 的风险也会增加。一项纳入 27 项研究的 Meta 分析显示，与对照组相比，父亲与母亲年龄相差大的组，子代 ASD 风险增加，调整后的 OR 分别为 1.41（95%CI，1.29～1.55）和 1.55（95%CI，1.39～1.73）。Meta 分析显示，父亲和母亲年龄每增加 10 岁，后代 ASD 患病风险分别增加 21% 和 18%。

父亲和母亲生育年龄对 ASD 患病的机制可能有所不同，研究认为基因突变和表观遗传改变的增加是父亲年龄效应中最常见的机制，而母亲年龄增加除了引起基因突变率增加外，还与围产期和产科并发症的发生率增加有关。此外，年长的母亲可能有更多的机会暴露于药物、空气污染等环境危险因素。考虑到近几十年来生育年龄呈现增长趋势，父母年龄与 ASD 风险之间关系的证实具有重要公共卫生意义。

2. 母亲超重、肥胖　多项研究发现，母亲肥胖与 ASD 之间存在显著关联，父亲 BMI 与 ASD 之间的关联研究结果不一致，Lei 等的一项系统综述和 Meta 分析显示，母亲肥胖和超重分别使后代发生 ASD 的风险增加 40% 和 16%，而母亲低体重或父亲的 BMI 与 ASD 无显著关联。

研究发现，肥胖妇女血浆中 C 反应蛋白水平更高，肥胖的孕妇倾向于有更高的 $CD68^+$ 和 $CD14^+$ 细胞和炎症细胞因子水平。胎盘炎症与新生儿脑损伤有关，可诱发胎儿全身性炎症反应，可能导致胎儿脑白质损伤，常用于解释母亲超重、肥胖与 ASD 之间的关联机制。另外，较高的 BMI 是妊娠期并发症，如妊娠期高血压、糖尿病的危险因素，这些妊娠期并发症与后代 ASD 患病风险增加有关。

3. 生育间隔　芬兰一项基于人群的队列研究显示，生育间隔少于 1 年的新生儿发生 ASD

的风险增加，与其他研究结果一致。但是较长的生育间隔也增加患 ASD 风险，不同研究中观察到 ASD 风险增加的较长生育间隔范围不一致。可能的原因是当母亲尚未从前次妊娠的影响中恢复，较短的生育间隔会导致母体营养耗竭，母亲的营养状况显著影响胎儿的发育轨迹。以叶酸为例，作为胎儿神经发育所需的重要营养物质，较短的生育间隔可能导致妊娠期面临叶酸缺乏的风险，妊娠期的低叶酸摄入与 ASD 风险增加有关，较长的生育间隔与 ASD 之间的关联可能通过影响母亲的 BMI 介导。

4. 母亲自身免疫病　系统性红斑狼疮（systemic lupus erythematosus，SLE）和类风湿性关节炎（rheumatoid arthritis，RA）是常见的自身免疫性疾病，Zhu 等的 Meta 分析提示，母亲 SLE 与后代患 ASD 风险增加无关，母亲 RA 与后代 ASD 风险增加相关，进一步分析发现西方国家母亲患有 SLE 与后代患 ASD 风险增加之间存在显著关联。

自身免疫性疾病与 ASD 的关联可能由其共享的遗传路径介导，在 ASD 患儿和母亲中发现了多种自身免疫病的易感等位基因，不同人群等位基因与 ASD 关联的差异部分解释了 SLE 和 ASD 的关联只在西方国家被检出。另外，细胞因子、自身抗原免疫介质可能进入胎盘循环，介导自身免疫病与 ASD 的关联，研究发现自身免疫病与发生早产、低出生体重、小于胎龄儿等不良结局的风险增加有关。

二、围产期危险因素

1. 妊娠并发症　糖尿病、高血压是常见的妊娠期并发症，母亲糖尿病与后代患 ASD 风险增加有关，Wan 等进一步评估了中等和高质量病例对照研究的证据，结果显示妊娠期糖尿病为 ASD 的危险因素，当肥胖和糖尿病同时存在时，后代 ASD 的风险更大。

妊娠期高血压也与后代 ASD 风险增加相关，Kim 等的综述结果显示，慢性高血压或妊娠期高血压的母亲后代患 ASD 的风险分别增加 48%（OR1.48，95%CI 1.29～1.70）和 37%（OR1.37，5%CI 1.21～1.54）。Dachew 等认为子痫前期与 ASD 风险增加有关（RR 1.32，95%CI 1.20～1.45），子痫前期可引起胎盘灌注不良、胎儿氧供应不足，从而损害神经发育，氧气和营养物质受限引起的氧化应激状态也可能增加 ASD 风险。

2. 妊娠期感染　急慢性炎症引发的母体免疫激活被认为是神经发育障碍的机制之一，母亲孕期感染与 ASD 发病风险增加有关，尤其在需要住院治疗的妊娠期感染患者中，进一步分析发现细菌感染、泌尿生殖道感染、皮肤感染和妊娠晚期感染与 ASD 风险增加有关。一项前瞻性研究发现，产前发热增加 ASD 风险的效应在妊娠中期最强，且与发热频率呈剂量依赖性，尤其在孕 12 周以后。除感染引起母体免疫激活，妊娠和分娩并发症的发生也可能是其增加 ASD 风险的潜在机制。

3. 妊娠期营养状况　母亲孕期的营养状况对胎儿神经发育的影响是 ASD 病因研究的另一重要内容，有研究发现，与未使用叶酸和多种维生素补充剂的母亲的后代相比，在孕前或孕期使用叶酸和（或）多种维生素补充剂的母亲的后代患 ASD 风险降低。挪威一项出生队列研究结果显示，从孕前 4 周到怀孕 8 周使用叶酸与后代患 ASD 风险降低有关，这段时间与中枢神经系统的发育包括神经管闭合和基本大脑结构发育相关。Mazahery 等发现，母亲妊娠期、产后和儿童早期的低维生素 D 水平是 ASD 的危险因素，但较少有干预性试验研究维生素 D 和 ASD 之间的关系。因此可在怀孕期间延长使用叶酸和多种维生素补充剂的时间作为 ASD 的预防措施。

4. 抗抑郁药暴露　一项针对产前选择性 5- 羟色胺再摄取抑制剂（SSRIs）暴露的系统综述和 Meta 分析发现，SSRIs 暴露组发生 ASD 风险增加，亚组分析显示 SSRIs 组和其他抗抑郁药物的 ASD 风险相似，孕前期、孕早期和孕中期使用 SSRIs 与后代患 ASD 风险增加有关，由于纳入的研究存在母亲的精神疾病状况作为混杂，无法做出结论性推断。考虑目前研究中存在潜在的混杂因素，例如母亲的精神状况、低出生体重、早产、父母年龄等，以及现有的证据结果不一致，目前母亲使用 SSRIs 和 ASD 之间的关联尚不明确。

5. 低出生体重、早产　芬兰一项基于人群的病例对照研究发现，与正常出生体重（2500 ～ 3999 g）的婴儿相比，极低出生体重（＜1500 g）和低出生体重（＜2500 g）的婴儿患孤独症的风险分别增加 3 倍以上和 60%，极低胎龄儿（＜3 周）患孤独症的可能性是足月儿的 2.5 倍，剂量反应关系分析发现，后代罹患 ASD 的风险随孕周缩短而增加。这种关联可能是由于早产儿、低出生体重儿面临不利于神经发育的产前因素，如营养缺乏、缺氧、感染、妊娠并发症和遗传易感性等，除此之外，产前分娩本身可能对发育中的中枢神经系统产生不利影响。

三、环境污染物暴露

环境污染物的负面影响已广为人知，但孕期污染物的暴露与新生儿 ASD 患病风险之间的关联仍存在争议，研究发现空气污染物、多氯联苯和农药暴露与 ASD 显著相关，一项纳入 28 项研究的系统综述和 Meta 综述显示，孕期空气污染尤其是 PM2.5 暴露与新生儿 ASD 风险增加有关，而其他污染物（PM10、NOx、O_3、金属、杀虫剂等）的证据等级较差。孕早期、孕晚期和产后暴露可能是风险最高的时期，孕晚期是胎盘功能、胎儿生长和脑发育的重要时期，也是可能发生母体和胎儿并发症的时期，产后早期暴露的影响可能通过母乳喂养介导，母乳喂养广泛影响新生儿认知、大脑结构、心肺结构发育等领域。

四、小结

本文综述了与 ASD 发病有关的环境因素，包括父母亲年龄、孕产期健康状况和环境暴露等，不同因素的证据强度、与疾病的关联程度均有所不同。Kim 等将母亲高生育年龄、代谢综合征（如慢性高血压、妊娠期高血压、子痫前期、超重）归类为具有令人信服的证据，将父亲高生育年龄、母亲自身免疫性疾病等因素归类为高度提示证据。目前 ASD 的病因学多为观察性研究，较多病因研究存在结果不一致的情况，也需要更深入的机制研究支持病因推断，另外较少有研究涉及各环境因素之间的累积和交互作用。

探究 ASD 病因学中环境因素的作用，是为确定临床实践和现实生活中预防和干预疾病的举措及策略提供更多科学可靠的依据。虽然目前 ASD 的病因和发病机制未完全阐明，但根据现有的证据进行早期干预和筛查的必要性不言而喻。随着 ASD 病因学研究的不断深入与发展，定能不断改善儿童身心健康问题，减轻家庭和社会疾病负担，造福社会。

（夏玉雯　王晓莉）

参考文献

[1] Atladóttir H Ó, Schendel D E, Henriksen T B, et al. Gestational Age and Autism Spectrum Disorder: Trends in Risk Over Time: Gestational age and autism spectrum disorder [J]. Autism Research, 2016, 9(2): 224–231.

[2] Bölte S, Girdler S, Marschik P B. The contribution of environmental exposure to the etiology of autism spectrum disorder [J]. Cellular and Molecular Life Sciences, 2019, 76(7): 1275–1297.

[3] Cheslack-postava K, Suominen A, Jokiranta E, et al. Increased Risk of Autism Spectrum Disorders at Short and Long Interpregnancy Intervals in Finland [J]. Journal of the American Academy of Child & Adolescent Psychiatry, 2014, 53(10): 1074–1081.e4.

[4] Dachew B A, Mamun A, Maravilla J C, et al. Pre-eclampsia and the risk of autism-spectrum disorder in offspring: meta-analysis [J]. The British Journal of Psychiatry, 2018, 212(3): 142–147.

[5] Dutheil F, Comptour A, Morlon R, et al. Autism spectrum disorder and air pollution: A systematic review and meta-analysis [J]. Environmental Pollution, 2021, 278: 116856.

[6] Gleicher N. Maternal autoimmunity and adverse pregnancy outcomes [J]. Journal of Autoimmunity, 2014, 50: 83–86.

[7] Shelton J F, Tancredi D J, Hertz - Picciotto I. Independent and dependent contributions of advanced maternal and paternal ages to autism risk [J]. Autism Research, 2010, 3(1): 30–39.

[8] Lucas A. Scientific evidence for breastfeeding [M]//Human milk: Composition, clinical benefits and future opportunities. Karger Publishers, 2019, 90: 1–12.

[9] Hirvikoski T, Mittendorfer-rutz E, Boman M, et al. Premature mortality in autism spectrum disorder [J]. British Journal of Psychiatry, 2016, 208(3): 232–238.

[10] Hornig M, Bresnahan M A, Che X, et al. Prenatal fever and autism risk [J]. Molecular Psychiatry, 2018, 23(3): 759–766.

[11] Jiang H yin, Xu L lian, Shao L, et al. Maternal infection during pregnancy and risk of autism spectrum disorders: A systematic review and meta-analysis [J]. Brain, Behavior, and Immunity, 2016, 58: 165–172.

[12] Jonsson U, Alaie I, Löfgren wilteus A, et al. Annual Research Review: Quality of life and childhood mental and behavioural disorders – a critical review of the research [J]. Journal of Child Psychology and Psychiatry, 2017, 58(4): 439–469.

[13] Kaplan Y C, Keskin-arslan E, Acar S, et al. Prenatal selective serotonin reuptake inhibitor use and the risk of autism spectrum disorder in children: A systematic review and meta-analysis [J]. Reproductive Toxicology, 2016, 66: 31–43.

[14] Kim J Y, Son M J, Son C Y, et al. Environmental risk factors and biomarkers for autism spectrum disorder: an umbrella review of the evidence [J]. The Lancet Psychiatry, 2019, 6(7): 590–600.

[15] Kobayashi T, Matsuyama T, Takeuchi M, et al. Autism spectrum disorder and prenatal exposure to selective serotonin reuptake inhibitors: A systematic review and meta-analysis [J]. Reproductive Toxicology, 2016, 65: 170–178.

[16] Lampi K M, Lehtonen L, Tran P L, et al. Risk of Autism Spectrum Disorders in Low Birth Weight and Small for Gestational Age Infants [J]. The Journal of Pediatrics, 2012, 161(5): 830–836.

[17] Leavey A, Zwaigenbaum L, Heavner K, et al. Gestational Age at Birth and Risk of Autism Spectrum Disorders in Alberta, Canada [J]. The Journal of Pediatrics, 2013, 162(2): 361–368.

[18] Lei X Y, Li Y J, Ou J J, et al. Association between parental body mass index and autism spectrum disorder: a systematic review and meta-analysis [J]. European Child & Adolescent Psychiatry, 2019, 28(7): 933–947.

[19] Levine S Z, Kodesh A, Viktorin A, et al. Association of Maternal Use of Folic Acid and Multivitamin Supplements in the Periods Before and During Pregnancy With the Risk of Autism Spectrum Disorder in Offspring [J]. JAMA Psychiatry, 2018, 75(2): 176.

[20] Li M, Fallin M D, Riley A, et al. The Association of Maternal Obesity and Diabetes With Autism and Other Developmental Disabilities [J]. Pediatrics, 2016, 137(2): e20152206.

[21] Lin H C, Chen S F, Lin H C, et al. Increased risk of adverse pregnancy outcomes in women with rheumatoid arthritis: a nationwide population-based study [J]. Annals of the Rheumatic Diseases, 2010, 69(4): 715–717.

[22] Maher G M, O'keeffe G W, Kearney P M, et al. Association of Hypertensive Disorders of Pregnancy With Risk of Neurodevelopmental Disorders in Offspring: A Systematic Review and Meta-analysis [J]. JAMA Psychiatry, 2018, 75(8): 809.

[23] Mazahery H, Camargo C, Conlon C, et al. Vitamin D and Autism Spectrum Disorder: A Literature Review [J]. Nutrients, 2016, 8(4): 236.

[24] Mehri F, Bashirian S, Khazaei S, et al. Association between pesticide and polychlorinated biphenyl exposure during pregnancy and autism spectrum disorder among children: a meta-analysis [J]. Clinical and Experimental Pediatrics, 2021, 64(6): 286–292.

[25] Modabbernia A, Velthorst E, Reichenberg A. Environmental risk factors for autism: an evidence-based review of systematic reviews and meta-analyses [J]. Molecular Autism, 2017, 8(1): 13.

[26] P Surén, Roth C, Bresnahan M, et al. Association Between Maternal Use of Folic Acid Supplements and Risk of Autism Spectrum Disorders in Children [J]. Journal of the American Medical Association, 2013, 309(6): 570–577.

[27] Sandin S, Hultman C M, Kolevzon A, et al. Advancing Maternal Age Is Associated With Increasing Risk for Autism: A Review and Meta-Analysis [J]. Journal of the American Academy of Child & Adolescent Psychiatry, 2012, 51(5): 477–486.e1.

[28] Sandin S, Schendel D, Magnusson P, et al. Autism risk associated with parental age and with increasing difference in age between the parents [J]. Molecular Psychiatry, 2016, 21(5): 693–700.

[29] Sharma S R, Gonda X, Tarazi F I. Autism Spectrum Disorder: Classification, diagnosis and therapy [J]. Pharmacology & Therapeutics, 2018, 190: 91–104.

[30] Van der burg J W, Sen S, Chomitz V R, et al. The role of systemic inflammation linking maternal BMI to neurodevelopment in children [J]. Pediatric Research, 2016, 79(1): 3–12.

[31] Wan H, Zhang C, Li H, et al. Association of maternal diabetes with autism spectrum disorders in offspring: A systemic

review and meta-analysis［J］. Medicine, 2018, 97(2): e9438.

［32］Wang Y, Tang S, Xu S, et al. Maternal Body Mass Index and Risk of Autism Spectrum Disorders in Offspring: A Meta-analysis［J］. Scientific Reports, 2016, 6(1): 34248.

［33］Wu S, Wu F, Ding Y, et al. Advanced parental age and autism risk in children: a systematic review and meta-analysis［J］. Acta Psychiatrica Scandinavica, 2017, 135(1): 29–41.

［34］Zerbo O, Yoshida C, Gunderson E P, et al. Interpregnancy Interval and Risk of Autism Spectrum Disorders［J］. Pediatrics, 2015, 136(4): 651–657.

［35］Zhou H, Xu X, Yan W, et al. Prevalence of Autism Spectrum Disorder in China: A Nationwide Multi-center Population-based Study Among Children Aged 6 to 12 Years［J］. Neuroscience Bulletin, 2020, 36(9): 961–971.

［36］Zhu Z, Tang S, Deng X, et al. Maternal Systemic Lupus Erythematosus, Rheumatoid Arthritis, and Risk for Autism Spectrum Disorders in Offspring: A Meta-analysis［J］. Journal of Autism and Developmental Disorders, 2020, 50(8): 2852–2859.

［37］程靖益，王可，杨亭，等. 学龄前孤独症谱系障碍儿童家庭疾病负担全国多中心调查［J］. 教育生物学杂志，2021，9（4）：266-271+312.

［38］宋健，张婧文. 孩次、生育时间与生育水平——基于中日韩妇女平均生育年龄变动与差异的机制研究［J］. 人口研究，2017，41（3）：3-14.

［39］王斌，付佳佳，张翠芳，等. 孕期环境危险因素与孤独症谱系障碍病因学关系的研究进展［J］. 中国健康心理学杂志，2022，30（10）：1594-1600.

［40］武丽杰. 孤独症谱系障碍儿童家庭疾病负担的现状与思考［J］. 中国学校卫生，2018，39（3）：321-324.

第四节 融合教育学校教师资源体系研究报告

一、问题提出

自 1994 年联合国教科文组织在西班牙萨拉曼卡召开了"世界特殊教育大会"颁布了《萨拉曼卡宣言》以来，融合教育作为一种新的国际教育趋势在世界各地蔓延。我国也结合自己的实际情况，对融合教育进行探索、推进，由最开始的随班就读，到现在资源教室的设立、资源教师的配备等，对提升随班就读教育质量有着极大的帮助。

如今，融合教育已经成为特殊教育发展的主流方向。融合教育的大力推广，促使我国大量特殊儿童进入到普通学校的普通班级中就读。然而，从未接触过特殊教育的教师们不了解特殊儿童的身心发展特点、未掌握评估特殊儿童的方法与工具、不知道融合教育的教学策略、缺乏融合教育的专业能力等，毫无疑问这对普校的老师来说是一项巨大的挑战。而教师的融合教育专业知识、融合教育专业能力、融合教育专业素养等，会对融合教育质量产生直接的影响。

信息化时代背景下，互联网+、人工智能、大数据等快速发展，推动着我国的教育现代化建设。教育信息化能够拉近城乡教育差距，促进教育公平；有助于促进优质资源的普及和共享，提升教育质量等。《第二期特殊教育提升计划（2017—2020 年）》提出加强特殊教育信息化建设和应用。后续教育部及七部门联合发布《"十四五"特殊教育发展提升行动计划》中指出鼓励有条件的地方充分应用互联网、云计算、大数据、虚拟现实和人工智能等新技术，推进特殊教育智慧校园、智慧课堂建设。国家层面出台了《国家中小学智慧教育平台》，融合教师能够从中获得特教研修、教改经验等资源。然而这些资源尚不足以为有需求的融合教育教师提供全方位的帮助。

据此，各地方应根据自身实际情况，建立相应的信息化平台，来满足融合教育老师们多样化的需求，给予融合教育教师获取专业知识的渠道，以及帮助他们找到提升专业能力的方法。因此，针对当前融合教育教师资源课程的建设具有一定的必要性与迫切性。

二、核心概念

（一）融合教育学校教师

融合教育学校教师就是在普通学校担任教学任务的具备融合教育信念、掌握融合教育知识与技能、能够应对学生多样化需求的高素质班主任及任课教师。他们与特殊教育教师和普通教师不同的是，其教育对象中既有普通学生也有特殊学生。本研究中融合教育学校教师主要包含三种类型的师资力量。一是普通学校里承担随班就读教育教学的学科老师及班主任，二是来自普通学校资源教室的资源教师,三是来自特殊学校担任巡回指导任务的巡回指导教师。

(二)教师资源

根据本研究需求将教师资源,主要设定为资源库中的信息化资源。这些资源具有一定教育价值,能够服务于教师。将教师资源进行划分,具体包括三方面:一是数字化教育内容,如电子教材、网络课程、音频、视频、专题讲座、文本、案例等资源;二是数字化工具性软件,如音视频制作软件、统计软件等;三是数字化教育平台,如校本资源库、数字图书馆等。通过信息化资源库,将这些课程资源进行分类开发以及整理,为教师提供提升专业知识与能力的媒介。

三、研究现状

(一)国外融合教育学校教师资源现状

随着信息技术的发展,当前国外已经有很多国家为融合教师们提供丰富多样的信息化资源。以美国、英国等发达国家为代表的欧洲各国,以及以日本为代表的亚洲发达国家等,他们高度重视融合教育信息化的发展。

美国信息技术的迅猛发展及其在教育领域的深入应用,极大地促进了美国融合教育的发展与进步。美国在促进融合教育发展方面建立了多个资源平台。IRIS 平台是美国的国家资源平台,为教师们提供了大量培训活动的资源,教师可以根据实际情况选择学习内容,经过学习后可以获得专业发展时数。同时,还为教师们提供了在线研讨会、报告会,为一线教师参与专题研讨、经验分享提供平台。美国还有专门的智慧平衡测评系统,主要用于测评。它能够为融合教育教师提供大量高质量的教学工具和资源。智慧平衡图书馆,可以为教师提供丰富、多元化的专业学习和教学材料。不仅如此,美国针对学前融合还设立了相关平台:开端计划融合教育中心为教师提供融合教育课程与教学、教师培训等资料,网站资源有助于融合教育教师的专业发展。全美融合教育专业发展中心网站提供融合教育、专业发展等资料,不仅有早期融合教育的法律法规、要求,也有一些公开发表的成果,为早期融合教育的教师等提供了学习与交流的平台。

英国特殊教育信息化处于世界领先地位。英国重视特殊教育信息化教学资源建设,启动了名为"为每一个孩子好"(Getting it Right for Everyone)的教育资源整合支持项目。这个平台上,融合教师可以通过网络查询和获得符合学生需求的资源,如教育政策、教育概念学习的渠道,咨询或者索取教育支持的路径。英国 ICT(Information and Communication Technology)是为了满足每个具有特殊需求儿童全面发展的需要,即使是极少数特殊儿童,也会为其提供最适合其学习、生活和个体发展的特殊便利系统。因此,教师可以运用 ICT 对学生进行更好的教育引导。不仅如此,ICT 还可以对特殊教育教师进行师资培训,能够提供良好的环境条件和必要的技术支持，能使教师在短时间内掌握必要的特殊教育技能。苏格兰为提升教师融合教育素养，开设了在线的"融合教学法"课程，教师学完此课程后，根据层次可获得融合实践证书，还为偏远地区老师提供远程教学。

澳大利亚建立了澳大利亚全纳教育联盟（Australian Alliance for Inclusive Education）在线平台，融合教育教师可以通过参加以合作为中心的定期专业论坛，来获得信息、资源并分享有关融合教育的最佳做法、政策和计划的经验和见解等。新西兰在全纳教育实施过程中建立了全纳教育在线指导网站和网络社区，融合教育教师能够从中获得融合指南、各个学校融合实践案例、在线IEP（Individualized Educational Plan）、自我检查工具包、教师合作指南以及其他资源。

日本的教育信息化一直走在亚洲国家的前列，日本将教育信息化作为国家社会整体发展规划的有机组成部分加以推行。日本成立了国立特别支援教育综合研究所，创建电子教学资源和教具的相关数据库。在网站中可获得在特别支援学校和普通学校中实测有效的信息设备应用案例。

通过对西方及亚洲部分发达国家融合教育信息化发展进行比较研究，我们不难发现，这些国家关于融合教育资源库建设能够取得成功，主要有以下几点原因：第一点，国家高度重视特殊教育信息化建设，财政支出方面设立有专门的资金用于特殊教育方面的信息化建设。第二点，他们加强特殊教育信息化教育资源开发与应用，通过网络实现优质教育资源的互联互通和共建共享。第三点，国外的教育理念更注重个性化，会为教师提供更多的资源条件。第四点，国外大多数以网站的形式对资源进行管理，且通常会建立多个资源库，满足教师的多样化需要。

（二）国内融合教育学校教师资源现状

自21世纪初以来，我国逐渐开始关注到特殊教育信息化方面的研究，且关注度呈现出增加趋势。融合教育背景下，我国基于融合教育信息化方面的政策文件、实践研究等层出不穷，并取得了一定的研究成果。

1. 融合教育教师资源建设政策先行　基于国家政策文件，众多省份结合自己区域的实际情况，出台了相关政策文件，推动融合教育教师资源的设立。如：北京市颁布的《北京市"十四五"特殊教育发展提升行动计划》中指出，促进信息技术与特殊教育深度融合创新发展。增强数字化对特殊学生成长各阶段的赋能，着重提升师生信息素养。完善普通学校特殊教育装备配备，优化资源教室空间布局，针对性配备教具、学具、辅具和信息技术等资源。上海市最近发布的《上海市特殊教育三年行动计划（2022—2024年）》中提到，要建设与新课程新教材配套的教学资源，拓展融合教育课程实施资源。浙江省在《浙江省第二期特殊教育提升计划（2017—2020年）》中指出，要建立个别化教育网络管理平台，实现全省所有接受特殊教育服务的特殊教育需要儿童均纳入个别化教育网络平台管理，对所有接受特殊教育服务的学生的教育质量实施实名制服务质量追踪。广东省在《广东省"十四五"特殊教育发展提升行动计划》中指出，推进特殊教育"智慧校园"和"智慧课堂"建设，把教育信息化应用纳入特殊教育示范区和示范校遴选条件与建设要求。

2.融合教育教师资源建设实践成果 "政策先行"的指引下，我国逐渐开始开展各具特色的融合教育教师资源库的建设，且取得了一定的成效。

2020年教育部建立了"国家中小学网络云平台"。经过两年的不断探索与发展，最后改名为"国家中小学智慧教育平台"。这个平台具有丰富的教育资源，各个学段的老师、学生、家长等均能够找到自己需要的内容。融合教育教师们可以在专题教育、教师研修、教改经验等专题，通过视频学习的形式，强化自身的专业素养。而陈云英博士曾创办的中国特殊需要在线网站，是面向所有有特殊需要的人群和机构的网站。融合教师在成为会员后，享有网上交流、研讨、培训服务。

北京市教育委员会设立的北京市特殊教育支持服务平台，能够为学生、家长及教师提供多方面的资源。融合教师能够直接从教师资源板块获取有价值的文章资源。同时，融合教育教师还能够在学生资源模块中学习其他教师的教课方法，从家长资源中丰富自己的知识，从政策法规版块了解到当前国家及北京市的特殊教育相关政策等。北京市海淀区建立了"1234N"的专业服务实体网络、"融合教育大数据中心""海淀课程资源云平台""绘声绘色"等网络学习平台，为教师提供了优质的线上资源。北京市"西城教育研修网"，融合教师们能够从上面进行继续教育、聆听讲座等，使自己的理论知识与时俱进。

上海市融合教育走在全国的前列，建立了很多信息化资源。如《上海特教》在线网站，它为教师们提供电子版《上海特教》杂志，融合教育教师可以从中学习前沿理论知识。同时，还能够通过微课堂提升自己的专业技能，能够从特教资料版块，扩展自己的视野。上海还建立了特殊教育资源库，里面信息较为丰富。融合教育教师能够从中获得各类儿童的学习资料、获取诊断与评估的工具。与此同时，融合教师还能够通过观看优秀教师的教学视频，从中获取经验、提升技能。此外，还有"上海特教之窗"网站，融合教师们能够从中了解一些关于国家、上海以及优秀学校的信息，如：国家政策、科研成果、教师风采展示等。同时，融合教师还可以从中获得一些支持服务，里面提供了关于教具辅具、康复辅具的图片及文字介绍，可以为融合教师提供参考。

在教育信息化促进教育公平的大背景下，江苏省苏州工业园区特教指导中心基于园区内实情，构建"3+N"特教服务体系。一是建设了"苏州工业园区融合教育大数据实验室"，该实验室包括全区各融合教育资源中心的师资队伍、融合课程建设等内容。同时，融合教育大数据实验室开发了区域融合教育实践工具，既有学生调查问卷，同时还有教师和家长的调查问卷。二是个别化教育支持服务平台助力"N个清单"精准服务，能够组织教师进行研修。融合教师可以进行特殊教育专业知识及技能的线上培训及答疑。同时，融合教师还可以根据需求选择学习内容，享受专业化和个性化的在线教育资源及服务。三是新特教资源平台里面含有丰富优质的线上课程资源。这些资源有助于教师吸取经验更好地成长。

广东省很早就关注到了特殊教育信息化资源平台的建设，且已建立很多资源平台，如：广东省特殊教育网、广东省教育资源平台等，但这些网站仅供省内特殊教育学校使用，其他人员无访问权限。广东佛山市某区域建立了地方特殊教育信息化平台，该平台建立了针对特殊儿童的数据库，方便教师们根据信息对其进行评估、诊断等；同时该平台还提供了特殊教育资源，融合教育教师们能够从中获得课程资源，同时普通教师还能进行教学研讨，有助于提升融合教育教师们的知识和技能。

四川省也注重特殊教育信息化的发展。成都建立了特殊教育资源云平台，该平台分为教委行政端、学校教师端及学生家长端。学校教师端教师们可以利用云平台实现"一人一案"电子化管理，便于资源中心的及时检查和指导。黑龙江省建立了一平台、一共同体、两课堂，可以为融合教育教师提供基础素材类资源、指导学习类资源、测试诊断类资源、拓展学习类资源、学习工具类资源。

台湾地区的特殊教育通报网中，融合教育教师们能够从中获得电子教材、教学资源、特殊教育政策法规等，同时还能够从中进行教师培训等。这些对融合教育教师均具有直接的帮助作用。香港设立的共融资源馆，能够为教师提供学与教、专业发展、互动社群、特殊教育需要、户口管理及工具方面的资源。融合教师们既可以从中学习知识与技能，又可以了解学生情况。

整体而言，在融合教育及信息化教育背景下，全国各地都对融合教育教师资源建设高度重视。我国关于融合教育教师信息化资源发展势头较猛，且已经取得了可喜的成就。众多地区根据自己的实际情况，探索创建融合教师信息化资源建设，但还存在一些不足之处：第一点，权限严格，难以实现资源共享。特殊教育中心，一般访客无法获取资源支持。而特殊教育学校资源，则大多以校内共享为主。第二点，特殊教育中心网站疏于管理，资源中心的资源内容较少，资源更新缓慢。第三点，访客与资源中心的交流互动较少，资源中心的智能没有充分发挥。

四、体系建设

（一）资源体系框架

1. 基本框架　教育部发布的《关于加强残疾儿童少年义务教育阶段随班就读工作的指导意见》中指出资源中心要加强对区域随班就读普通学校的巡回指导、教师培训和质量评价，大力宣传普及特殊教育知识和方法。教育部、中央编办、国家发展改革委、财政部、人力资源社会保障部共同发布的《关于加强特殊教育教师队伍建设的意见》中指出对于特殊教育教师实行5年一周期不少于360学时的全员培训。随班就读教师也要开展相应的全员培训。同时指出要加强特殊教育教师教研、科研队伍建设，提高培训专业性。

可见，对于融合教育教师的培训已经得到了国家的高度重视。基于政策引领以及上述实践探索，并结合本研究内容，将融合教师信息化体系建设，从专业知识发展和专业能力发展两个方面进行设置。专业知识设置包括：政策法规版块，教师培训版块和电子图书版块。专业能力设置包括：测量评估版块、教学资源版块、康复训练版块、实践案例版块、教具学具版块及康复辅具版块。

但考虑到不同学段的学生有着不同的教育内容，各个学段间的融合教育教师需求也展现出了一定的差异性。因而，本研究针对不同学段融合教育教师的需求进行分析说明，具体如下：

（1）学前教育阶段：2021年由教育部等七部门联合颁发的《"十四五"特殊教育提升行动计划》中指出"尽早为残疾儿童提供适宜的保育、教育、康复、干预服务"。学前教育与学校教育以知识为主的学习内容和方式不同，幼儿主要通过各种室内的、户外的活动和丰富多彩的日常生活来完成学习活动。换句话说，游戏是学前幼儿最主要的学习方式。因此，作为一名融合教育教师就需要具备与特殊幼儿的游戏互动、游戏介入等能力。与此同时，学前阶段是（特殊）幼儿发展的关键期，也是（特殊）幼儿干预的关键期。因此，身为学前融合教育教师还需要具备一定测量评估能力、个别化训练能力、康复训练等专业能力。

（2）义务教育阶段：义务教育阶段的学生以学业学习为主要学习内容。特殊学生的认知能力水平会影响其学业水平的发展。因而，身为一名融合教育教师，不仅要注重特殊学生的学业学习，更要关注到特殊学生认知能力的培养。教育部办公厅关于印发《普通学校特殊教育资源教室建设指南》的通知中提到资源教师应设置学习训练区、资源评估区等。学习训练区主要进行学科辅导以及相关认知等方面的训练。资源评估区对学生进行学习需求测查，各种心理、生理功能基本测查和评估等。基于此，义务教育学段的融合教育教师需要掌握指导特殊学生的能力、学具辅具的使用能力以及测量评估学生的能力。

（3）职业教育阶段：职业教育阶段的学生以专业学习为主，如：烹饪、洗车等。这个阶段的学生，更注重职业教育的培养。相对于其他两个教育阶段的学生来说，这是他们所独具的特色。2021年由教育部等七部门联合颁发的《"十四五"特殊教育提升行动计划》中指出支持特殊教育学校职教部（班）和职业学校特教部（班）开设适应残疾学生学习特点和市场需求的专业等。此时，身为职业教育阶段的融合教育教师在教授学生时，便要重点培养学生的专业技能，为今后的就业做准备。作为一名职业教育阶段的融合教育教师，不仅要具备培养学生职业发展的能力，同时还需要了解与学生发展有关的职业专业资讯，帮助学生更好地发展。

综合来看，本研究根据特殊学生的学段特点及不同的学习内容需求，进行基本框架的设定，框架中包含两大方面，即：专业知识和专业能力。首先，从共性资源来看，专业知识发展方面，涵盖了政策文件、教师培训、电子图书。专业能力发展方面，涵盖了测量评估、教学资源、康复训练、实践案例、教具辅具、康复辅具。从个性资源来看，主要包括：教师介入（学前教育阶段）、课程教材（义务教育阶段）、职业指导（职高教育阶段）。具体详见表 4-4-1：

表 4-4-1 融合教育教师资源体系

	学前教育阶段	义务教育阶段	职高教育阶段
专业知识		课程教材	职业指导
		政策文件	
		教师培训	
		电子图书	
专业能力	教师介入	学习训练	
		测量评估	
		教学资源	
		康复训练	
		实践案例	
		教具辅具	
		康复辅具	

2. 基本内容　本研究中平台的融合教育教师资源体系，主要指通过信息化的方式，为融合教育教师提供跨情景、跨时间的线上资源，进而提高融合教育教师们的专业知识与专业能力。下面，将针对不同版块的内容进行详细介绍。

政策文件：从涵盖范围而言，一方面包含国家宏观上的政策文件，另一方面又涉及地区的政策文件，即北京市教委、残联等发布的针对北京市的政策文件。从内容而言，涵盖所有关于特殊教育方面的政策文件，而不仅仅局限于关于融合教育教师的政策文件。

教师培训：教师培训是提升教师专业知识最直接、有效的途径。因此，本部分通过多种形式加强对教师的知识熏陶。首先，为教师们提供专家专题讲座，帮助教师们掌握先进的理论。其次，通过联合学校开设系列课程学习加强对教师定期培训。最后，通过线上教研的形式，加强专家教师间、不同校际间的交流，促使教师间专业化的思想碰撞，助力教师成长。

电子图书：当前，虽然针对融合教育教师的图书及期刊已有很多，但是一线教师的获取途径较为单一，大多只能通过自己购买获得，为了教师们方便获得适宜的图书及期刊资源，将在电子图书版块中为教师们提供多样化的电子图书及期刊内容。

课程教材：当前教师们的课程教材以纸质版为主，教材的内容主要针对义务教育学段的融合教育教师。本版块通过为教师们提供电子教材，期望教师们能够随时随地获取课程教材资源。这里不仅为教师们提供国家教材资源，同时还涵盖优质校本化课程资源，将资源在平台展示，促进各个学校的资源共享。

职业指导：职业教育学段的融合教育教师以职业教育为主要教育内容，但班中存在有特殊需要的学生，毫无疑问对他们增加了难度。因此，为了这些孩子在与社会接轨后能够更好地发展，在平台上设计了针对职业指导方面的内容来融合教师的内在专业水平。不仅如此，还在平台上提供职业咨询、职业动态，帮助教师们了解前沿信息。

教师介入：教师介入版块主要服务于学前阶段的融合教师。幼儿进行游戏、同伴交往遇到困难或问题时，当孩子们自己无法处理得很好时，往往需要教师们适宜的介入引导。班级中有特殊儿童，会大大增加教师需要介入的概率。本版块帮助融合教育教师，提高介入的方法策略等。

学习训练：我们将平台这部分的内容以义务教育学段的融合教育教师为主要对象。这个时期的学生最主要的任务就是学习，然而由于他们自身条件的客观原因，导致这些学生在学习上存在困难、学习效果不好，因此就需要融合教育教师们，了解特殊儿童的特点，制定适宜的教育目标，掌握教育特殊儿童的方法。因此，本部分既为融合教师们提供了大量关于学习训练的内容，又为他们提供了很多关于认知发展的内容。

测量评估：对于融合教师们而言，了解班中特殊学生的现有能力水平是教育他们的基础。因此，本平台上也为融合教育教师们分门别类地提供了适合不同年龄阶段、不同内容的测量。主要包括：测量智力的量表、社会适应能力量表、语言能力量表等等。不仅为融合教育教师们提供测量的工具，同时还附使用方法的介绍。除此之外，还会设置针对学生的IEP板块，展示一些优秀的评估计划供教师们参考。

教学资源：融合教育教师最主要的任务就是教育学生，但是当前很多融合教师的教学技能较缺乏。本平台为这部分教师们提供了教学视频资源，融合教育教师们可以观看到优秀教师的教育方法、教育手段等，并能够将其迁移到自己的教学中，提高教育教学水平。然而，对于融合教师们来说，挑战性最大、付出精力最多的则是为班中的特殊儿童准备相应的教学资源。由于普通资源难度大、速度快等原因，导致很多资源都不能用。基于现实困难考虑，本平台将为教师们提供教学材料的直接获取渠道，有个训视频资源、教学材料包、教学软件工具包等。

康复训练：作为融合教育教师，仅对班中特殊儿童开展学习方面的教育是远远不够的，还需要对这些孩子进行相应的康复训练。如，针对语言能力弱的特殊儿童，开展语言训练；针对身体协调性等能力较弱的特殊儿童，开展运动训练等等。本平台通过视频的形式，将优秀的康复训练课程放在平台中，供融合教育教师们参考学习。

实践案例：学校中，不同学段的教师，会进行不同案例内容的书写，针对融合教师亦是如此。学前教育阶段，融合教育教师们通常以个案观察、观察记录的形式进行呈现。义务教育阶段，融合教育教师往往以教育故事的形式进行呈现。职业教育阶段，融合教育教师们会通过教师风采、学生作品等形式呈现。本平台为不同学段教师们打造不同的实践案例呈现形式，希望这些优秀的实践案例，能够给予一线融合教师们启发，提高自己的教育水平。

教具辅具：适宜的教具能够帮助融合教师更好地传授教育内容，适宜的辅具能够帮助特殊学生更好地吸收教育知识。平台通过呈现教具辅具图片，并附文字对教具辅具的使用方法、使用场景等进行介绍，方便教师们选择，有效提高教学效果。

康复辅具：融合教育教师们对学生进行康复训练时，往往需要借助康复辅具。基于此需求，本平台上为融合教育教师们提供一些实用的康复辅具，以图片的形式进行呈现，同时还对这些康复辅具的使用方法、使用场景等进行详细介绍，有助于融合教育教师们更适宜地选择。

以上内容，具体详见表4-4-2：

表4-4-2　融合教育教师资源体系的基本内容

资源体系	资源版块	版块内容
专业知识	政策文件	范围上：国家层面的政策文件及地方省份的政策文件。 内容上：所有特殊教育相关政策文件。
	教师培训	专家专题讲座、系列课程学习、线上教研。
	电子图书	期刊和图书。
	课程教材	国家教材资源、优质校本化课程资源等。 （针对义务教育学段的融合教育教师）
	职业指导	职业指导知识、职业咨询。 （针对职业教育学段的融合教育教师）
专业能力	教师介入	观察特殊幼儿进行游戏、同伴交往等遇到困难或问题时，可采取的介入方法策略。 （针对学前教育学段的融合教育教师）
	学习训练	学业能力教育方法策略、认知能力发展方法策略（针对义务教育学段的融合教育教师）。
	测量评估	内容：智力量表、社会适应能力量表、语言能力量表等。 形式：量表、IEP等。
	教学资源	教学视频资源、个训视频资源、教学材料包、教学软件工具包等。
	康复训练	康复训练视频。
	实践案例	1. 学前教育阶段，以个案观察、观察记录的形式呈现。 2. 义务教育阶段，以教育故事的形式呈现。 3. 职业教育阶段，以教师风采、学生作品形式呈现。
	教具辅具	呈现教具辅具图片，包括对教具辅具的使用方法、使用场景进行介绍。
	康复辅具	呈现康复辅具图片，包括对康复辅具的使用方法、使用场景进行介绍。

3. 实践方式　为确保融合教育教师资源体系的良好落实以及后续资源平台的积极发展，本研究主要采取以下几点实践方式：

（1）构建融合教育资源平台，提升融合教育的针对性：构建融合教育教师资源平台，能够提高融合教育的教育质量和教育效率。通过融合教育教师资源平台，能够为融合教育教师们提供丰富的理论知识以及专业的操作技能。融合教育教师资源平台的工作人员要加强对融合教育教师资源库的管理，定期更新、不断丰富平台资源库信息。同时，针对不同学段的融合教育教师需求，平台可以将不同的资源按照学段需求进行分门别类的整理，以便融合教育教师们能够根据自己的实际需求快速找到相应的资源支持。

（2）提供大量参与学习机会，调动融合教师的积极性：相对来说，融合教育在我国发展起步较晚，目前还处于探索实践阶段。对于很多融合教育教师来说，他们获取融合教育资源的渠道较狭窄，易导致其找不到合适自己的资源。因而，期望融合教育教师资源平台能够成为他们学习的媒介，帮助他们从中找到适合自己需求的融合教育资源，如：教学资源、电子教材资源、教具学具资源、康复辅具等等。同时，针对融合教育学校而言，还可以联合融合教育教师资源平台部门，一起组织融合教育教师们定期参加线上培训、线上教研等，进而使融合教育教师们能够有更多的机会了解融合教育方面的知识，充分调动融合教师们学习的积极性，不断提高其自身融合教育素养。

（3）强化融合教育理论学习，掌握融合教育专业技能：融合教育教师属于复合型教师，既要懂得普通教育相关知识，又要懂得特殊教育相关知识。但是，融合教育知识并不是简简单单地将普通教育知识与特殊教育知识相叠加，而是将两者进行融会贯通之后生成的一种新的知识。通过融合教育资源信息平台，帮助融合教育教师们直接提供融合教育方面的知识、培训等，有助于引导融合教育教师学习更多的融合教育理论知识。不仅如此，通过教学视频、康复训练等操作性学习，能够扩展融合教师们的教育思路，使其融合教育技能水平得到不断提高。

（4）促进学践研一体化发展，助力融合教师快速成长：当前，在融合教育大力发展的背景下，"融合教育"理念深入人心。融合教育教师能力水平的高低，直接关乎融合教育质量的高低。因此，为加速提升融合教育教师们的教育、教学、研究等能力的发展，融合教育资源平台通过采取学习－实践－研究的形式进行一体化设计，实现融合教育教师全方位的成长。例如：通过提供融合教育教师培训、专家讲座、电子图书等资源，帮助融合教育教师学习，丰富自身理论知识；经由将自己学习到的理论知识运用到实际教学中，以"个案观察""我的教育故事"等形式将实践进行记录；通过线上教研提高融合教育教师们的研究能力。

（刘晓明　卢　宇　李春燕　曾　艳　李　可）

参考文献

[1] 王永莉. 融合教育教师培养存在的主要问题及解决策略[D]. 哈尔滨师范大学，2021.

[2] 申晓林. 初中生物学信息化课程资源库的建库及应用研究[D]. 陕西师范大学，2017.

[3] 汪天皎. 美国教师全纳素养发展的IRIS平台研究[D]. 西南大学，2017.

[4] 史大胜，常媚，赵上宁. 美国智慧平衡测评系统对我国教育评价信息化改革的启示[J]. 当代教育论坛，2022（2）：59-66.

[5] 黄建辉. 美国残疾学生融入普通课程教学的发展与支持策略——以加利福尼亚州为例[J]. 教育学术月刊，2017（1）：105-111.

[6] 李香玲. 美国早期融合教育的发展及其启示[J]. 早期教育（教育科研），2019（9）：2-6.

[7] 李瑶. 在线教育发展之美国经验[J]. 中国信息技术教育，2021（14）：83-86.

[8] 张凯，蒋惠妃. 英国融合教育政策与实践评述：对我国早期教育的启示[J]. 早期教育（教育科研），2020（2）：12-16.

[9] 李永，张舒予. ICT环境下特殊儿童教育问题的研究[J]. 信息技术教育，2004（2）：103-106.

[10] 杨慧，孙玉梅. 苏格兰融合教育教师的培养及其启示[J]. 现代特殊教育，2018（14）：47-54.

[11] 王婕. 澳大利亚教师全纳教育专业素养培养研究[D]. 南京师范大学，2021.

[12] 左成光，王俊民，刘芮. 新西兰全纳学校课程框架与教学实践路径探析[J]. 外国教育研究，2017，44（7）：115-128.

[13] 谢超香，严文宜. 新西兰中小学全纳教育课程审视[J]. 教育观察，2019，8（11）：63-65.

[14] 杨絮，李哲，王以宁，等. 日本特别支援教育信息化建设的分析与启示[J]. 现代教育技术，2017，27（11）：5-11.

[15] 范里，葛增国. 让区域融合教育优先发展插上"云翅膀"[J]. 现代特殊教育，2020（19）：22-24.

[16] 刘洪沛，肖玉贤. 特殊教育信息化平台研发：融合教育理念的创新实践[J]. 中国远程教育，2020（2）：68-75.

[17] 林开仪，陈玉梅. 台北市融合教育经验启示[J]. 现代特殊教育，2017（17）：64-67.

[18] 郭法奇. 重新认识幼儿教育：一些基本问题的思考[J]. 河北师范大学学报（教育科学版），2018，20（2）：19-27.

第五节　学龄前口吃儿童个案研究

一、口吃的概述

（一）口吃的患病率和恢复率

首先我们需要认识口吃，我们对口吃常见的印象是语言上的重复，比如"我我我想去公园"，但是在语言病理学中口吃具有更详细的定义。美国听力语言协会对口吃有了更规范的定义：口吃表现为单音节词、部分词或句子的重复、语音的拉长或者无声的卡住与阻断，此外，这些语言特征可能会伴有其他的行为，比如，逃离或逃避言语输出的行为。此定义除更详细地描述了口吃者的语言特征之外，也将口吃者为逃避口吃事件而说出很流利的语句划为口吃行为。口吃不单单是只有核心的语言特征，还可能包括生理性动作、负面情绪以及为了逃离或逃避言语输出的行为等。

因为不同研究者使用的研究方法存在差异性，此外一部分口吃患者会随着年龄的增长而出现自愈的情况，因此不同研究报告中提及不同国家的口吃患病率是不一致的。因此，选择适宜的样本也很重要。Bloodstein 和 Ratner 在 2008 年选择了学龄儿童作为口吃患病率的研究对象，他们在美国、欧洲、非洲、澳大利亚等国家和地区开展研究，通过一整个学年的调查统计，发现这些地区口吃的患病率约为 1%。相关研究表明，相较国外口吃的患病率，我国学龄前儿童的口吃患病率 3%～5%。

在早期研究中，由于研究方法的不同，口吃的恢复率差异较大，为 20%～80%。之后为减小误差，在患者初期出现口吃后，研究者在不加干预的情况下持续追踪口吃者的恢复情况。Yairi 和 Ambrose 在 1999 年进行的研究表明，在不经过干预的情况下，约有 74% 的口吃儿童能够自然恢复。

（二）口吃发生的病因

1. 遗传倾向性　为了区分口吃的发生是源自家族遗传还是后天的环境作用，研究者采用双胞胎调查的方法来研究口吃。调查报告表明具有相同基因的同卵双胞胎中口吃的患病率高于非同卵双胞胎。这为口吃的遗传倾向性提供了更有力的支持。

2. 大脑的语言通路激活异常　大脑左侧的 Broca 区正常运作是保证正常言语输出的充分条件。Wood 等在 1980 年利用单光子发射计算机断层成像技术对口吃患者的大脑进行研究，他们发现口吃患者在大声朗读并出现口吃的情况下，大脑左侧的 Broca 区的局部脑血流量相较于右侧区域减少，当口吃者服用氟哌啶醇而使言语变流利时，左半球的血流量高于右半球。该研究表明，口吃患者在言语输出时，涉及大脑的语言通路没有被正常激活。上述结果表明发展性口吃者在口吃时右侧大脑半球有过多的参与。

3. 其他因素　儿童在处于压力的情况下或者经历过创伤后也可能出现口吃。除此之外，还有许多的因素也可能会导致儿童口吃，如儿童模仿他人口吃的行为。除单方面因素外，儿童口吃也可能存在遗传、生理、心理等多方面因素的联合作用（图4-5-1）。儿童口吃可能有遗传或先天的因素，在儿童生长发育的过程中，儿童可能在词汇和语法急剧增长的过程中开始口吃。后天又会受到环境和神经发育因素的影响，使儿童的口吃变得更加严重甚至变成慢性口吃。另外，面对学校里的玩伴或不知道如何正确回应成年人可能会使儿童对自己的口吃有高度的自我意识，随着不断经历各种尴尬的场景，儿童对交流产生消极的态度。

图4-5-1　口吃的病因

二、口吃的评估与治疗方法

口吃的评估和治疗需要详细的流程，如图4-5-2所示。首先，治疗师通过家长问卷以及家长访谈来了解家长的主诉，从而获得儿童的基础资料。其次，治疗师通过临床观察来选择合适的评估工具（由于国内言语治疗发展相较国外发展慢，评估工具一般采用国外的）。评估之后治疗师需要进行目标制定，最后是治疗师对治疗的实施。在干预一段时间后，治疗师再次通过评估查看儿童的口吃情况,以及根据当前情况再制定下一阶段的治疗方向。如果儿童的口吃得到改善,治疗者需要减少口吃者的干预周期,直至口吃程度属于非常轻度时再进行终期评估。治疗者结束治疗时,需要家长配合家庭治疗措施来改善儿童口吃情况。另外,口吃儿童需要及时进行复查,如果口吃再次以较高频率出现,建议家长及时进行再次的咨询,由治疗者来判断儿童是否需要继续评估和治疗。

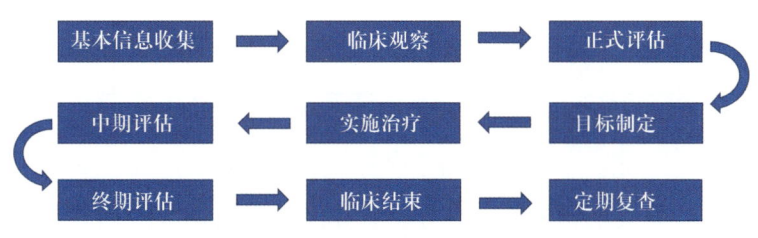

图 4-5-2　口吃的评估和治疗流程图

治疗师在评估口吃时需要综合考虑各个方面的因素。首先,治疗师需要收集学龄前儿童的基本信息以判断儿童是否存在家族遗传、生理性病因或其他影响因素。学龄前儿童的基本信息包括个案的听力筛查、家族史、既往史、现病史、干预史等。其次,学龄前儿童正处于各方面能力快速发展的时期,需要评估儿童的语言能力、言语能力、社交沟通能力与嗓音等方面的信息。最后,根据儿童的实际情况选择恰当的评估方法,其中 SSI-4 是评估儿童口吃严重度的常用且有效的方法之一。

学龄前儿童口吃的治疗方法与成人有较大的差异,并且治疗中受到儿童认知、语言、言语以及配合等方面的影响,目前主要以语言训练、发音训练、放松训练、行为训练等方式进行治疗。在国外,直接治疗方法的代表为 Lidcombe 计划,该方法基于操作条件反射的原理,当患者未出现口吃时给予表扬以加强其流利言语的持续度,另外通过降低语速或使用柔和的辅音等方法来减少口吃的频率。

三、口吃儿童个案分析

(一)个案基本信息

安安(化名),女孩,5 岁 2 个月,在幼儿园上大班。据家长反映,安安一年前在儿童医院诊断为轻度的构音障碍,在 3 个月后出现了口吃,一直持续了半年左右未见明显改善。家长反映家族中无口吃的亲属,此外,孩子不和同龄小朋友进行互动。治疗师初次接触到孩子时,孩子的口吃情况较为严重,不仅在句首、句中以及句尾均出现不同程度的口吃,而且伴有下颌肌肉紧张的情况,同时孩子对周围陌生的环境和陌生的人有过度拘谨的情况。

(二)个案的评估

针对本个案的实际情况,治疗师采用 SSI-4 评估方法,先从口吃频率、持续时间以及身体的伴随动作三个维度对安安进行评分，三个维度的分数相加得到原始总分，再对照口吃百分比等级，最后得出口吃的严重度。治疗师收集了安安不同类型的语音样本，她在对话样本、看图说话和叙述事件中的口吃频率如表 4-5-1 所示。

表 4-5-1　安安在 SSI-4 评估中不同语音样本的口吃频率

项目	对话	看图说话	叙事
总字数	424	197	282
口吃次数	52	19	37
口吃频率	10.8%	9.6%	13.2%

根据样本的收集，安安的语速为 187 字 / 分钟，属于正常范围内。在口吃频率方面，安安的平均口吃频率为 11.2%，对应的分数为 14 分。在口吃持续时间方面，安安口吃时三个最长受阻的平均时间为 1 ~ 1.9 s，对应的分数为 6 分。在生理动作方面，治疗师观察到安安有较为明显的下颌肌肉紧张，对应生理动作分数为 6 分。以上三个维度的总得分为 26 分，治疗师判断安安处于中度口吃的状态。

其他评估：经过语言评估，安安的语言理解和语言表达为同龄儿童的正常水平。但是在交流态度方面，安安很少会与他人有视线的交流，不会主动和任何人打招呼或告别，只会进行简单的回应。经过构音检查，安安存在轻度的构音障碍，在声母水平上，安安不能发清楚舌根音"g"和"k"。

（三）目标制定

根据以上评估结果，治疗师建议安安在言语流畅性方面、交流态度方面以及构音方面进行一周四次的长期干预，在情况改善后，以家庭的泛化练习为主。从口吃方面的研究角度进行，对于口吃的长期目标为：安安在看图说话、对话以及叙事的过程中，可以使用技巧来减少口吃的频率，保持口吃的频率在 5% 以下。

（四）个案训练过程以及结果

在该个案的研究中，治疗师通过使用阶段性的治疗策略对儿童进行干预。首先是治疗师有意改造交流的环境，在治疗的过程中治疗师放慢语速，注意句与句之间的停顿，并和儿童建立好关系，儿童逐渐放下了防备的心理。之后采取直接治疗方法，如在说句首第一个字时先停顿；运用图片提示说话轻重；让儿童自主意识到说话方式、语速以及流畅性，在有趣的游戏中控制自己的口吃情况，并且不断监控和调整自己。在治疗中，治疗师让教学活动变得生动有趣，激发儿童的上课兴趣与交流欲望。儿童在教学互动中能认识到自己的口吃问题，并会在治疗师的引导下创造性地利用各种方法来降低自己的口吃频率。

针对安安单字和词语的重复，治疗师通过适当拉长语音的方式，让安安在看图说话以及对话中借助图片提示或动作提示来减少口吃的概率，经过 8 次的训练，安安可以自己有意识地用适当拉长的方式来缓解字的重复情况。经过8次的干预，安安在看图说话中的口吃频率逐渐下降到1%左右（图4-5-3）。对于安安的对话训练，安安在干预到第11次时，对话中出现口吃的频率已经降到1%左右，但在疫情停课一个月复课后，安安的口吃频率有所上升，之后安安的口吃频率又呈阶段性下降，虽然安安的口吃频率存在一定的不稳定性，但在经过一段时间的看图说话以及对话训练后，安安能够主动以及熟练地使用拉长、停顿、减慢语速等策略减少口吃，口吃频率在1%~2%浮动，远低于干预之前的口吃频率（图4-5-4）。叙事治疗过程进展很顺利，她的口吃频率从3%下降到1%左右（图4-5-5）。

安安在口吃时，下颌肌肉会紧张，导致说话时口部动作幅度过大。为了在说话的过程中减少这种情况，治疗师在训练之前对安安进行放松训练，再通过游戏的形式来教授安安用柔和的方式说话。除此之外，治疗师还会用向安安科普言语产出过程的知识，带着安安一起去探索原因，从而不断监控自己的口吃状况并及时进行修正。通过一段时间的训练，安安下颌肌肉的紧张次数逐渐减少，直到最后消失（图4-5-6）。

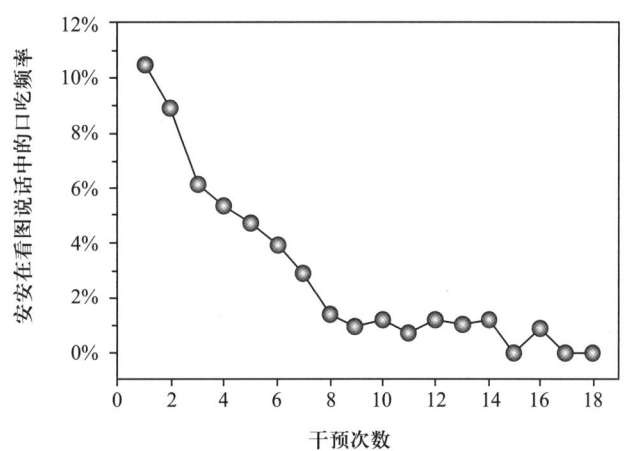

图4-5-3 安安在看图说话中的口吃频率

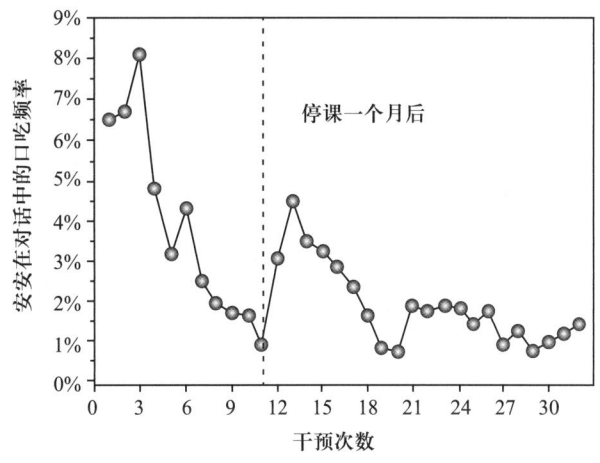

图4-5-4 安安在对话中的口吃频率

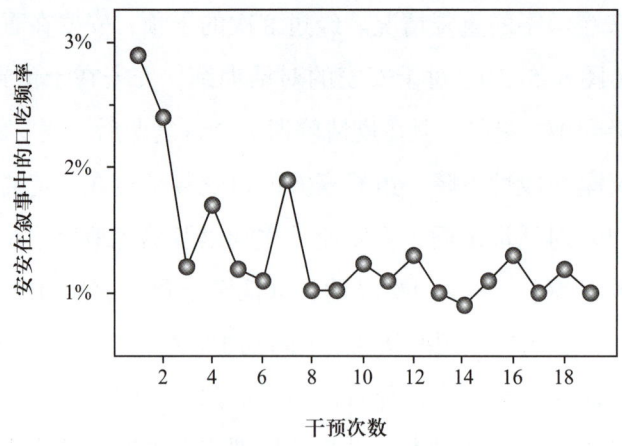

图 4-5-5　安安在叙事过程中口吃频率

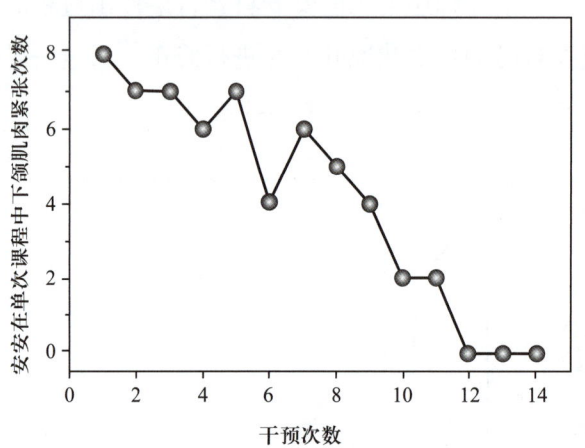

图 4-5-6　在单次课中安安下颌肌肉紧张的次数

（五）个案终期评估

在经过三个月间歇性的干预治疗后，利用 SSI-4 方法对安安再次评估。根据样本的收集，安安的语速为 179 字 / 分钟，属于正常范围内。在口吃频率方面，安安的对话、看图说话和叙事三部分的平均口吃频率为 1.5%，对应的分数为 4 分（表 4-5-2）。在口吃持续时间方面，安安口吃时三个最长受阻时间少于 0.5 s，对应的分数为 2 分。在生理动作方面，安安没有出现下颌肌肉紧张，对应生理动作分数为 0 分。以上三个维度的总得分为 6 分，据此，治疗师判断安安处于非常轻度的口吃状态。

表 4-5-2　安安在 SSI-4 评估中不同语音样本的口吃频率

项目	对话	看图说话	叙事
总字数	4	4	5
口吃次数	301	428	202
口吃频率	1.3%	0.9%	2.4%

（六）个案总结

经过干预，该儿童通过字的拉长、轻轻说以及放松等方式来缓解自己的口吃情况。数据结果表明该个案在会话、看图说话以及口述一件事情中口吃频率的变化分别为：从10.8%下降到1.3%、从9.6%下降到0.9%、从13.2%下降到2.4%。对于家庭生活中的泛化训练方面，后续在和家长不断的沟通中，该儿童也能将治疗师教授的技巧运用在日常生活中。据妈妈反馈，该儿童口吃问题得到巨大改善，在学校也变得更加自信，愿意和很多人交流，口吃情况已经很少出现。

四、小结

相较于成人口吃患者，学龄前儿童的可塑性更强，对他们干预具有更好的效果。所以对学龄前儿童的口吃干预研究对降低我国的口吃患者数目具有重要意义。此外，国内对口吃的原创研究较少，目前的口吃评估量表以及治疗方法很多是沿用国外的，由于文化和语言的差异性，这些量表可能不太符合我国口吃患者的实际情况。此外，不同年龄阶段的口吃患者具有不同的临床表现，所以我们认为国内亟须发展出适合不同年龄阶段的口吃评估量表和治疗方法。

虽然口吃具有一定的自然恢复率，但专业的评估、咨询与治疗对提高恢复水平和缩短恢复时间有促进作用。此外，为了孩子的健康发展，创造一个有利于提高语言流利度的环境至关重要。我们认为对于学龄前口吃儿童，如果能提供更多专业的评估、治疗与研究，学龄前口吃儿童的恢复效果会更显著。

（刘　婷）

参考文献

［1］Bloodstein O, Bernstein Ratner N. A Handbook on Stuttering, 6th ed［M］. New York: Thomson-Delmar, 2008.

［2］陈卓铭，王丽梅，张庆苏.语言治疗学［M］.3版.北京：人民卫生出版社，2018.

［3］Yairi E, Ambrose N G. Early Childhood Stuttering I: Persistency and Recovery Rates Journal of Speech［J］. Language and Hearing Research, 1999: 1097-1112.

［4］Godai U, Tatarelli R, Bonanni G. Stuttering and tics in twins［J］. Acta Genet Med Gemellol , 1976: 369-375.

［5］Felsenfeld S, Kirk K, Zhu G, et al. A Study of the Genetic and Environmental Etiology of Stuttering in a Selected Twin Sample［J］.Behavioral Genetics, 2000: 359-366.

［6］Barry Guitar, Weather, Stuttering: An integrated approach to its nature and treatment［M］. Westvirginia: Wolters Kluwer Health, 2018.

［7］Shafiei B, Faramarzi S, Abedi A, et al.Effects of the Lid-combe program and parent-child interaction therapy on stuttering reduction in preschool children［J］.Folia Phoni-atr Logop, 2019, 71(1): 29-41.

第五章

案例报告

第一节　凝望与守护——家庭探访实录

《2021年度儿童发展障碍康复行业蓝皮书》中显示，在我国0～18岁人群中，孤独症谱系障碍患者约有300万人，注意缺陷多动障碍患者约有2100万人，言语语言障碍患者约有1500万人。

随着人们对发展障碍疾病认知的提升，越来越多患儿能够在早期得到确诊，但同时，生活、社会带来的不理解、压力和挑战从未减少。

对于不同疾病的特殊家庭来说，他们面临的是怎样的困境？又将经历什么样的"自我救赎"？不同的疾病，带来的处境有什么不同？

"凝望幸福，祈愿光明"，不论什么样的家庭，都怀揣着同样的心愿和希望，但孩子终要走上自己的路，家长只能伴随一程。生活一天一天继续，在经历了辛酸苦辣之后，他们找到了自己守护的方式……

以下故事来自孤独症谱系障碍、注意缺陷多动障碍、发育迟缓三组发展障碍家庭自述。

一、确诊后被邻居断交，孤独症孩子的家庭干预之路

1. 两次错失诊断机会　孩子4个月就有异常了，只是我们当时不知道是孤独症。

其他宝宝在大人逗他们时，都会看着大人的脸，但我家汉堡在4～5个月大的时候，大人们逗他，他都不理会，还有朋友开玩笑说他怎么这么高冷，甚至有一阵儿，我还觉得他是不是太早熟了，觉得别人逗他的东西太幼稚。从汉堡会走路开始，他就学会了跑，而且是来回地跑，而我当时只因为他会走路了很开心，这是我们第一次错失发现问题的机会。

汉堡1岁半多时，孩子奶奶发现他不会说话，就让我们带他去看医生，看看他是不是喉咙有什么问题。于是我们就去了当地比较知名的医院，但我们挂错了科，医生没能发现问题，只说让孩子早点睡，多补充营养。这是我们第二次错失机会。

汉堡2岁半的时候，问题已经越来越明显了。比如，无眼神交流，躲闪别人的对视；总是出神，发呆，眼神空洞；你叫他名字，他像没有听到；零社交，从来不和别的孩子玩；出门就捡石头，手里要拿着石头；原地转圈，跑来跑去没有停，踮起脚走路；不认人，基本没有人物区分的概念，不知道危险；零语言，把大人的手当作工具手，要什么不会指而是拿着大人的手去拿。

但对孤独症完全不了解的我们，并没有意识到问题的严重性。当时一直是奶奶带他，他断奶后也跟奶奶睡，奶奶说家乡话，我们和他说普通话，开始以为是这个原因导致他说话晚。现在想想，如果医生能够多了解一些相关知识，第一次看诊时就把我们转诊去儿童精神科，也不至于让我们漏诊；如果当时早点懂多一点孤独症的相关信息，也许就不用费那么多

劲了，因为我们的无知耽误了很多时间。

直到汉堡两岁七八个月后，我们带他去上早教课，老师反映孩子不会跟随，经常大哭，可能有孤独症的倾向，我们才重视起来。在医院里确诊了汉堡孤独症谱系障碍。

当我拿着诊断书问医生要怎么治疗时，医生说了一句："尽早找机构干预吧，干预好的话，生活能自理就不错了。"这句话一直在我脑海中盘旋，我的天瞬间塌下来了，眼里的景色都是灰色的。

我开始疯狂地查阅孤独症的相关字眼，只想寻找一个答案：孤独症能不能治好？可搜到的答案都告诉我，孤独症一辈子无法治愈，我的心更凉了。那个时候，我常常想到各种绝望的场景，甚至想过如果他自己乱跑被车撞了会不会就解脱了？清醒之后被自己吓了一跳！

如果孩子没有确诊孤独症，我应该还是一个在事业上打拼的女强人。但自那以后，我的创业项目立刻停止了，我完全变成了一个家庭主妇、全职妈妈。在这之前，我甚至很鄙视这种身份。很快，我每天蓬头垢面，不再化妆，不会再穿好看的职业裙、雪纺衫，做什么都提不起兴致。没有了社交，没有了自我，我的身份只剩下了孤独症孩子的妈妈。

2. 和邻居断交，家里纷争不断　对于孤独症家庭来说，全家人的支持和理解十分重要，一定要保持统一战线。

孩子奶奶比较强势，一般家里生活大大小小的事情都是她说了算，我们对干预的意见不一致的时候，就会产生一些争执。例如，我想让孩子学会自理，自己吃饭，自己穿衣服，多多锻炼。但老人家舍不得，认为孩子太小，总是忍不住代劳，给他穿衣喂饭。我觉得这样的冲突很不好，因为良好的家庭氛围对孩子的康复也是很重要的，于是我便让奶奶回去了，我宁愿自己辛苦一点，一个人带娃。

我们家爸爸对孩子的干预也不怎么上心，不论给他发视频还是推荐相关书籍，他都不会看。而且爸爸不太会跟小孩子玩，也不是很会逗孩子，如果不教他方法，他陪伴孩子时就只会坐在旁边，面对孩子不知所措。我只能教他一些比较实用的东西，让他多多承担家务。

我曾有个关系很好的邻居，两家孩子经常相互串门。孩子确诊后，我的这位邻居不知是自己察觉汉堡有问题，还是听说了什么消息，有一次，她突然用神秘的语气试探性地跟我说："听说某个地方的公租房租给了十几个精神病患者，那些人都是孤独症，好可怕啊！"从那之后，她就不让她孩子来我们家玩了。

连关系这么好的邻居对"孤独症"都闻声色变，更何况其他陌生人。

之前我和另一个孤独症家长聊天时聊到了焦虑问题。那位家长说，其实很多时候，我们的焦虑是外界带来的，我特别赞同。当外界让你觉得自己的孩子与别人的孩子不一样时，你不仅会焦虑，也无法真心接纳孩子的一切，这时候，压力就会像山一样压过来。

3. 走上干预路，重新再出发　后来我们开始反思孩子出生后我们的带娃方式，回顾我们真真正正高质量陪伴孩子的时间有多少。比如，我们以前说是陪着他，却总是一边陪一边看手机，或者是让孩子看电视。汉堡不到1岁的时候，每天都要看2 h的电视。但反思不是为了抱怨，而是为了知道当下和未来我们需要怎么做。

偶然有一次，我刷到一个孤独症孩子摘帽的信息，就立马买了几十本儿童发展、教育学、心理学、脑神经科学、语言学等很多学科的书，每天白天带孩子，晚上等孩子睡了再看书学习。也是在那之后，我慢慢调整自己的心态，去读书、学习，了解更多知识。

我不再是在黑暗中摸不到石头的样子，我了解了孩子行为背后的原因，我知道他为什么喜欢跑来跑去，知道他为什么会打头，知道他为什么会情绪崩溃，我了解了他的刻板玩法。

当我自己成为全职妈妈后，我才发现，原来以前的上班生活也是一种享受。不过全职干预孩子也是我的工作，因为没有人比我更加爱孩子，更加理解孩子、包容孩子。

后来，为了更加理解孩子的发展和行为，我还考了幼儿园教师资格证和蒙特梭利教师资格证，甚至报了一个语言类特教老师的课。当然，学了不代表孩子就好了，干预过程中，孩子的各种刻板行为和情绪问题常常会让我感到崩溃，崩溃后再靠自己的力量恢复，然后继续每天逗乐孩子。

现在不论我们去哪里，都尽可能地带着家里这个小"拖油瓶"。例如给车加油、去修车、看牙医、加班、去火车站机场接人等等，我都会告诉他，我们要去哪里、去做什么；每天带着孩子一起运动，增加他的生活体验。

慢慢地，汉堡3岁开始有语言了，目前可以表达出"妈妈，我要喝苹果醋""妈妈，去玩沙子""爸爸，要去游泳"等表达需求的句子。但他语言表达的长度还不够，语言仍是他的弱项。

现在他不打自己了，不再踮脚走路，可以安坐30 min左右；跟认识的人也可以对视，在外面玩的时候，喊他基本就会回来了，不像以前喊破嗓子都不理你。也可以做到自己吃饭，自己拉拉链、扣扣子、穿袜子、穿鞋子，大小便。

社交方面，有一段时间他居然天天主动要求去其他小朋友家玩，但是还不怎么会跟别人玩。当一起玩追逐游戏和捉迷藏时，看到其他小朋友哭，汉堡就会进行观察，告诉我是谁哭了。

汉堡很喜欢唱英文歌，我都还没教他英文呢，他就会自己说几个词了。他会主动要求播放他喜欢的歌曲，而且每段时间都会有喜欢的新歌。

汉堡在一天天慢慢变好。但当我第一次听到他说"妈妈我爱你"时，我瞬间泪流不止。那是孩子干预一年多后，3岁半左右，有一天晚上，我以为他已经睡着了，就在他耳边轻轻地说了一句"宝贝，我爱你"，谁知道，他翻了一个身，喊了一声"妈妈"，我连忙答应"哎"，他突然说"我爱你"，我心头一震，忍不住答道"我也爱你"，他回复道"我也爱……爱你"那一刻，我的眼泪止不住落了下来。

要说我现在的想法是什么？其实，当我第一次听到他说"妈妈我爱你"后，我已经不再感到害怕。我已经了解了他是一棵不一样的树，也许别人是柳树，而他是橡树。我要做的是接纳他，包容他，无条件满足他、爱他。

我觉得他已经比医生预判得好太多了，至少已经实现了他这个年龄段的生活自理。将来他要是能像一般人那样独立生活工作就好了。不求他多么优秀，只愿他做一个平凡的人，独立工作生活，还可以对社会有点贡献。不管做什么，哪怕只是一个清洁工也可以。

孩子确实落后于同龄人，但这是他的速度，为什么你无法接纳他的速度，而是用同龄正常孩子的速度去定义他呢？世界上没有两片一模一样的叶子，我们的孩子也是独一无二的，你要爱孩子原本的样子。

去年我开始把自己的一些干预经历发到网上，收获了很多家长的关注，并有家长找我咨询，让我在闲暇之余也有了一份事业。我之所以愿意站出来，是因为在我最黑暗的日子里，其他家长的康复经历也给了我莫大的鼓励，就好像一盏灯，给了我方向，所以我也希望把我好的经验分享出来，让更多人看到。

我想对各位星宝家长说：你不需要看很多感人的故事，也不需要在意说你孩子这里不行、那里不是的言论。我们没法改变别人的看法，也不需要去改变他们的看法。我们要做的是帮孩子走出他的世界，走进我们的世界。

二、问题还是错觉？发育迟缓孩子一再错失的时间

1. 孩子好像有问题，但大家都说是错觉　童童七八个月的时候就会看着我们喊"妈妈""爸爸"了，也能表达简单的需求，例如吃饭、喝水、上厕所。虽然更复杂的句子说不出来，跟其他一起玩的孩子比似乎语言发育慢了一些，但我也只是有一些隐约的担心，并没有特别注意。经常有人说，男孩子说话就是会晚一些，加上赶上了疫情，我们也没有因此感到焦虑。

转眼童童就两岁半了，我突然觉得他好像和父母不太亲近了。不论我和爸爸在不在家，他好像都不关心，不关注。更突出的是，他不喜欢跟其他小朋友玩，总喜欢自己玩自己的，一直没什么自己的情绪。在别人眼里，孩子很正常，没有特别奇怪的地方，但是我们觉得不对劲。安静，太安静了，不是"乖巧"的那种安静。

后来我们去了儿童医院，但孩子完全不配合评估，尝试了两遍都没有成功。医生说，孩子还太小，对新环境很排斥，不好判定，疫情期间因为相对封闭，会更容易导致孩子出现一些异常情况，让我们回家注重亲子互动，多带他玩，观察观察，后面再约评估。

我们开始带童童去各个地方玩，让他接触新环境。渐渐地，我感觉他好像进步了一些，不仅环境适应能力变强了，话变多了，自理能力也没有太大问题。于是我开始琢磨送他去上幼儿园。

其实我知道我的孩子和其他孩子有些不一样，所以一开始我也很忐忑，纠结要不要让他

上幼儿园。我们带童童去幼儿园上了试听课，幼儿园老师反馈，孩子的情况可以入园，我心想，也许在幼儿园的环境里孩子能进步得快一点，能和其他小朋友多一些互动，就把童童送去了。

前一两个月的时间里风平浪静，没有什么异常，但慢慢地老师开始向我反映，童童午休不配合，坐不住椅子，经常会到处跑，对于老师的指令也没有很遵从，例如老师让小朋友们一起排队，他排着排着就去玩自己的了；他只做自己感兴趣的事情，不感兴趣的事情不会搭理。

因为那个时候孩子没确诊任何疾病，所以我心里也没底，便带着孩子和幼儿园班主任做了一次面谈，对他的行为问题和语言问题说出了自己的担心。但老师说，孩子没有问题，他挺聪明的，每次做小手工都很棒，对于一些需要难度的活动，自己琢磨摸索后就会了，但是就是不听话。我和老师说，我们曾带孩子去医院看过，孩子的生长发育有一些问题，也许是感统的问题，但不可否认有一定的发育障碍。但老师坚持认为童童"太皮"了，我意识到，解释似乎没有什么用。

2. 后悔：耽误的时间，缺少的陪伴　自从孩子出现不对劲之后，我自己也会查信息，越查越觉得孩子的情况很像孤独症。但周围的人都觉得孩子没问题，只说孩子表达比较差，男孩比较调皮。

我们去过2家医院就诊，但孩子不配合，医生也拿他没办法。那时我们也不了解康复机构，不知道去哪里给他做评估。后来我们就放弃了，只能把孩子带回家自己教。

就这样，童童三岁多才在第3家医院得到确诊。当我拿到诊断证明时，一方面我早就有了预感，但另一方面，还是感到十分迷茫和焦虑！

每每想到童童耽误的半年多时间，我就感到十分痛心！如果早点重视，早点开始干预就好了，不会白白浪费宝贵的黄金干预期。

我不断反省自己的教育方式，想起最初的时候，我们找月嫂带了一年孩子，我每天下班后才会在晚上带孩子，或者是在周末带孩子，作为父母我们反而和孩子不太亲近，互动也很少，没有教孩子什么东西。

我们家孩子在一岁半之前发育都很正常，甚至有些方面是超前的。他在外面上早教课的时候，专注力、模仿能力都特别棒，爬、坐、走等身体发育也都很正常。我回忆的时候，只感觉脑子里一片混沌，"他到底是什么时候出现这些症状的？"连我也想不起来了。"怎么好像突然一下就发现了这些问题呢？怎么发现的时候就已经很严重了呢？"我总觉得还是我以前对他的关注少了，才会等问题严重了才意识到它的存在。

现在我的内心想把自己的每分每秒都给孩子，希望尽力弥补以前错过的时光。现在，孩子自己玩的时候我就在旁边陪着他、看着他，因为我觉得可能他有时候会想要跟我互动，比如问一些问题，这时我就可以及时地给他解答。

3. 发育迟缓还是孤独症？干预才有发展　临床医生给我下了发育迟缓的诊断。其实在我的心中，童童处于孤独症和发育迟缓的临界点，但孤独症的症状不是十分典型。

当然，我现在也不纠结了，不管孩子是哪类疾病，他确实有社交问题和语言问题，坚持带他做干预就对了。

在我到康复机构做干预之前，我就自己带童童出去玩，多带他见识新事物。开始接受干预后，我就带着他完成老师布置的小任务，遇到问题随时问、随时解决。

童童仍然有情绪问题，但是经过干预后，现在他能感知到我在生气，并安慰我"妈妈你别生气了"，他还会跟我分享他的高兴、生气、伤心。

亲子关系是干预后变化最大的地方。他以前从来不会寻求妈妈抱抱，即使我离开他身边，他也不在乎。现在童童经常要抱抱，他走在路上觉得累了想要抱抱的时候会说"妈妈我爱你"。

其实最让我焦虑的是不知道未来这个病是什么样子。主要是因为病情的发展没个定数，不知道后面孩子要康复多久，几年以后是什么情况，所以总有一种隐形的压力。我现在没有完全放弃工作，白天带孩子康复，晚上做一些兼职，就是因为不敢把工作完全丢掉。

这个病的康复是无限期的，不像动手术，一个手术要花多少钱是定下来的，但是童童未来的情况充满了不定数。康复后能不能上小学？上小学还要花多少钱？一想到这些，我们作为父母的心里都没底，只觉得自己必须扛住，不能倒下。

孩子的爸爸总是会焦虑一些长远的问题，但对我来说，解决好孩子当下的问题，好好做干预才是最重要的。

三、不被理解的"小淘气"，多动症孩子困难重重的求学路

1. 孩子确诊，我却松了口气　大宝 6 岁，刚上一年级。本来应该开开心心迎接新阶段，但 9 月份开学才三天，我的心脏没有一天在自己原本的位置待着，全都提到了嗓子眼，因为我不知道老师又会在什么时候找我，会跟我告什么状。

可能因为小学对孩子的约束和对纪律的要求比幼儿园严格许多，大宝无法适应，他的情绪问题开始凸显。可以说，他的问题行为十分糟糕：上美术课时，他把美术彩笔都涂到了桌子和自己的衣服上；上英语课时，大宝因为情绪不好，当场把英语课本撕烂了，给英语老师吓了一大跳。这时，我终于意识到，问题没有想得那么简单。

其实之前他已经有了这方面的症状。大宝上幼儿园的时候，有一次恰逢我长时间出差，回家后就收到老师的反馈，说孩子从中班升到大班前半年的时间里，上课的时候经常不听话发脾气，爬窗户，有时还会摔椅子，情绪和行为十分冲动、暴躁。但是当时我只觉得可能是因为那段时间我常出差，没有办法陪伴他，他没能很好地接受这个变化。于是我赶紧给孩子换了一所比较开放的幼儿园，让老师给孩子更多的关注。两个月后，虽然他还会有情绪问题

和认知问题，但似乎得到了缓解。那个时候，我对注意缺陷多动障碍一无所知，完全没有将大宝的表现与多动症的症状联想到一起。

直到大宝上了小学，我意识到，也许大宝不像别人说的那样只是"淘气"，他可能存在一些医学方面的问题，我便决定带孩子去医院看一眼，也能让自己心里有个底。

一个星期后，大宝在儿童医院确诊注意缺陷多动障碍。在诊室里，他跟医生聊了20分钟，做了简单的检查，很快，医生明确告诉我大宝有很显著的多动症症状，但是暂时不用吃药，建议带孩子做行为干预。

拿到诊断报告的一瞬间，我却松了一口气。虽然在这之前我并不了解注意缺陷多动障碍，但是我能确定，大宝不是品格有问题，也不是性格有缺陷，他是生病了。

我和孩子爸爸立刻决定，由爸爸作为家庭经济支柱，我停职带孩子做康复。晚上回家后，爷爷奶奶对诊断结果非常抵触，认为孩子只是不好管、淘气，不是病。一方面，我们决定给老人一些时间去消化，不过多地解释；另一方面，我们十分坚定地达成了共识：第一，我们相信医生；第二，现在诊断证明已经出来了，我们需要做的就是接受现实；第三，我们现在要做的就是想办法带孩子做康复，就这么简单。

2. 没有弹性的校园规则，被压抑的情绪　从开学到确诊再到选定机构，仅仅过去了半个月时间，大宝就开始接受行为干预了。经过三个月的康复，我发现大宝专注的时间变长了，不论是做训练还是玩的时候，一旦他开始游神，提醒一下就能回神。他对于规则的认知和执行都有了进步，语言表达也随着认知的提升变得更好了。大宝手部的精准度发育得不那么好，冬天扣扣子比较慢，会让他有点儿受挫，于是我又开始为他准备OT训练。最明显的变化就是他在运动上不会看着像以前那么笨拙，也更有信心和勇气去尝试了。

我唯一担忧的是他的情绪问题。大宝反反复复出现的情绪崩溃给周围人带来巨大的挑战。他会通过哭闹的形式来寻求满足，得不到就会情绪崩溃。当老师或家长让他执行命令时，他总会讨价还价，如果没能得到满足就会情绪爆发，甚至会用自残威胁家长，"我要拿刀杀了我自己！"，很难想象，这是一个6岁的孩子会挂在嘴边的话。

有一次他做完康复训练后，想去康复老师的办公室，但我还在和老师沟通大宝上课的情况，我对他说："等妈妈和老师说完话，你就可以和老师一起去办公室了。"没想到就是这样一句话，让大宝无法接受，立刻大声哭闹起来，整整哭闹了40分钟。

大宝的情绪问题也严重影响了他在学校的适应程度。因为时常闯祸，我已经是学校的常客，当老师在我面前用手指着大宝，控诉他的问题行为时，大宝只能一边紧张地揣着手一边说"老师我知道了"。其实，大宝是区分对错的，他只是控制不了自己。

有一回大宝突然问我："妈妈，什么叫做冤枉？"我给他解释了冤枉是什么意思，接着，大宝向我叙述了学校里发生的事情。原来是大宝班里有个孩子在课堂上脱鞋，大宝看到后也跟着学起来，但是老师只批评了他，他心里很不舒服。

大宝其实非常敏感，他和普通小孩一样，非常在意家人和老师对他的评价，他每一天的心情都会随着老师对他的反馈起起伏伏。

大宝的多动倾向让他无法安坐，要么坐地上，要么跑出教室，大宝成了教室里"坐在最后一排的学生"。随着干预成效见长，大宝在座位上安坐的能力变强了，老师就把他调到了第一排。因为受到了老师更多的关注，大宝受到了鼓舞，他更努力地学习自律。老师见状，又把他调回最后一排，随之而来的是大宝的能力在那一个月后断崖式下跌，甚至再次爆发了情绪问题，把教室后面的壁纸全撕了。

在学校里，大宝要面对的挑战远不止于此。课间操期间，老师要求所有小朋友在5分钟之内完成上厕所、穿衣服、到门口站队的流程，但对大宝来说，这个挑战太大了，他甚至无法在规定时间内上完厕所，而且越着急越穿不上衣服，于是老师就会当着所有小朋友的面批评他，要求他在教室里穿好衣服再出去。班里有两三个口无遮拦的孩子，就会对大宝说他不听话，控制不了自己，总是给班里扣分。

我不知道学校是不是因为需要对大部分孩子负责，无法顾及个别孩子，还是大宝的老师无法理解特殊孩子，希望用统一的标准对待所有小朋友，不允许在管理上区别对待。在班主任的眼里，大宝显然只是个"问题"和"麻烦"。为此我和学校及老师多次针锋相对，学校甚至表态，如果大宝继续保持这样的状态，可能就不让我们继续上学了。如果坚持要上，也只能保证他在学校里的安全。

我想，当老师可以用100分作为满分来要求普通孩子的时候，对于大宝这样的学生，可不可以只用80分或60分的标准来要求他呢？大宝的认知和执行力比同龄孩子弱，当他做错的时候，老师当然可以批评，但是如果老师愿意多理解孩子一些，多了解一下这个疾病，帮助他慢慢提高，在不侵犯学校原则和底线的基础上，换一种方式对待他，换一种语言教育他，或许大宝也可以从60分提高到80分。但放任不管，只会让孩子对自我的认可一点一点降低，失去信心。

我希望学校也可以帮助我们做好家校融合这一环，给这样的孩子更多的耐心、更多的鼓励，让他知道自己可以做到，他并不是一个被人抛弃和嫌弃的孩子。

3. 康复路上，要学会给自己松绑　我仍然很感谢孩子给我一个让我做他妈妈的机会，我会根据他的情况，调整我的步伐，让自己能够和他用一个速度前进，多听、多看、多学习、多接触，为他创造更好的环境。

平时我对他很温柔，但我个人的执行力很强，是个说一不二的妈妈。我看书、上课，利用每一个小机会对他进行家庭干预，例如从机构回家的这段路上，需要干什么，说什么，我都会一一给他分解。如果我们提前说好了时间安排，我会设置好定时器，不论他怎么哭闹，我都不会松口。当他情绪爆发无法进入状态时，我只能等着，等10分钟、20分钟，等到他可以做了，我们再进入下一个环节。

但其实我对他的期望特别简单，他只要可以像其他小朋友一样安坐在椅子上上课就好了，哪怕40分钟的课堂他只能听进去15分钟，这样就很好。

孩子的一点一滴进步我是能看到的，他的写字能力、计算能力都在逐步提升，他在用自己的方式努力。我和家人已经达成共识，如果大宝赶不上一年级的进度，留级复读一年也没问题，虽然我知道这种情况出现在孩子的履历里面不太光彩，但只要他不惧怕上学，我们就不需要在意别人的眼光。

当然，如果他真的可以像别的小朋友一样，学得更多，学得更好，我肯定是支持的，但是如果不行的话，我觉得也可以换一条路走，按照孩子的兴趣来发展。在未来发展上，我当然还是会有担心，因为一到六年级只是求学路上的第一个小坎，我已经做好了要不断和老师交涉、沟通的心理准备。

除此之外，我的心态一直比较乐观，我认为家长要学会给自己松绑，比如说孩子睡觉的时候，我们可以给自己看会手机的时间；当感到疲倦、劳累的时候，把家务活往后推一推也来得及；全职带娃的妈妈，不要觉得自己不上班是罪过。我们作为特殊孩子的家长，不要拿自己的孩子跟其他的孩子比，觉得别的孩子能做到什么，自己的孩子做不到什么，要能看到孩子的进步。

焦虑是可以有的，这是人之常情，每个人都有情绪，但是在孩子面前，家长应该适当地放下焦虑，因为孩子很敏感、很脆弱，当他看着你的时候，能够识别你的表情和语气；当家长之间在讨论孩子的病情时，孩子也能够知道。每一个家长都不愿意自己的孩子生病，但是作为一个多动症孩子的母亲，我唯一能做的就是接受他、帮助他。

"不同医院跑断腿，同类干预重复练，出现新问题找不着北"的情况，是许多发展障碍家庭都会面临的困境。医院、学校、机构等社会各界共同携手，才能让发展障碍儿童和家庭更好地生活在阳光下。

（张誉元）

第二节 跨学科合作机制的形成——
以小都的多学科干预为例

跨学科合作,指的是在对学生进行干预的过程中,不同学科的康复师合作为学生提供科学的干预,以使各学科的干预效果达到最大化。在国内为孤独症儿童提供干预的学科主要是应用行为分析(Applied Behavior Analysis,ABA)、言语、感统这3大学科,很多机构都是这3大学科同时在发展,孤独症儿童的康复课程很多也都包含了这3大学科。由于3大学科理论体系不同,康复师也都是只懂自己学科的干预操作,所以以往3大学科之间的康复师通常互不干涉,但是既然是为同一个孩子提供服务,那3大学科之间就难免会出现不同的或相同的问题,这些问题之间有一些甚至会存在关联,因此我们需要有一种高效的方法来解决这些学科之间出现的问题,使得为同一个孩子提供的各个学科的服务能效果最大化。北大医疗脑健康的多学科合作机制就是在这样的背景下产生的。笔者担任北大医疗脑健康的总督导。接下来笔者将以小都的跨学科干预为例来诠释跨学科合作机制是如何实现的。

一、哭闹不止的小都

笔者最初接触小都的时候,他还不到3岁。他喜欢在教室里来回走动,他不关心也不看身边的人,只是在地上翻来翻去找他想玩的玩具,可是没有一个玩具是他特别喜欢的。他很少发出声音,当他得不到自己想要的东西时会一直哼哼,严重的时候会大声哭闹,同时抓挠自己的皮肤,会把自己的皮肤抓破到流血。小都同时还有很严重的如厕问题,他无法自主表达,会频繁地尿裤子。因为他几乎没有任何有意义的语言,只能发出"a""u"这两个可辨识的声音,所以这对他表达需求造成了很严重的阻碍。哭闹的行为成了一个非常棘手的问题。

在北大医疗脑健康的机构里,有这样行为问题的孩子不在少数,相信在千千万万的机构及家庭中,这样的行为问题也不少。在应用行为分析的干预方法中,对这样的行为问题进行分析及干预已经是非常成熟的手段了,因此笔者开始介入这个个案的干预,对他的问题进行了记录及分析,出具了一份非常详细的行为干预计划以及如厕干预计划,并且跟进了老师的执行。

当时还存在一个问题,就是小都有两位老师在同时对他进行ABA干预。家长反映两位老师之间的干预有不一致的地方,也可能是造成小都哭闹的原因。为确保两位老师之间的干预一致,我们又制定了学科内两位老师之间的沟通机制,每周五下午笔者会和两位老师一起来同步本周干预目标的进展以及下周计划干预的目标,本周目标的一些执行要点也会同步给两位老师,同时每周笔者会去教室观察两位老师的课程以确保干预目标确实被一致地执行。

经过几个月的干预,小都的哭闹行为有了非常明显的改善。我们教会了他如何用图片向他人表达自己的需求,降低了他用哭闹表达需求的行为频率。最终,他连续14个工作日都不再有哭闹行为，我的行为干预计划终止。

二、多学科干预的尝试

小都的妈妈在这段时间看到了孩子非常明显的改善，她对我们的干预越来越有信心。虽然哭闹这个棘手的问题解决了，但是小都的发音还是有很大的问题，进步非常缓慢。妈妈心里非常着急，于是咨询了言语课程并决定报名。

言语课程开始之后，又有老师上报小都在课上开始频繁地哭闹。家长因为孩子的哭闹行为非常焦虑，拉着老师的手崩溃大哭，希望老师能帮助孩子，甚至一度希望停课，减少孩子的哭闹。我们的教学督导一直安抚家长，决定开始跨学科介入，观察记录小都的哭闹行为，发现小都的哭闹行为几乎都出现在言语课堂上，而在ABA的课堂很少出现哭闹行为。于是ABA的教学督导与言语的教学督导决定开一次跨学科会议，由ABA组组长、康复师、督导和言语组组长、康复师、督导，以及总督导一起讨论小都的问题该如何解决，在正式讨论之前，两个学科的督导先去看了对方康复师给小都上课的情况。言语督导以言语的角度去观察ABA的老师给小都上课时为何不哭闹，跟言语的老师哪里操作一致和哪里不一致；ABA的督导以ABA的角度去观察言语的老师给小都上课时为什么哭闹这么频繁，哪里跟ABA的老师操作一致和哪里不一致。之后两个学科的参会人员坐下来一起讨论以上这些情况，对比两个学科课程中教学目标的相同点和不同点。

经过双方督导的观察及讨论，两个学科的督导及老师一致认为双方在进入课堂时对小都建立关系的方式以及教学互动方式、教学目标的难度要求都不一致。ABA的老师在开始课程之前会先用玩具跟小都轻松互动几分钟，没有任何的要求，我们叫做"建立关系"，而言语的老师只是先让小都简单选择一个喜欢的玩具就开始教学了；在教学方式上，ABA的老师会将自然教学和回合式教学结合使用，动静结合，言语老师的教学整节课几乎都是类似于回合式教学的方式；在教学目标上，ABA的老师会将很难的发音练习和其他的简单目标穿插进行，而言语老师的目标就是教小都学习发音，小都的有意义发音非常少，学习发音这项目标是对小都来说最难的目标了，持续练习对小都来说太难了。综合以上，小都在言语课堂上总是频繁哭闹。

三、跨学科合作会议促进问题得到改善

经过这次的跨学科会议，督导们重新梳理了言语和ABA课程的教学目标，调整了课程时间。①原本小都是先上ABA的课程再上言语的课程，这样小都消耗喜欢的玩具太多了，会造成言语的老师课程很难抓住小都的动机。鉴于ABA的老师在制造动机、抓住动机的操作方面更加灵活和熟练，小都的课程调整为先上言语课，再上ABA课程，这样言语课开始的时候小都对玩具的动机还是充足的，为言语老师的抓动机操作减少一些难度；②言语课程的目标也进行了调整，加入简单目标和发音练习穿插进行，教学目标的难易比例和ABA课程调整为一

致的，并且加入了很多趣味小活动，让小都上起课来是轻松的、开心的；③在教学素材上，例如使用的发音图片、要教的发音目标都要求言语老师做到多样化、趣味化；④在哭闹行为发生之后的处理方式上，也要求言语老师和 ABA 老师一致执行 ABA 督导的方案。

第一次跨学科会议出来调整方案之后，ABA 督导就及时将调整策略以及后续的详细计划都告知了家长，家长的焦虑情绪有所缓解。两位学科的老师也按计划开始执行，鉴于执行的过程还有可能遇到新的问题，因此跨学科会议后续又持续进行了几次。在两次跨学科会议之后，小都的哭闹行为有了明显的改善（图 5-2-1）。家长心里的大石头终于放了下来，言语老师的课程也变得更加轻松起来。

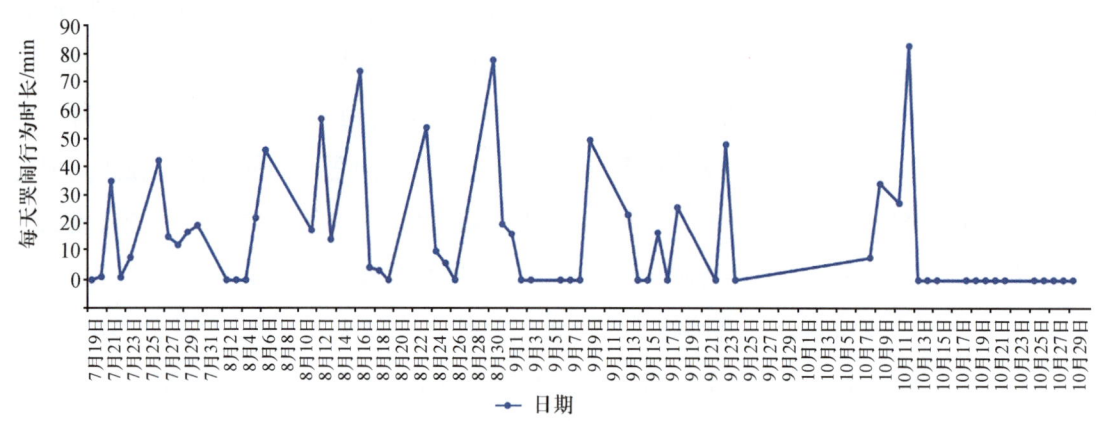

图 5-2-1　小都每天哭闹行为时长线性图

四、跨学科机制的形成

经过这一次跨学科的合作，我们意识到这样的问题解决方式是非常快速并且有效的，所以我们需要把它形成机制，为更多的孩子提供更高效的干预。因此，机制部门的同事根据此次跨学科合作的经验形成了一套成熟的方案。在学生可能需要多学科干预时我们就会启动跨学科合作机制，包括了进行跨学科合作的具体流程，跨学科小组的组成成员，跨学科内部会议的重点内容，跨学科家长会议的重点内容，跨学科之间的周期性沟通反馈如何进行以及何时结束跨学科合作等这些内容。

跨学科机制的内容帮助我们提前规避了很多在不同学科对同一个孩子进行干预时可能出现的问题，也帮助我们找到了解决这些问题的出路。同时也缓解了很多家长的焦虑，推进了孩子的高效干预进程。所以说，跨学科合作机制的标准化、流程化对康复师以及家长来说都是一件十分有益的事情。我们也会在后续执行的过程中不断地优化整个流程，希望能使所有进行多学科干预孩子的干预效果都能达到最大化，从而提升他们及家人的生活质量，这也是我们每一个干预人的初衷。最后，希望所有的孩子和康复师都可以因专业而更美好！

（柴夏梦）

第三节　数字疗法在儿童发展障碍干预中的应用

一、以专业为先、创新引领：数字疗法干预

数字疗法（Digital Therapy）归属于数字干预（Digital Intervention）。世界卫生组织（WHO）于 2018 年发布的《数字健康干预分类》（*Classification of Digital Health Interventions*）1.0 版本中，做出了对数字干预的定义：指利用数字化和移动技术支持卫生系统，主要通过电脑、智能手机、可穿戴设备、机器人以及虚拟现实等技术改善人们的身心健康（Odom et al. 2015）。这样的治疗方法在康复领域被应用到了社交沟通（Ramdoss et al. 2011）、情绪技能（Ramdoss et al. 2012）以及学业（Root et al. 2017）等技能的教学中。在语言训练上，Moore 等尝试比较了基于计算机的教学与老师教学的效率（Moore et al. 2000）：由教师提供的命名教学使用传统行为分析干预方法，将口语提示作为辅助和错误纠正并在正确答案后给予强化物；由计算机执行的教学则使用具有较强感官刺激的丰富颜色、声音效果以及音乐作为强化，被试一旦连续三次做出正确选择，还会有更为丰富的视觉与听觉刺激出现在屏幕上。而对比结果显示，使用电脑执行教学的小组成员，学会的词汇量更多，在训练时专注力也更好。一些研究表明，孤独症谱系障碍儿童在与视觉刺激相关的技能上对比其他技能更有优势，且对于以电子为媒介的技能学习有更强的动机（Shane & Albert，2008）。在一项关于语言训练的实验中，通过计算机作为主要练习材料的方法之下，参与者在理解性语言的词汇量上也有明显的提升且在新环境下使用新刺激时，技能也可以正确展示出来（Bosseler & Massaro，2003）。除了以计算机作为媒介单独教授语言外，也有相当一部分智能软件集成了多种技能领域的教学于一体，综合提升儿童技能水平。例如，软件 TeachTown 就运用了应用行为分析原理教授生活自理、注意力、视觉加工以及学业技能。该软件在相对严格的实验控制之下，也显示了积极的干预效果（Whalen et al. 2006）。

此外，数字疗法还可以提供个性化的治疗方案，监测干预效果和进展情况。数字疗法在儿童发展障碍干预中的应用是一个快速发展的领域，具有广阔的前景。

二、数字疗法在发展障碍儿童干预中的应用：理解性语言训练游戏

北大医疗脑健康联合北京大学第六医院在 2022 年共同研发基于数字干预来改善发展障碍儿童的理解性语言能力，通过将科学系统的教学程序嵌入到游戏应用中，突破地域、空间等的限制，将科学的干预技术惠及每一位有特殊需求的儿童，围绕儿童做好每一天的康复。

数字疗法在理解性语言领域的应用主要是指利用数字技术为语言理解障碍患者通过游

戏、练习等形式，帮助患者提高记忆力、注意力、语言等方面的认知理解能力。帮助他们改善语言认知理解能力和日常生活功能。

1．数字疗法训练游戏内容介绍　这一套数字疗法训练包括了"评""推""练""玩"（评估与报告、个性化目标推送、每周练习目标和自主训练），共计4个内容模块组成。

评估与报告：每一位新注册的儿童，进行游戏首先要做的就是评估，评估结束后系统会根据儿童刚才的作答给出一份详细的评估报告，帮助家长了解孩子当前所处的能力水平。

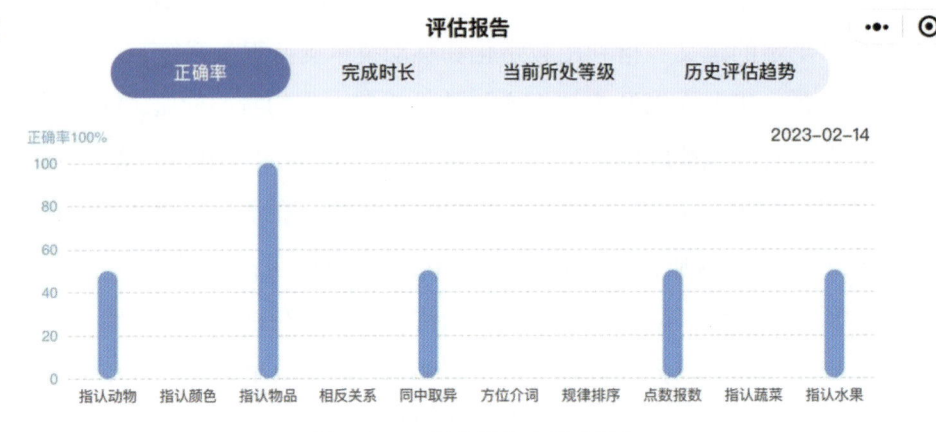

图 5-3-1　评估报告（正确率）

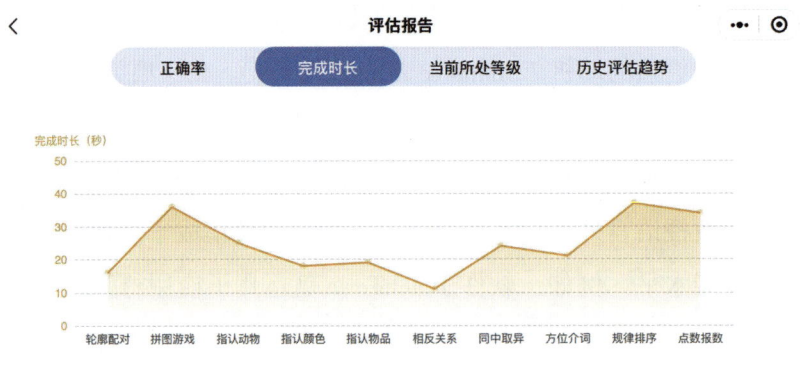

图 5-3-2　评估报告（完成时长）

图 5-3-3　评估报告（当前所处等级）

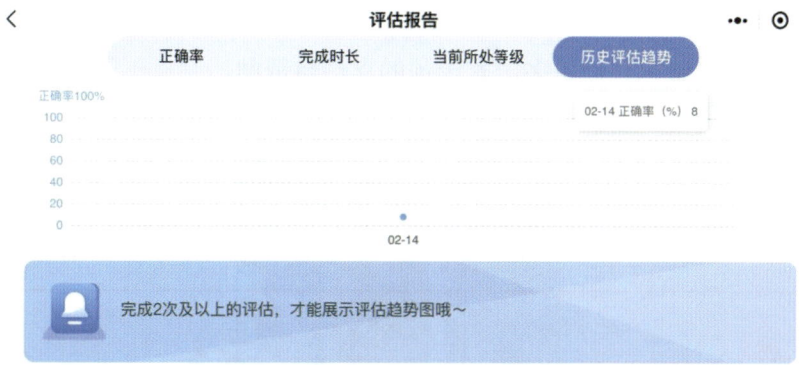

图 5-3-4 评估报告（历史评估趋势）

（1）制定和推送个性化干预目标：评估结束后，依据儿童的评估结果，为儿童制定符合其能力的学习目标，并且每周定时推送学习目标。每一个技能都分为难度不同的 5 个等级，具体等级划分如下图。

图 5-3-5 技能等级的划分

（2）练习干预目标：系统会根据家长设置的提醒时间段，每天提醒家长让孩子进行能力目标的练习。每周的练习目标从易到难循序渐进地带领儿童去练习，在儿童练习的过程中系统会记录孩子正确答题数和错误答题数。当儿童练习完成后系统统计数据，如果儿童在一个等级中的正确率达标以后，系统会自动为儿童升级到下一个等级。当儿童完成当日任务以后，系统会为儿童提供一个大的奖励，用来奖励儿童今日任务的完成。

图 5-3-6 数字疗法训练小游戏内容

（3）自主训练模式：儿童在完成每日任务后，可以自主选择想要练习的内容、任务的难易程度和练习的次数。给家长们更多居家干预的支持与帮助。

图 5-3-7　自主训练模式

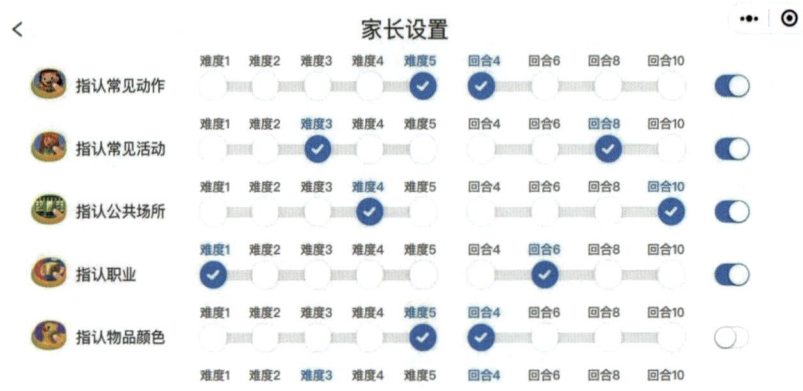

图 5-3-8　家长设置模式

2. 数字疗法训练游戏使用流程　这一套数字疗法游戏训练可以在家庭场景中使用，也可以作为机构干预中的补充，或者技能应用场景的泛化。使用这款数字疗法训练的第一步，家长需要在小程序中先注册。完成注册后，首界面呈现两块内容，左边是评估右边是自主训练。我们先打开评估，按照出题顺序逐一进行答题，每道题都有不同的时间限制。评估后系统就开始推送干预目标，儿童每天按照推送的计划进行学习即可。练习后系统会显示当日练习的数据，学习情况一目了然。之后家长如果想增加更多的学习内容，就可以打开自主训练模块。找到家长设置进行学习目标的设置，同样的练习完以后会反馈今日练习数据。

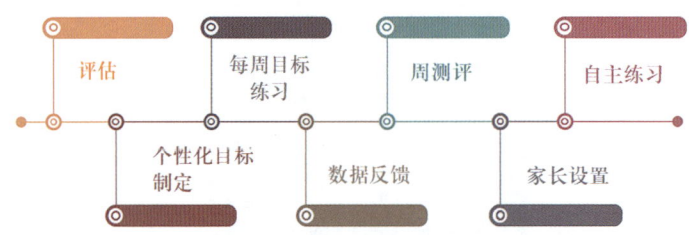

图 5-3-9　数字疗法训练游戏使用流程

3. 数字疗法在干预中的优势　数字疗法的优势在于能够提供个性化、即时、跨地域的治疗服务，让儿童在家中就可以进行治疗和康复。此外，数字疗法还可以通过实时反馈和监测，帮助康复师和家长更好地掌握技能干预的进展情况，优化治疗方案，提高治疗效果。

（1）弥补干预专业力量不足：数字疗法训练通过评估后，自动为儿童推送适合的干预计划，帮助家长选择和规划好每天具体需要学习的目标，摆脱家长在家因为不知道该给孩子练习什么项目而"愁眉苦脸"的困境。

（2）科学的干预方法：数字疗法训练，无需家长掌握具体的项目练习的教学步骤。系统从易到难来设计一个技能的不同等级，逐步提升儿童学习任务的难度。整个系统会根据儿童练习时记录的数据结果反馈来调整孩子的学习目标，保证高质量的干预效果，让儿童学起来更轻松，家长用起来更放心。降低了家长的操作难度，将科学的干预流程内置为软件程序。

儿童只需要自己跟随系统呈现的内容，按照要求进行学习即可。当儿童做出反应后，系统会自动判断儿童的行为是对还是错。之后会根据不同的反应给予不同的结果反馈。如果儿童做对，系统会立即给予正向的表扬；如果儿童做错，系统会立即给予儿童负向的语言反馈，同时也会给儿童呈现视觉上的辅助引导，帮助儿童做出正确的反应。这大大降低家长在干预中因为不会教或者教得不好的压力，也可以为家长节省出更多的时间去做其他事情，真正做到让家长"放开手"。

（3）降低干预成本：数字疗法训练系统中有大量的练习素材，每一个练习素材都有不同的样本范例，相较于传统的卡片等沉重的纸质材料轻便且趣味性强。同时大大节省了干预中准备教学材料的时间，也降低了购买教具的成本。与传统的线下面对面干预相比，数字疗法也大量地节约了人力成本，对需要帮助的儿童家庭来说需要投入的资金也更少，通常一台电脑或一部手机就能够帮助孩子完成干预训练（Ramdoss et al. 2012）。

（4）围绕孩子做好康复：由于目前大量发展障碍的儿童需要持续康复干预且费用较为高昂，家庭在承担花销上存在困难。数字干预作为协助康复干预的手段之一，可作为缓解此类问题的方法。除了缓解家庭环境中的干预压力之外，系统性地使用数字疗法在未来可以更好地帮助医疗服务提供者（通常为医生）跟进患者病情，了解患者阶段性的康复状况。而熟悉病患情况对于医疗服务人员提升患者满意程度也是有所帮助的。

三、数字疗法的临床应用：冉冉的故事

1. 冉冉的背景信息介绍　第一次见到冉冉，给人特别深的印象是她有着黑亮的眼睛、肉嘟嘟的脸庞，上课坐不住。和她互动玩游戏时，从来不会看向康复师，叫她的名字也不会有任何反应。不管是在家还是在学校听指令的能力都不好，基本不能理解他人话语的意思，因此也无法执行。对于生活中常见的物品多数都不认识。没有任何的语言和发音，想要什么东西的时候就直接去拿。喜欢的事物也比较局限，只对动画片和音乐琴有兴趣。

在冉冉1岁半体检的时候，社区医生建议妈妈带着孩子去大医院再看一次。由于冉冉的年纪较小，医生给出的诊断是疑似孤独症。紧接着在医生的建议下，妈妈带着冉冉到线下康复机构干预。因为冉冉的年纪小，干预得又比较早，妈妈对冉冉抱着非常大的希望。考虑到

家庭经济情况和目前冉冉需要大量的密集干预，妈妈决定自己学习干预相关的知识，在家庭中给冉冉提供相应的学习内容练习。之后，冉冉妈妈参加了机构里面的面对面实操培训班，与家人模拟操作的时做得都不错。但是一到了和冉冉在一起学习的时候，妈妈总是手忙脚乱，不是忘记了下一步要做什么，就是在翻找教学材料的时候，冉冉离开座位跑了。再就是孩子做错了，妈妈忘记了给孩子纠正。在家与孩子练习的整个过程妈妈很焦虑，孩子也很不配合。在脑健康推出数字疗法后，妈妈抱着试一试的心态在家中带着冉冉一起使用数字疗法训练游戏。

2. 冉冉的数字疗法过程　在冉冉开始数字疗法游戏训练之前，先做了系统内的评估，之后冉冉就跟着系统每周推送的学习目标进行练习。因为不需要妈妈再花费大量的精力来亲自教孩子了，基本上每天妈妈都会把手机给冉冉，让她跟着系统去练习10分钟左右。使用了数字疗法后，妈妈在家庭干预中的压力降低了不少。系统自动记录练习的情况，根据当日练习情况，系统自动调整第二天需要练习的目标难度。在冉冉最开始学习的时候，因为自身学习能力相对较弱，如不能自己安坐、不能具备延迟满足的能力等，因此需要妈妈在旁边陪着一起进行练习，偶尔也需要妈妈给予冉冉额外的肢体辅助和口语的表扬。在冉冉使用数字疗法训练1周后，已经可以自己独立根据系统内的语音反馈和辅助提示来纠正自己做错的行为。使用数字疗法练习一个月后，冉冉基本上可以自己安坐10～15分钟，不需要妈妈的陪伴也能独立完成每日的练习任务。冉冉不仅是安坐能力提升了，在指令、刺激样本和场景等内容方面都得到泛化，让冉冉掌握的每一个技能都是扎实的。

3. 冉冉的康复效果　在冉冉使用数字疗法训练前，我们邀请冉冉妈妈在家给冉冉做了PPVT-Ⅲ（Peabody Picture Vocabulary Test-Third Edition）关于理解性语言的评估内容并记录得分。当冉冉在一个技能的5个难度等级都达标后，我们又邀请妈妈给冉冉做了一次一样的PPVT-Ⅲ关于理解性语言的评估内容并记录得分。具体干预数据及前后测PPVT-Ⅲ结果如下图5-3-10所示：

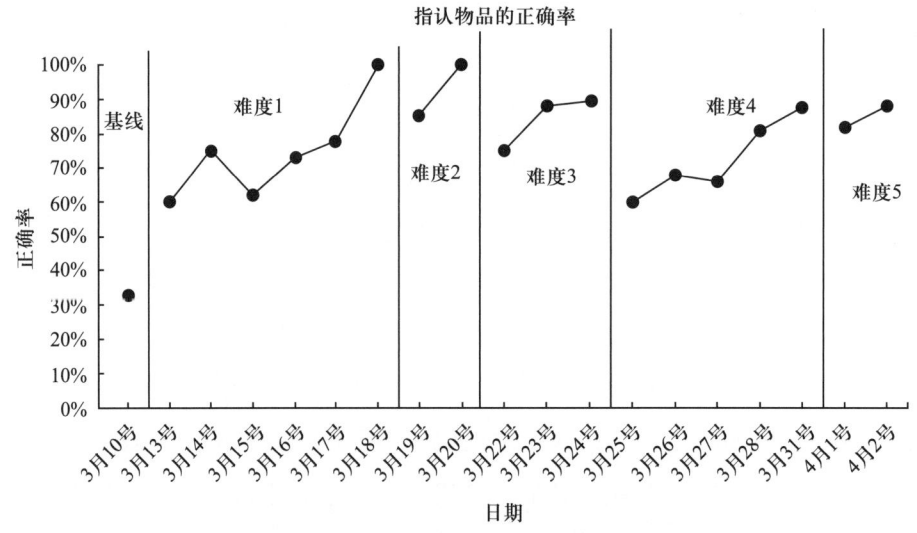

图5-3-10　技能"指认物品"练习数据

数字疗法在认知理解领域的应用可以提高治疗的灵活性、个性化和效率，有助于更好地帮助认知障碍患者实现康复。数字疗法的优势在于能够提供个性化、即时、跨地域的医疗服务，让患者在家中就可以进行治疗和康复。此外，数字疗法还可以通过实时反馈和监测，帮助医生和康复师更好地掌握儿童的发展情况，优化干预方案，提高干预效果。帮助家长和儿童获得更好的医疗体验和治疗效果，缓解家长焦虑、改善儿童身体功能，减轻家长精神压力，促进儿童康复。

数字疗法在儿童发展障碍干预中有广泛的应用，包括但不限于认知行为疗法、虚拟现实疗法、游戏化疗法等。这些数字疗法可以通过各种互动方式、语音、图形等形式来帮助儿童获得自我控制、情绪管理和社交技能等方面的能力。数字疗法是通过数字技术（软件、应用程序、传感器、虚拟现实等）来进行医疗干预和康复治疗的一种新兴疗法。

总之，数字疗法在儿童发展障碍干预中的应用形式多种多样，这些形式有助于提高儿童的治疗效果和促进其健康发展。

（吴丹丹）

参考文献

[1] Wong C, Odom S L, Hume K A, et al. Evidence-Based Practices for Children, Youth, and Young Adults with Autism Spectrum Disorder: A Comprehensive Review. J Autism Dev Disord, 2015, 45: 1951–1966.

[2] Ramdoss. Computer-based interventions to improve social and emotional skills in individuals with autism spectrum disorders: A systematic review. Developmental Neurorehabilitation, 2012, 15(2): 119–135.

[3] Shane H C, Albert P D. Electronic screen media for persons with autism spectrum disorders: Results of a survey. Journal of Autism and Developmental Disorders, 2008, 38: 1499–1508.

[4] Whalen C, Liden L, Ingersoll B, et al. Behavioral improvements associated with computer-assisted instruction for children with developmental disabilities. Speech and Language Pathology and Applied Behavior Analysis, 2006, 1: 11–26.

[5] Bosseler A, Massaro D W. Development and Evaluation of a Computer-Animated Tutor for Vocabulary and Language Learning in Children with Autism. J Autism Dev Disord, 2003, 33: 653–672.

第四节　善良是底色，学习是本色——儿童康复师群像

儿童康复师是怎样一群人？这个问题可能会有无数种答案。从他们的专业来看，有的是特殊教育专业，有的是康复治疗技术专业，有的是学前教育专业，有的是心理学专业，还有的是护理学专业；从他们的职业定位来看，有人被称呼"老师"，有人被称呼"康复师"，有人自认为是"教育者"，也有人自认为是"服务者"，但就是这样一群千人千面的儿童康复从业者，他们却有一个共同特征——善良热爱是底色，终身学习是本色！本文仅以几个 A-PKU 儿童康复学员的成长故事，带领我们一窥儿童康复师从业者的面貌。

一、30 多岁高中老师探索新领域，让努力填满工作生活

2014 年 5 月，在湖北省广水市一名工作已 10 年的高中语文老师下定决心开始探索学习一个未知的领域，准备从语文老师这个已经熟悉的岗位上转而从事一份陌生却有意义的工作——儿童康复。6 年后的 2020 年，回想起最初喜欢这份工作的原因，她说"除了关注这些来自星星的孩子为爱发电，好像找不出别的原因了"。

从事教育工作的人天然都带有一种责任感、使命感，从普通学科教育到儿童康复教育，这份责任心更加重了，她说："慢慢才发现，要不是真的热爱，是不愿意真的沉下心、花时间去学习、去钻研的。"

2020 年是她收获成就感最多的一年。这一年，她开始在北大脑健康行为发展教研院的在线学习中心学习。2020 年 5 月至 7 月，她完成了孤独症康复 ABA 高级行为干预师的培训；之后又无缝衔接在 2020 年 7 月至 9 月，完成了儿童感觉统合治疗师的培训；在此期间 8 月至 11 月，她还学习了 VB-MAPP 评估专业技能培训；同时在同年的 9 月至 12 月，她还完成了儿童言语语言治疗师的专业技能培训。这一年，只是在教研院的学习投入就超过了 10 000 元！

而之后的 2021—2022 年她还继续学习了执行功能专业发展培训、儿童语音障碍专项技能培训、孤独症及沟通障碍言语语言国际课、儿童青少年心理咨询专业技能培训、融合特教助理专业技能培训、儿童学习困难指导师专业技能培训等，可以说几乎是"出一门，学一门"的程度。目前她在学习平台已累计学习 23 479 分钟，完成 693 节内容的学习，而且多门课程都是高分甚至满分通过，是名副其实的"学霸"！

因热爱，而坚持。半路出身的她，因为持续努力地学习，甚至已经超越了很多科班出身的人，也逐渐获得了更高的职业成就感。

二、从小白老师到机构负责人，让专业成为最大的底气

十余年前，一位来自江苏徐州沛县的 90 后女孩因为志愿者活动，接触到了特殊需要儿

童，感知到了这些孩子对康复的需求、对教育的需求，她在从师范学院学前教育专业毕业后，毅然决然地加入了儿童康复教育行业。

最开始她主要做的是听障儿童的语言发展训练，得益于恩师徐老师的帮助和栽培，她从一个有满腔热爱的刚毕业的学生，成长为一家语言康复中心的年轻负责人。后来在不断地学习和成长中，她也接触到了包括孤独症在内的更多类型的障碍儿童，康复中心服务的儿童也更多样化，并且还拓展建设了一家新中心，帮助更多的特殊需要儿童及家庭。

2020 年，在新中心成立进入第 5 个年头的时候，她在管理运营之余，仍然不忘自己专业上的提升，这一年她陆续报名学习了孤独症康复 ABA 高级行为干预师培训、VB-MAPP 评估专业技能培训、儿童感觉统合治疗师培训、儿童言语语言治疗师培训等课程，并都顺利通过考试，获得证书。

同时，作为机构负责人的她关注的不仅是自己的进步，更是机构整体专业上的提升，因此 2020 年她还带领机构 10 余位老师一同报名学习了孤独症康复教育从业规范初级培训，全面规范提升了中心康复老师的上岗标准和专业起跑线，中心 10 余位孤独症康复师实现了全面持证上岗。而这一年年底，她也荣获了"A-PKU 年度榜样老师"的荣誉，她在专业上的努力和成长影响带动了这个行业的很多后生力量。

而在之后的 2021—2022 年，她不仅为机构引入了"嗨宝快学"数字化干预系统，还继续带领中心康复师持续成长，系统学习 ABA、VB-MAPP、儿童言语治疗、儿童感统治疗等，也给中心的孩子带去了更全面、更专业、更高效的帮助。

2023 年她也有新的期待，除了使用新采购的"S-S 语言发育数字化评估管理系统"为中心的孩子进行更高效的语言评估，完善康复中心的数字化升级外，她还将持续带领中心成长进步，基于目前康复师的多专业背景，也会积极探索多学科综合康复干预的模式，最终让障碍儿童能更好地融入社会。有机会的话，我们也期待她能将自己运营管理康复中心的经验赋能分享给更多的行业创业者们。

三、多学科综合学习，终身学习是儿童康复医生的必备要求

临床医学专业毕业的河北女孩小颖，当初选择学医的时候有无数种对于自己毕业后进入哪个科室的想象，因为当时对儿童康复还知之甚少，所以她目前从事并热爱的这个儿童康复科室并不在当时的想象之列。

小颖目前所在的医院是省内知名的综合三甲医院，其所在的儿童康复科室也是市级重点专科，科室内有一支汇集儿童临床心理、康复医学、特殊教育、发展心理等多学科的专业团队，科室目前是采用"医教康"结合模式，将医学诊断、治疗与康复干预、特殊教育、心理行为矫治有机结合起来，为特殊需要孩子提供全方位的综合服务。

在这样的团队中工作，小颖与同事之间的合作、交流是非常频繁的，为了与他人进行良

性、高效的协作，她意识到只是了解自己本专业的内容是远远不够的，除了接受自己本岗位的培训外，还要对其他协作学科的知识内容有所了解。

入行工作的这些年，也是她持续学习成长的几年。2020年她开始在北大医疗脑健康行为发展教研院的学习中心学习，陆续报名学习了ABA、VB-MAPP、儿童言语治疗、儿童感统治疗、执行功能等培训，累计学习时长近10 000分钟。她说："我学习不是以考证为目的，我更希望的是了解综合的康复干预知识，学习实操的技能和方法，来更好地与其他人协作。把自己的工作做好，给孩子做好专业康复，永远是第一位的！"

从以上案例我们看到，无论是高中老师转型康复师，还是扎根10余年成长为机构负责人的康复师，抑或入行多年初心未改的儿童康复诊室医生，热爱可能是她们共同的底色，但她们还有一个更重要的共同点，那就是不断努力、终身学习的态度和实践，这也是她们在这个行业能做得更好、走得更远的"硬本领"！

北大医疗脑健康行为发展教研院也将持续聚拢专业资源，系统化设计儿童康复师培养路径，从行为分析、言语治疗、作业治疗、心理咨询等多维度、多学科培养赋能康复师，助力每一位康复师成为"一专多能"的行业人才，为中国儿童康复职业人才培养贡献自己的一份力量！

（祁梦真）

致　　谢

本书的成稿离不开行业从业者的支持，在此特别感谢以下从业者！

（按姓名汉语拼音排序）

安艺	白文生	白寅芡	白真贤	柏慧敏	包天赐	包亚飞	毕青丽	毕素香	闭春萍	闭周玉
蔡晶	蔡香	蔡燕	蔡宇	蔡丹丹	蔡赋玉	蔡丽珍	蔡瑞贤	蔡梓博	操阳阳	曹娟
曹琼	曹沁哲	曹亚层	曹亚杰	柴成蓉	柴梦岑	常海燕	常皓茜	晁颖	陈较	陈诚
陈芳	陈佳	陈军	陈兰	陈柳	陈妹	陈茜	陈希	陈鑫	陈玉	陈春萍
陈冬梅	陈光伟	陈红玲	陈华均	陈焕丽	陈慧君	陈佳颖	陈丽勤	陈莉莉	陈玲凤	陈龙博
陈美含	陈孟苹	陈明超	陈佩玲	陈秋良	陈思钦	陈嵩月	陈细敏	陈小雨	陈晓莹	陈兴艳
陈雪玲	陈燕芳	陈燕敏	陈映妮	陈园园	程倩	程艳	程怡	程玉	程俊艳	程廷远
从春燕	崔婧	崔青	崔钰	崔宝寅	崔海宏	崔美丽	崔田怡	邓灿	邓东妹	邓桂芬
邓建文	邓荣华	邓舒婷	邓玉婷	狄彦君	丁康	丁孟秋	董静	董茜	董炳淼	董秋菊
董水婧	董旭阳	董月星	窦菲菲	杜梦	杜海平	杜红霞	杜津仪	杜轲欣	段琳琳	范贝贝
范韦迪	方婷	方桂平	方元敏	冯会	冯莉	冯科颖	冯莉蓉	伏珊	付连军	傅靖元
傅莉环	傅秀荣	高敏	高兴	高雪	高耀	高红莉	高杨玲	高洋洋	高雍象	葛彩娜
葛明卓	耿聘	耿莉	耿珊珊	耿欣娜	巩广丽	古丽·木合塔尔		古丽巴哈尔·吾斯曼		
古贤森	谷玉	谷春晔	顾亚琴	顾娅茹	郭洁	郭庆	郭彩霞	郭东飞	郭佳龙	郭凯乐
郭瑞瑞	郭尚慈	郭艳冰	郭燕弟	郭懿霆	郭迎香	韩珊	韩婷	韩洪彪	韩燕云	郝艳鑫
何芳	何利	何红梅	何静静	何丽娅	何美宏	何培根	何佩玲	何雨佳	贺红霞	贺莉霞
赫云南	侯亚茹	胡娟	胡韬	胡晓	胡莹	胡媛	胡彬妮	胡艳红	胡一丰	胡永娇
黄冰	黄慧	黄蕾	黄蓉	黄蕊	黄雪	黄易	黄逸	黄莹	黄颖	黄羽
黄安辉	黄恩娜	黄甫一鸣		黄金珍	黄可欣	黄利霞	黄敏仪	黄明珠	黄秋雁	黄姗姗
黄婷婷	黄伟鹏	黄晓娜	黄鑫秋	黄鑫莹	黄玉晶	黄媛媛	黄月静	黄智慧	惠泽栋	姬红娟
纪美琴	纪小婕	季芯彤	贾贵沙	江婧	姜鑫	蒋云莉	焦杨	金婉	金颖	靳先雪
鞠倩	康琳霞	孔祥宁	孔祥亚	孔银霞	孔玉萍	寇凤勇	快看看	邝智芬	赖小雪	赖雨珊
蓝小龙女		雷景美	雷素英	冷雪	黎耿	黎庆君	黎俞园	李奥	李超	李芳
李果	李涣	李季	李娟	李岚	李莉	李琳	李梦	李娜	李宁	李青
李琼	李婷	李韦	李维	李娅	李英	李爱云	李碧丹	李碧星	李彩珍	李朝霞
李朝阳	李成成	李楚楚	李春蕾	李芳芳	李苘筠	李慧明	李慧青	李加庆	李佳乐	李健坤

李金玲	李丽娟	李亮亮	李林芳	李林晗	李林佳	李柳红	李鲁萍	李美华	李梦情	李明娣
李娜娜	李倩影	李乔芳	李润奇	李书玄	李婉君	李婉婷	李伟凤	李祥芬	李向楠	李向琪
李小慧	李小宁	李鑫渝	李兴梅	李秀云	李亚楠	李彦莉	李易蓉	李永利	李有婷	李玉霞
李钰鑫	李圆圆	李岳军	李知颖	李籽萱	李自引	连东阳	连巧芸	梁卉	梁雪	梁茵
梁彩云	梁汉婷	梁婧宇	梁思蓉	梁小妮	梁榆昕	梁佐健	廖慧	廖启宏	林琳	林珊
林宝珠	林桂红	林继男	林娇娇	林丽芳	林萍云	林少君	林思敏	林小群	林耀针	林梓涵
蔺海燕	凌水凤	刘蓓	刘芳	刘红	刘洁	刘晶	刘璟	刘璐	刘梅	刘宁
刘倩	刘涛	刘湘	刘欣	刘鑫	刘妍	刘岩	刘艳	刘玉	刘唱弘乐	
刘春草	刘春兰	刘建祎	刘杰文	刘金秋	刘锦纯	刘静怡	刘丽兰	刘玲娟	刘路燕	刘美林
刘孟春	刘梦婷	刘梦影	刘秋杰	刘如意	刘思佳	刘文君	刘相濂	刘晓丹	刘新月	刘岩庆
刘育坤	柳如意	龙丽灵	泷澹	卢婷	卢美芳	卢雪芳	卢艺容	卢佑媛	鲁大荣	陆妹
陆洋	陆莉琳	陆寿义	陆俞宣	路静	路翠翠	罗婷	罗霞	罗建存	罗秋闲	罗秋映
罗小丹	罗志捷	罗忠学	吕程	吕晶	吕梦珊	吕欣宇	吕学英	吕玉兰	马杰	马群
马爽	马腾	马艳	马梅英	马晓雪	马祖爱	玛丽亚木·卡德尔	麦爱华	满丽影	毛青青
梅姗	蒙玉贤	孟洋	苗盼	闵秀丽	莫莉莹	莫燕君	牟玛璐	倪玲玲	倪延延	聂春芹
聂丝丝	宁子珍	牛菁渺	欧凤珍	欧阳玲珑		潘新	潘国梅	潘会会	潘慧娴	盘春月
庞雪	裴秋玲	裴志强	彭佳佳	彭静蕾	彭胜桃	彭淑慧	彭珠霖	蒲益斌	戚雪扬	齐培培
祁群	祁梦真	锜玉娟	钱静	钱鹏	钱玉英	乔琦	乔园园	秦艺萍	丘慧	邱丽
邱令	曲莹	曲晗菁	曲丽诺	屈中强	瞿明扬	瞿晓利	权玉清	全连花	冉变变	冉金凤
任琳琼	荣蕾	商凯	单燕琳	邵建成	邵雨丝	沈洁	沈芸	沈爱慧	沈敏慧	沈山群
沈燕秋	盛领	盛情	师晓荷	石雪	石言	石露璐	石梦杰	时贞钰	史宝林	史晓鸿
双小婷	司徒顺意		司炎灵	宋健	宋莹	宋悦	宋帮会	宋彩云	宋清卿	宋桐旺
宋文雅	苏靖	苏珊慧	宿艳秋	隋贺洋	隋琳达	孙丰	孙茜	孙玮娅	孙亚坤	孙永峰
覃秋仁	覃玉明	覃真平	唐嘉鸣	唐晋颖	陶欢	滕飚	滕秋菊	田梦	田琼	田礼芝
田思源	佟丽	童安阁	涂宗宝	汪家宇	汪建华	汪俊杰	王超	王点	王凤	王欢
王瑾	王菁	王泂	王开	王兰	王咪	王思	王婷	王微	王溪	王晓
王笑	王鑫	王妍	王燕	王爱芳	王爱鹭	王春华	王翠芹	王海军	王海英	王海跃
王华杰	王惠玲	王际荣	王佳钰	王婕妤	王娟娟	王柯瑶	王可昕	王立红	王丽娜	王莉红
王梅利	王苗苗	王敏敏	王启梅	王润涵	王若群	王卫琪	王渭娟	王文豪	王晓霞	王新欣
王星月	王旭瑞	王垭棋	王雅茹	王益凡	王银钊	王羽楠	王昱丹	王志峰	王志明	王子玥
韦泉	韦洁清	韦丽媛	韦莉莉	玮娜	魏嘉琪	魏晓惠	温箫	温莉娜	温婷燕	文华玲
吴静	吴琳	吴敏	吴培	吴恬	吴彤	吴彩霞	吴承宪	吴佳宁	吴黎嘉	吴敏芳
吴守一	吴维桂	吴馨蕊	吴艳君	吴昭蓉	吴祖友	伍婷	武丽苹	武巧荣	武文龙	武祥明

致 谢

武亚琼	夏 军	夏冰洁	冼 云	向莉娟	向新圆	向媛媛	小 雅	肖 林	肖 月
肖俊玲	肖秋雯	谢 莎	谢 英	谢 莹	谢 钰	谢爱铭	谢春香	谢琪琪	谢小芳
谢艳莉	谢志蛟	欣 欣	邢 曼	熊 芳	徐 冰	徐 洁	徐 静	徐 笑	徐欢欢
徐佳凤	徐珏雨	徐培清	徐青青	徐清华	徐婷婷	徐小娟	徐晓旭	徐新新	徐伊璐
徐伊娜	徐子淇	许 倩	许彩欢	许建容	许清莉	许甜甜	许文文	许忠霞	续安娜
薛 敦	薛晓锋	鄢慧聪	闫 娇	闫 萍	闫绘梦	闫洁馨	严金淋	颜 丽	颜 涛
杨 斐	杨 欢	杨 杰	杨 军	杨 琳	杨 森	杨 楠	杨 琪	杨 倩	杨 容
杨 茹	杨 望	杨 雪	杨春园	杨惠茹	杨建辉	杨进潇	杨佩珊	杨顺兵	杨玮薇
杨文龙	杨萧宇	杨小兰	杨雪梅	杨滟涵	杨映月	杨永灵	杨再艳	姚玉璇	姚运霞
叶 珍	叶景艳	易佳莹	尹 婷	尹建兰	尹倩媛	游梦朝	于 梅	于 明	于丁一
于佳琪	余娟红	余舒燕	余秀菊	余泳淇	俞文娟	喻传其	袁 蔚	袁家伟	袁培露
袁钰丹	昝晓聪	曾 丹	曾 璇	曾佳依	曾美蓉	曾宪辉	曾小艳	翟维维	詹华英
詹荔青	詹润秋	张 丹	张 娣	张 红	张 惠	张 静	张 琳	张 倩	张 强
张 甜	张 微	张 习	张 旭	张 雪	张 岩	张 扬	张 英	张 颖	张 瑜
张 云	张彩玲	张超男	张春娟	张春梅	张春艳	张海军	张海琴	张海涛	张浩然
张洪玲	张惠明	张佳文	张健新	张姣英	张洁珊	张金玲	张俊杰	张丽娜	张利娟
张漫荻	张梦媛	张明玉	张明云	张巧丽	张淑娟	张滕钰	张文婷	张湘君	张小溪
张笑溪	张雪飞	张亚春	张杨婧	张一察	张雨蒙	张蕴婷	张泽惠	张志刚	张志玲
张子琦	兆晓琳	赵 璐	赵 霞	赵京雪	赵晶晶	赵瑞敏	赵小田	赵乙矫	郑 凤
郑 丽	郑 悦	郑海静	郑惠文	郑嘉春	郑建燕	郑连珠	郑荣荣	郑伟玲	郑秀兰
郑宇利	郑雨濛	郑展华	钟思颖	周 洁	周 莉	周 敏	周 璇	周 檍	周蓓蓓
周朝洁	周惠珍	周今川	周锦明	周凌青	周梦圆	周萍萍	周世超	周舒然	周卫萍
周问元	周小容	周晓依	周欣柔	周雪红	周玉莹	朱 斧	朱 文	朱 云	朱丁宁
朱国琴	朱君慧	朱玲玲	朱美华	朱然然	朱向阳	朱小琴	朱小云	祝 月	祝义婷
庄 丽	卓苑珠	邹 弘	邹群书	祖力皮艳木	左 庆	左福娟	左佳洁	左伊伶